决胜
财务职场

张泽锋／著

Winning in the Financial Workplace

图书在版编目(CIP)数据

决胜财务职场 / 张泽锋著. —北京：企业管理出版社，2019. 7
ISBN 978-7-5164-1986-1

Ⅰ. ①决… Ⅱ. ①张… Ⅲ. ①财务管理 Ⅳ.
①F275

中国版本图书馆 CIP 数据核字(2019)第 139578 号

书　　名：决胜财务职场
作　　者：张泽锋
责任编辑：蒋舒娟
书　　号：ISBN 978-7-5164-1986-1
出版发行：企业管理出版社
地　　址：北京市海淀区紫竹院南路 17 号　　　　邮编：100048
网　　址：http：//www. emph. cn
电　　话：编辑部(010)68701661　发行部(010)68701816
电子信箱：26814134@ qq. com
印　　刷：三河市中晟雅豪印务有限公司
经　　销：新华书店
规　　格：170 毫米×240 毫米　16 开本　18. 5 印张　251 千字
版　　次：2019 年 7 月第 1 版　　2019 年 7 月第 1 次印刷
定　　价：48. 00 元

谨以此书

献给在职业发展道路上

努力拼搏的朋友们

序 言

PREFACE

人生不如意之事，十有八九。财务人员的职业发展之路，何尝不是如此？在职场中，经验很重要，方法很重要，具备足够多的经验才能想出有效的办法，巧妙解决难题才能达到事半功倍的效果。所以在财务职场中，同样发展十年，有人步步高升登上顶峰，有人屡战屡败陷入低谷。

财务人员职业生涯的时间共计三十多年，尤为宝贵的是前十年，职业能力快速成长就在这十年，从底层逐步晋升，主要就在这十年。

在我看来，财务人员要在这十年里尽最大努力争取早日获得发展，否则，工作十五年、二十年之后，如果还没有机会获得突破，恐怕就会陷入长久的“心有余而力不足”的困境。

那么，眼前的问题是，如何有效利用职业生涯的前十年。同样这十年，不同的规划，不同的做法，会有不同的结果。

现实中，大多数财务人员的职业发展都存在很大问题。

长期身处低位是非常悲哀的事情，不仅宝贵的青春无情消逝，往往心里还会产生很大压力，压抑久了怕是要出现问题的——轻则闷闷不乐，目标模糊，动力不足；重则产生自卑感，自我否定，前途渺茫。

现实中，很多财务人员不懂得职业发展的实战规律，终日繁忙而无所获，彻夜焦虑而无希望，我写本书的最大初衷便是要帮助更多的财务人员快速积累实践性的职业经验，帮助他们早日摆脱职业迷惘。

对一个年轻人而言，最美好的青春就在参加工作后的十年里，而现实的职场环境却不会因为年轻人的美好愿望而变得很“友好”。相反，现实中的职场有些残酷，这头十年对身处职场中的财务人员来说，往往是最困难的：不懂职场事，经常犯错误，缺乏发言权，等等。

通俗地说，很多年轻人根本不知道自己在干什么，未来会怎么样。

我深深懂得身处财务职场中的朋友们所面临的困境：满腔热血却终不得志，浑身是劲却庸碌无为，起早贪黑却收获甚少，努力拼搏却希望渺茫。

这些并非财务人员不上进、不努力，更多的情况是他们找不到方向，缺乏指导，没有办法，更别说有人诚心相助。

财务职场，一方面对财务人员是“仁慈”的，因为你付出劳动之后会获得相应的报酬，但另一方面又是残酷的，很多时候你的报酬是低的，竞争又很激烈，很少有真心实意的导师帮你一把，想要奢求针对性的实战指导更是天方夜谭。

职场中，诸多涉世未深的财务人员不能理解的是：

为什么没有人帮我？

为什么我问谁，谁都不热情？

我只是想多学点东西而已，这难道还有错吗？

我一不偷懒二不惹是生非，怎么也会得罪人？

晋升为什么总是轮不到我？

……

财务人员在职场上遇到的无法理解的问题太多了，这些问题其实都大同小异。

任何一个职场老手都在年轻的时候说过类似的话，经历过无助与无奈，同样缺乏别人的帮助，但是他们也都这么走过来了。职场老手经常对职场新手说的一句话就是："当初也没有人跟我说怎么做，也没有人帮我。"

其实，这里面包含了职场的核心竞争法则。

在财务职场中还流传着这样一句话：财务是熬出来的。

由此可见，职场新手要成长起来难度很大，这里面有个人职业能力成长的内在因素，也有职场环境的外在因素。

虽困难重重，可职场中从来也不缺乏职业能力成长快速的人，尽管这样的人只是少数，但某些人职业能力快速成长的现象也反映了一个问题：职场中确实有的人因为掌握了职业规律而获得了不错的发展，这些规律就是本书所要讲述的重点内容。

有了规律，就有了方法，有了方法就能获得快速发展，这些与职业发展规律相关的方方面面的知识，正是财务人员所需要的"杀手锏"。

凡事开头难，你掌握了规律，就能有所突破，就能有自己的职业自信。当掌握了越来越多的职业成长的规律之后，财务人员实现快速发展，就是水到渠成的事了。

本书将会把财务职场中限制个人发展的竞争因素展现出来，也会将实现职业快速发展的方法传授给大家，为大家提供财务职场实战中的六大攻略。

攻略，就是开展工作或发展事业的谋略策略，重在讲求财务发展的规律性，解释各种职场现象，揭示背后的规律，给出解决问题的实战方法，让广大财务人员的职业发展变得有章法、有方法，不再出现常见的职业发展"病症"：规划混乱、职业迷惘、面试不顺、沟通不畅、前途黯淡。

财务人员职业发展中最核心的六大攻略，体现在职业规划、发展条件、职业能力、面试技巧、晋升通道和人际沟通六个方面。六大攻略从实战的角度出发，充分考虑财务人员在现实工作中的操作细节，为财务人员的职业发展提供切实可行的解决方案，并辅之以大量职场案例，便于大家理解和掌握。

年轻人需要的其实是一种对未来发展道路的坚定信念，通俗地说，就是要相信眼前的道路是正确的，这样才有可能为自己创造一个良好的“潜心修行”的机会。否则心若不安，何谈成长？整天处于徘徊、犹豫的状态之中，宝贵的青春和充沛的精力只会白白地浪费掉。

因此，我一直致力于帮助广大的财务人员做好实战性的职业规划、提升综合性的财务职业能力，让诸多仍在职场中努力拼搏、持续付出的财务朋友们尽早把握财务职业发展的规律。

就本书而言，适用于众多朋友，概括如下：

（1）在校学生中有兴趣提前认知财务职场规律的朋友。

（2）初入职场的年轻财务从业者。

（3）有意转做财务工作的审计从业者。

（4）企业中各个岗位的财务从业者。包括出纳、资金、应收、应付、费用、固定资产、税务、成本、报表、预算、财务分析、内部控制、ERP（企业资源计划）管理等岗位的员工。

（5）企业各层次财务管理者，包括财务主管、财务经理、财务总监等。

（6）企业非财务部门职员，如人力资源部员工可通过此书加深对财务人员的了解。

（7）企业各部门管理者，如总经理、副总经理、部门经理等。

（8）有志于转行从事财务工作的朋友。

（9）有兴趣了解财务职场规则和财务人员职业发展的其他朋友。

财务工作，掌握方法，事半功倍；缺乏方法，事倍功半。

财务人员从初入职场到成为职场老手，任何阶段都有进一步提升的空间。财务职场的六大攻略足以助力大家摆脱职业迷惘，跳出现实困境，越过职场障碍，寻找晋升通道，实现快速发展。读者掌握职场实战方法，以巧劲提升职业能力，凭借自己的能力获得发展。

财务人员的职业发展看似困难重重，实则暗藏规律，绝大多数财务人员最缺乏的是对职场规律的认知，现在我把职业发展规律辅以实战细节，著成此书。

书将成稿，我初心依旧。

每一次把自己的职业经验和盘托出，我都会将自己的职业发展经历回忆多遍：

年轻时的我也走过多年的弯路，但我从来没有气馁；年轻时的我也犯过很多低级错误，但我从不缺乏职业自信；我曾经迷惘，耗费过多年的时光；我也懂得原地打转不能前行的复杂内心，我更能深深地体会到财务人员内心深处的难处。

我以职场过来人的身份，送给大家一句心里话：回忆过往，确有伤感，面向未来，无须感伤。

我希望各位朋友能早日掌握窍门，摸清规律，缩短时间，实现快速发展。

对于职业发展的渴望，对于晋升的渴望，这些都堂堂正正，你无须羞涩，更不必藏着掖着。其实，你是否能学习更多的技术，积累更多的经验，更快地实现发展，关键就在于你是否懂得财务职场中的一些规律、一些方法、一些做法，而这些内容，本书中都会讲述。

帮助财务人员实现职业上的发展，乃我写作本书之初衷。有缘接触此书的朋友，请一定要耐心、细心地阅读，希望此书能助你实现职业发展。

谨将此书献给在职业发展道路上努力拼搏的朋友们！

张泽锋

2019年夏

目录

CONTENTS

财务职场攻略之三：职业能力

财务职场攻略之四：面试技巧

财务职场攻略之五：晋升通道

财务职场攻略之六：人际沟通

财务职场攻略之一

职业规划

Judy的职场故事 ❶ 职业规划进退两难

1 财务人员的职业发展可以规划出来吗

2 做财务工作是否一定要去大城市、大企业

3 亲朋好友对自己工作的意见能有用吗

4 怎么面对低工资和高涨的生活成本

5 走好财务职场过渡期的路

6 感受什么是真正的财务职业规划

子曰：人无远虑，必有近忧。

——《论语·卫灵公》

作为财务人员，未来的路究竟怎么走，可以在这里找到答案。

想知道未来如何发展，先要了解未来会出现哪些情况，接着找到影响未来的因素，然后对照自己的现实情况，最后就能做出真正的财务职业规划。

在这里要传授给大家的是实打实的职业规划，是可执行、可操作、可实现的职业规划。职业规划最糟糕的状态就是，为了职业规划而编制规划，停留于纸面，不具备现实可操作性。

财务职场攻略之一，引用大量的职场案例让你体会到可执行、可操作、可实现的职业规划真的可以做出来。

去大城市还是中小城市?

对职业发展感到迷惘怎么办?

自己现在工资很低怎么办?

怎么走好职业过渡期?

你想快速发展吗?想的话，那就规划出一条适合自己的职业发展道路吧!

Judy 的职场故事 ❶

职业规划进退两难

“您好！请问是Judy吗?”

“嗯，您是哪位?”

“我是一家猎头公司的职业顾问，我叫Lisa，您现在方便说话吗?”

“嗯，这个……嗯，方便，方便，稍等一下……”Judy握着手机的手臂自然垂下，同时快速环顾四周，感觉周围没人听到自己的此番通话，便故作镇定地离开办公区。

走到办公区域外面的一处僻静之地，Judy开始说道：“您好！Lisa，您好！”

“Judy，您好，现在方便了吗?”Lisa说。

“可以了，请说。”Judy说。

“Judy，我们是一家专业的职业顾问公司，现在有与您职业经历匹配度非常高的工作职位推荐给您，这个职位无论在职业发展空间还是在薪资方面，都非常不错，不知道您有没有兴趣了解?”Lisa向Judy介绍新的工作。

“嗯，我最近也在寻找……”Judy见有人认可自己，有些意外的小惊喜。

Judy和Lisa越聊越起劲儿，足足通了半个小时的电话。

“Judy！Judy?”公司的财务总监习惯性地坐在独立办公室里面，放声喊道。

平时，大家是不会听到第二声“Judy”的，因为只要财务总监一开腔，Judy就会快速冲过去。

“Judy不在。”听到财务总监的呼喊，外面的公共办公区有人给财务总监回了一声。回应这一声的是财务部公认的领导小跟班——“马屁精”杨水心。

财务总监喊了两声，不见回应，在听见“Judy不在”后突然感觉Judy可能有点不太对劲。

“水心啊，Judy回来让她来找我。”在财务总监喊话之后的几秒钟时间里，杨水心已经使用多年练就的快速小跑不出声的技能出现在财务总监的办公室门口，并做出一如既往的谦卑听命的姿态。财务总监立刻有所反应，自然地抬头看了她一眼，并吩咐了这一句。

杨水心等的就是领导的这一声暖暖的吩咐。“好嘞。”杨水心好像突然被激活了一般。说时迟那时快，回完话的杨水心从办公室门口快步小跑到财务总监跟前，半弯着腰，低着头，露出淡淡的笑意，诚意十足，用比蚊子还小的声音说：“出去接电话，有半个小时了。”同时右手食指对着左手的腕表指了指。

杨水心讲完，财务总监稍稍点了一下头，同时瞟了杨水心一眼，什么话都没说，便进入工作状态。杨水心自然心领神会，悄然无声地离开财务总监办公室。

公共办公区的其他财务人员忙着自己的日常工作，根本无暇理会Judy、杨水心和财务总监在做什么。

Judy跟猎头谈得不错，挂了电话之后，慢慢走向办公区，笑靥如花，回味着刚刚Lisa推荐的新工作，内心已经开始思考怎么应对接下来的一场面试，甚至设想着只要走好这一步，就可以跨入新的大平台，接下来顺风顺水，财务职业生涯走向巅峰，眼前似乎还浮现出自己向大老板介绍集团业绩情况的画面，谈笑风生……

可Judy刚一踏入办公区，职业的敏感性就让她一时间笑容尽失，突然变得谨慎起来，对未来满满的憧憬也霎时一扫而光，她步履沉重，神经紧绷，与之前的闲庭信步相去甚远。

难道财务工作任务之多，财务工作之复杂，让Judy肩上有了不可承受之重，她一进入办公区立刻就产生了过敏反应？

从常理来看，不应该呀！Judy所在的这家公司是世界有名的企业，在细分行业当中虽然不是数一数二的，但也算是全球排行前五，不管是收入水平，还是个人发展空间，都相当不错。那么Judy为什么急于寻找新的工作机会呢？是什么让她感觉到必须在当下有一个变化呢？

"Judy，你跑哪儿去了？财务总监一直在找你呢！"Judy一进入办公区，杨水心就瞄见了她，早早跑到Judy的工作位置等着了。这不，Judy低着头走路，还没瞧见杨水心呢，就被她喊住了。

"噢——好！谢谢！"Judy被杨水心这么一问，吓得猛地一抬头，虽然她非常克制，但还是稍微发出了惊讶的声音。Judy来不及考虑太多，但是直觉告诉她应该想想财务总监找她有什么事。Judy低着头，想绕过杨水心，在座位上先平静一会儿再去面对财务总监。

谁知杨水心直接就说："在那边呢，你往哪儿走，还不快去……"

杨水心边说边搭着Judy的手臂，另一只手指着财务总监的办公室，像赶鸭子似的，把Judy顺势推到财务总监办公室门口。

杨水心推开财务总监办公室的门，财务总监正在打电话，看到她们要进来，便打了个手势让杨水心坐在自己办公桌对面的沙发上，然后对着电话说了句："好，拜拜。"

杨水心把Judy领进门后，顺手把办公室的门关上了，然后大步流星地走向财务总监对面的沙发，找到她惯坐的位置一屁股坐了下来。而Judy内心忐忑，步伐有点儿缓慢，脑门儿有点儿发烫。她还不知道自己进来要做什么，要不要也像杨水心一样找个位子坐下来。

财务总监挂断电话后，噼里啪啦地在键盘上打字，看起来像在认真工作，偶尔嘴里还嘟囔着"行吧，就这样吧"。

Judy走进办公室之后艰难地迈了几步就停了下来，一直站着，不知道接下来该怎么办，也不知道说什么，继续往前走又不敢，心脏跳得厉害，似乎整个封闭空间里都能听得到她的心跳声。

突然，财务总监停止了打字。

"好了，搞定！"随着洒脱的一声，财务总监从工作状态中抽离出来，顺势朝Judy这边看过来，说："Judy，你昨天发的报表我看了，做得不错，不过最后的表格还是有点儿小问题，刚想找你改改。"

"刘总，好好好，那我，我现在就去改。"Judy听到是自己做的报表有问题，赶紧接了一句，然后就想转身开溜。

"不用不用，我让Susan改过了，现在没问题了。"财务总监赶紧补了一句，并朝杨水心看了一眼。

杨水心坐在沙发上一直等待领导的下一步指示，这不，刚接收到财务总监的眼神之后，就说："Judy，你刚才去哪儿了，怎么找不到你？"

"我，嗯，刚才上洗手间了……"Judy支支吾吾。

"我看见你在外面打电话呢。你是不是工作上有什么困难？可以说出来，刘总和我都可以帮你。心里有什么想法就直接说，公司很开放的，说什么都没问题。”杨水心看Judy没说实话，便引导她说。

Judy不知道怎么接话。她心里想着，自己找的理由不好，已经被杨水心拆穿，可能杨水心已经知道自己的情况了，接下来怎么办？要不要说破？Judy内心焦躁不安，一直低着头，一动不动不出声。

“你要是考虑换工作，也可以说的，刘总人脉比较广，还可以帮你推荐更好的工作。”杨水心有意揭破谜底，把话说得更重了，想要让Judy把实话说出来。

杨水心和Judy开始对话后，财务总监就没出过声，又忙起工作来，当然耳朵并没闲着，在听着她们俩的对话。当听到杨水心讲到“换工作”的时候，Judy没吭声，财务总监倒插了一句：“啊？Judy，你要找工作吗？找到下家没有？”

“没有！”Judy可怜巴巴地回了一句。

“那你怎么考虑的？有什么职业规划吗？是不是最近在参加面试？”杨水心接着问。

“我也不知道，有猎头打电话找我，给我推荐工作。”Judy如实说了。

“哪家公司呢？什么职位？”杨水心说。

“Silli的财务分析……”Judy坦白交代。

“Silli？你是不是糊涂了！Silli是一家非常区域化的小公司，怎么能跟我们公司比？你这小姑娘表格不好好做，不趁着年轻多积累一些经验，就想着换工作。你要真想去Silli工作，我都看不起你，你这叫职业规划吗？你懂不懂职业规划？你去Silli先不说待遇如何，仅说你往后的职业生涯就毁掉了！”杨水心听到居然是Silli公司，整个人都快气炸了，并不纯粹是Silli的业务与现在的公司有相似性，更重要的是Silli真的是一家太不起眼的小公司。她从理性的职业发展角度看，Judy去这种公司工作非常不理智，所以杨水心面对这种让人无法理解的情况有点儿情绪失控。

"我也不太清楚，但是猎头跟我讲他们的发展平台很好，未来空间很大……"Judy看到杨水心激动的样子，有点儿不知所措，她确实不知道Silli为什么会引起杨水心这么大的反应，接下来就一五一十地向杨水心讲了猎头跟她通电话的内容。

"Judy，你才毕业不到四年，其实论经验还是很少的，我们这个公司在全球范围内都非常知名，从我们做财务的角度看，信息化系统、会计核算方法、税务、内部控制、预算……你要学习的东西还很多，论平台论发展空间，别说Silli，同行业能与咱们相比的都不超过五个，你要是真去Silli，你就真的犯糊涂了！"财务总监听了Judy说出的详细情况后，感觉有必要在职业规划上指导一下眼前这只迷途的"小羔羊"了，所以稍微分析了一下。

"刘总，我也不知道怎么办。只是想着去下湖市工作，以后发展会好一点儿。"Judy被这段温情的理性分析弄晕了头，不知道怎么办好。

"这样，我跟你说，员工想跳槽，我们当然是不会拒绝的，也不可能拒绝，这是职场的自然现象，Susan刚才情绪激动，其实是为你的发展前途着急。毕竟财务人员的发展是非常讲究规划的，没有好的规划，很可能努力多年还原地打转，到头来只是一场空，或者说浪费多年的青春就是在兜圈子而已，这是很要命的。你还年轻，职业规划非常重要。我是从一个过来人的角度跟你讲，真的要非常注重职业规划。"财务总监语重心长，严肃而又不乏关怀地对Judy说。

"反正你是约了下周三面试，趁着周末，跟家里人商量商量，跟朋友、同学都问问，看看怎么选择才适合你自己未来的发展。凭良心说，咱们公司很有知名度，你如果离开，想要再回来就没那么容易了。刘总刚才也做过善意的提醒了，刘总和我也都是想让你的职业规划能更好一些，我们也只能是尽量帮忙，最终做决定的还是你自己。你先回去考虑考虑吧，有什么想法跟我、跟刘总说都可以。”杨水心得到财务总监的首肯，对Judy的职业规划问题做了总结，然后让Judy先归位工作。

“噢，好的。”Judy垂着头，手发抖，内心有点儿发虚，茫然地离开了财务总监办公室。

Judy离开了，杨水心还没走。

“领导，你说现在的小女孩怎么那么好高骛远，不懂得踏踏实实工作的好处？Judy这个人……”杨水心跟财务总监聊起了财务部内部的“小家常”，从Judy入职以来的工作表现、日常为人，到她的思维方法、沟通能力，都讲了个遍。

财务总监没有阻止，也没有回话，一边泡茶喝一边听故事。

“像她这样做事，以后怎么可能发展好呢？我敢打包票，她去了Silli熬不过三个月就得灰溜溜地离开，然后加入茫茫的求职者的大军之中……”杨水心的话说起来滔滔不绝。

“那你想怎么样？难道你想挽留她？水心啊，没那么容易的。千金难买一愿意，小姑娘在这个年纪很喜欢幻想。”财务总监插了几句。

“我还真的就想救她。我也算是过来人了，这么好的平台，哪那么容易找啊，她比我幸运多了，我是换过几家小公司才达到了咱们公司的要求，她是刚毕业就来了，所以不懂得珍惜。其实，她认认真真做五年以上，基本功练扎实了，做到高级职位，再跳槽，我帮她推荐同行的工作都不在话下，她做得好，传出去我也有面子，现在才做这么短的时间，半吊子出去能做什么？”杨水心情真意切地说。

“水心啊，这就是——人生！你还真别说，我刚工作的时候，也跟Judy差不多，走过弯路。”财务总监腰板笔直，左手叉着腰，右手时不时举起茶杯吹一吹，喝上一口茶，凝视窗外——一片蓝色海洋，一望无际的海岸线，风景这边独好。财务总监感慨道："曾经我也是个不谙世事的少年。"

"哇！领导，这段没听您说过呢。"杨水心兴趣来了，瞬间闭上嘴巴。

"我当时在HX，这一大片还是小村子，这湖东开发区都是很多年以后的事情了。当时我们在西海区，老领导很照顾我，就差当成关门弟子来培养了，可我年少无知，在现在看来，简直就是狂妄啊！在职业成长中收获很多还嫌太慢，晚上睡觉都恨不得明天一觉醒来什么都能拥有，最好是瞬间走上人生巅峰，所以就负气离开啰，感觉自己满腔热血，肯定能找到更好的工作……"财务总监背对着杨水心，始终保持单手喝茶的姿势，说着说着那只叉腰的左手时不时对着窗外比画着。财务总监这一刻看起来像是一个长期孤独症患者偶然遇到多年未见的老朋友一样，痛诉衷肠。

"拍什么呀，这有啥好拍的?"茶水喝完了，财务总监转过身来，看到杨水心举着手机对着自己，就说了上面的话。

"领导，这是人生哲学啊，深奥、精辟，以我的智商哪能一时半会儿就弄明白，要日日学，月月学，年年学，对了，我家儿子也得学。"杨水心像个小学生向老师承诺以后会好好背诵课文一样。

"拉倒吧，时过境迁……肚子饿了，走，吃饭吧。"财务总监说完就拎起外套，准备出发。杨水心动作很快，手机立刻收起来，快速起身，大步流星迈过去开门。

"要不，叫上Judy一起?"杨水心小声问了一句。

财务总监眯着眼睛瞄了杨水心一下，嘴里轻轻地吐出五个字："时机不成熟。"

周四、周五这两天Judy显得有点儿魂不守舍，早晨上班脸色铁青，中午饭量明显减少，被同事问道就统一回答：我最近在减肥。

无形的压力压得她有点儿喘不过气，周末到了，Judy扛不住事，跟妈妈和盘托出。Judy的妈妈在一所中学当美术老师，艺术气息比较浓，商业气息不太足。她听Judy讲在公司的工作和职业规划的问题，倒是很认真地听，但是听了一顿饭的时间，还是没有弄清楚这个财务职业规划为什么跟换工作有很大的关系。最后妈妈来了一句："你看，我一辈子就在一个学校当美术老师，我也觉得挺好，你们年轻人讲究什么职业规划，要求变化，去大城市发展。做财务这个工作很特殊吗？我统统搞不清楚，我的经验只有一条，认真选，选好了，老老实实做，这就行了。老换来换去，有时候就是瞎折腾。"

Judy在网上跟大学同学许晨"吐槽"自己在公司的事情，又讲了自己想去下湖市发展的想法。Judy说，想去大城市拼搏就是看中那里的机会多一些，而且猎头说了这家公司能给更高的工资。下湖市，那可是仅有的五个超级一线城市之一，到处是高档写字楼，整个城市光鲜时尚，是年轻人梦想中的落脚之地。许晨一毕业就去了下湖市，在一家知名的会计师事务所做审计。许晨听了之后并没那么激动，轻轻说道："在下湖市工作，提高一点儿工资其实不算什么，你知道这边的生活成本有多高吗？你要是刚来，要租房子，吃饭，每个月光吃住就要花很多钱的。"

"但是，我感觉你学到了很多东西，成长很快！"Judy羡慕许晨。

"唉，问题是我大学的时候是长发小仙女范儿，才来了几年，就成了短发干练的老阿姨气质，不是我不爱美，而是没时间打理，我就趁吃饭时间跟你聊几句放松一下，一会儿我又要加班了。"许晨的苦是Judy想象不到的。

“你周末有空吧，我去找你玩儿啊！”Judy显得很开心，想去找许晨当面聊聊。

“你可别来，我周末一堆底稿没做完，下周一有项目要结了，玩儿不起。”许晨实在忙得不得了，也怪不了她，主要是手头全是任务。

“这么忙！不过，你工资高也值嘛！”Judy不死心接着聊。

“我也就是再熬一熬而已，这几年下来，我是真感觉钱不是最重要的，我是积累点经验。最近也有猎头找我，我跟她说不想一直在下湖市，这不是我想要的生活。我倒是喜欢你在的地方昆水市。”许晨有点儿老气横秋的感觉。

“我在昆水市，天天做同样的工作，我都烦了，还有我工资没那么高啊！”Judy说。

“你知道吗，在下湖市买一套房子的钱，能在昆水市买三四套，在昆水市买房子，轻松多了，那里工资稍微低一点儿，但是生活容易些。醒醒吧，下湖市真不是好去处。”许晨确实多了一些老阿姨的气质，讲起话来句句都奔着柴米油盐酱醋茶，分分钟都绕到衣食住行上。

“那Silli公司你了解吗？这个公司跟我们公司是同行，但我们财务总监说这公司不好，他说如果我去Silli工作，不利于职业发展，以后会后悔。猎头却跟我说Silli发展很快，而且给我的职位会更高，工资也会更高，未来发展会很快！你帮我出个主意，你觉得怎么样？”Judy直接问重点了。

“你们现在公司的名气还是挺响的，虽然是在昆水市，我们好像有同事就是去做你们公司的项目。至于Silli，你说是同行，但我真没听说过。职业规划我也是一知半解，从年初开始到现在有四五个猎头来找我，我也有点儿混乱，不过我以后肯定不会待在下湖市的，只是时间问题吧，我以后也找个像昆水市这样的城市，生活成本没那么高，工作压力没那么大，毕竟年纪越来越大，不想再那么忙了，我感觉身体健康和家庭也很重要。你的职业规划有问题，其实我也面临相似的状况，其实我就考虑一个公司的知名度，你说一个小公司能学什么呢？要不然你就听你们财务总监的吧，他讲得好像也有点儿道理。”许晨算是跟Judy关系很好的同学了，对Judy推心置腹地说出了自己的想法。

Judy满心以为许晨在下湖市那么久，见多识广，会对自己有所帮助，谁知道许晨居然说财务总监讲得对。Judy内心难以接受。

还没有想到好的办法，Judy发信息给猎头Lisa，说：“Silli公司是不是很差呀？好像没什么名气。”

Lisa周末不休息，即时就回复：“Judy，是这样的，很多公司的发展都有个过程，而且他们现在是在下湖市，选择在哪个城市发展也是很重要的，你在下湖市接触的人、接触的事情就不一样了，这样能学到很多东西的。另外，职业规划上有一种说法，就是能随着公司成长的员工才能得到真正的锻炼，这对你的职业生涯非常有帮助。看问题不能目光太短浅，现在是没什么知名度，但是从长远看，你在这里工作会一直接触新业务，一直在成长，积累的经验会越来越多，而不是在一个较低的职位做重复性工作，你觉得哪个更好呢？”

Lisa讲得也有道理，Judy其实很看重在下湖市这种一线城市工作的机会，还有Silli这家公司可以给出的更高的职位、更高的工资。

这个周末Judy过得不愉快，心情有点儿沉重。昆水市这几天一直在下雨，凌晨两点，Judy躺在床上，毫无睡意，侧着身子，睁着眼睛，听着窗外淅淅沥沥的雨声。她失眠了。

1 财务人员的职业发展可以规划出来吗

说起职业规划，大多数财务人员还是比较陌生的。当然，有一部分财务人员可能早已接触过这个名词，不过真正了解其含义，并将其落实到现实的工作中，让其对自己的职业发展发挥有利作用的财务人员就少之又少了。

这里要特别强调，并且此后一直要强调的一个观念就是：职业规划的字面意思和“真正能在现实工作中顺利发挥积极作用的职业规划”是两码事！文字表达有点儿绕，举个例子大家就会明白什么是我所讲的落实到现实中、发挥积极作用的职业规划了。

譬如，有个学会计的同学，在大学毕业之前，已经学习了很多理论知识，也学习过职业规划的制订方法，非常认真地编写了一份自己的职业规划，其中就有一条提道：“找到自身的优势、劣势，寻找一个大公司的职位，踏实工作五年，学习并积累自己的经验。”

具体的书面职业规划虽然对优势、劣势分别罗列了好些内容，但再怎么写，那也只是一份纸面的职业规划而已。这里面存在的问题可能有：

第一，计划写得很周全，但是可能在入职第一天领导请大家吃饭的场合，你不小心说错话，领导的升职名单里面就再也不会出现你的名字了，但你完全不知道。

第二，你自己所认为的这些优势和劣势，与他人眼里你的优势和劣势往往并不一致，最大的问题是你可能对此一无所知。

第三，当你规划着去一个大公司工作五年的时候，你是否真的能找到这种大公司?

第四，当你果真去了一个公司之后，事情有变，公司在你入职半年就要派你去外地工作，你的规划可就彻底被打乱了。

第五，你工作了三年，开始有猎头来找你，向你推荐别的公司，工资增加30%~50%，这时候你会不会改变原来的规划？

第六，可能入职的第一年，就需要经常加班，你自己身体扛不住了，这时候难道还死守规划吗？

第七，入职后的某一天，你的恋情出现危机，影响到你的工作，你怎么取舍？

第八，你工作不到两年，非常看好你的领导调换工作去了另外一家公司当领导，召唤你过去，并承诺给你高薪和高职位的时候，你怎么办？

……

实战问题，多如繁星，数之不尽。

如此，似乎现实太复杂，再怎么规划也是枉然。其实，大家也没必要发慌，面对未来，脚踏实地，采用有效的职业规划方法，就能决胜职场。

由于工作的关系，我经常会接触各种各样在企业中工作的财务人员，通常他们可以分为以下几类。

第一，按照年龄或者进入这个行业的时间和经历来分：有的是在校还没毕业的实习生，有的是刚毕业的应届生，有的是毕业不久的初入行者，有的是在职场中已磨炼多年的“老司机”。

第二，按照在企业中的所处层级来分：有的是基层财务人员，有的是中层管理者，有的是位高权重的管理者。

第三，按照地域来分：一线城市的财务人员，二线城市的财务人员，三线及以下城市的财务人员。

第四，按照公司类型来分：跨国超大集团公司的财务人员、大型企业财务人员、中型企业财务人员、小型企业财务人员。

之所以要这么来分，其实就是为了让大家知道，从不同角度看问题，会得出明显不同的结论。譬如，如果仅从年龄来看，当然是越年轻的朋友经验越少，工资水平越低；但是如果结合公司类型来看，超大型企业的一个刚入行不久的财务人员，可能要比一个中型企业入行多年的财务人员具备更高的技术水平，前者的工资可能要比后者高。

如果再加上地域因素、管理层次的因素，那就更复杂了。为什么职业规划很多人都在做，但在实操当中能起作用的不多？就是因为影响因素太多，你得多了解，对具体问题的判断才能贴近现实，职业规划才更有意义。遗憾的是，大部分财务人员并没有这么详细地了解和调查，做出来的所谓职业规划，只是纸面职业规划，不具备实操性。

这里面有一个“死循环”：大部分人就是因为资历尚浅，所以想通过做好职业规划，让未来发展得更好，可现实是，资历深才能对各种现象有所了解，有更精准的判断，再去做职业规划，才能达到好的效果。这相当于对一个资历尚浅的人提出一个要求：必须采用资历深的眼光去看待职场。问题是，资历从浅到深总要有一个过程。

一个人不可能在同一个时间里，既“资历浅”又“具备资历深的眼光”，那么怎么解决呢？

其实在做职业规划的时候，“资历浅”有资历浅的规划，而“资历深”有资历深的规划，重点在于“规划”和“目标”必须具备可操作性，在现实中可以实现。能够实现的规划才是好规划。要以实战的眼光，进行可操作的规划。

做财务工作跟在天桥底下唱歌不一样，不可能某一天有个星探发现你，或者你报名参加某个选秀比赛，然后一夜成名。所以，做出可操作的职业规划，然后通过自己的付出，将规划的内容实现，这就是财务人员发展的核心技能。

绕了一大圈，跟大家讲的重点就是：不管是职业规划，还是后面会讲到的职业发展的个人条件、职业能力等，大家始终要秉持一种“可实现、可操作”的观念去考虑问题。对财务人员来说，不可实现、不可操作的职业规划，是不可取的。用咱们老百姓日常的大白话讲就是：别整天搞那些没用的东西。

那问题来了，怎么让财务人员做出有用的职业规划来，并且真的能让其发挥作用呢？这就是我接下来要讲的重点了。

大家先来看一个现实中的有关职业规划的例子。

曾经有个刚毕业的学会计的同学周朝利来找我，她向我吐槽：“我很想做审计，但是面试了好几次，都没有办法进事务所工作，您有办法让我进事务所做审计吗?”

我就问她：“你面试过的几家会计师事务所，为什么进不了呢?”

周朝利说：“我不知道啊，总之每次面试都谈了一会儿就没下文了。”

我说：“那你现在是没有工作吗?”

周朝利说：“我有工作，我就在事务所工作。”

我说：“啊？你不是说进不去吗？难道你在事务所不是做审计?”

周朝利说：“我托关系找的，他们所长让我暂时做行政工作。我想反正先进事务所再说，而且所长说了，以后如果有机会我还是可以转做审计的。”

这姑娘确实很坚强，为了自己的目标，宁肯吃个眼前亏，先做行政人员，反正近水楼台先得月，也许有一天能有机会做审计。

像这样的朋友我见过太多了，他们有一个看似比较坚定靠谱的目标，然后为了这个所谓的目标，放弃开阔自己的视野，不愿意去看看社会上还有没有其他发展的路子。他们缺乏调查，也没有看清楚自己是否适合在这个阶段追求已认定的目标，其实目标如果不靠谱，不具备实际的可能性，显然就是规划有问题，可以适当进行调整，这就相当于在试错。譬如，很多学习财务的同学，就因为自己的师姐进入了某一家公司，因此也把目标放在那家公司，但是你的情况和你师姐的情况可能有很大不同。这种同学的问题是死盯着一个目标，不懂得扩大视野去寻找适合自己的工作。这就是实战性规划和“瞎规划”的区别。

如果说“坐井观天”的故事是说青蛙眼界狭窄，不主动跳出去看看外面的世界，那这一类人就是戴着眼罩看世界，随时随地用眼罩蒙住自己的双眼，让自己看不到别的目标，自我设限，生怕扰乱了原来预设的目标。但问题是原来的预设目标合不合理，他们可能从来不去考虑！这类人最大的问题是：内心害怕接触新事物，不愿了解新情况，有了所谓的目标，就认死理。

其实，财务人员的发展渠道很多，学会计，学审计，学财务，甚至学经济类、管理类的人，都可以做会计，甚至不是学这些相关专业的，如学理工科的，同样也可以做会计。职业发展不需要也没必要过早设定一个“死目标”。在职业规划中，设定一个“死目标”是非常不恰当的。

我接着跟周朝利对话。我说：“所长说的就是真的吗？”

周朝利说：“应该是吧，是托关系找到他的，应该不会骗我。”

我说：“那你为什么那么喜欢做审计呢？”

周朝利说：“因为审计挺厉害的，可以学好多东西，还可以到处出差。”

我说：“那你没发现会计也可以学好多东西吗？”

周朝利说：“会计还是没有审计厉害吧。还有，我好像做不了会计吧，能去什么公司做会计呢，没人会要我吧。”

聊到这里，我发现除非我硬生生给她安排某个具体企业的会计工作，让她去做，否则她怎么也不会相信除了审计之外，会有其他适合她的工作。

写到这里，就是想告诉大家，职业规划的第一个核心是“目标”问题，这是一个方向，也是个人努力的起点，还是职业发展的落脚点，这个目标一定是可操作的、可实现的。再说一遍：目标不一定是非常适合自己的，但一定是可操作、可实现的！

为什么说目标不一定是适合自己的呢？因为现实中很多人根本搞不清楚自己适合做什么，如果固化思维给自己定个标准，就会失去很多其他机会。

要做出成熟的职业规划，就要懂得这样一个基本规则：通常，人要到了接近中年的阶段，才会形成固定的工作模式、思维模式，才真的知道自己适合做什么，就是所谓的“四十不惑”。用通俗的话说就是：人的一生，年轻的时候做加法，中年之后开始做减法。开始做减法的时候，人就会更懂得自己适合做什么，不适合做什么了。

在就业初期，其实一切尚未有定论，过早认定自己只适合做什么，就是职业规划的缺陷。不过，如果你认定的目标和你现实的追求是相吻合的，那当然就是优秀的职业规划了。

再讲一个例子。

有一个做会计的朋友，她叫万妙青，毕业已经快四年了，一直在浅川市工作，是当地人，各项条件并不突出。遇到我的时候，我了解了她的过往，履历很普通：普通专科院校会计专业毕业，毕业三年多，换了三家公司，三家公司都是名不见经传的小公司。她来找我的时候，非常困惑：她感觉自己在工作上快顶不住了，之前换了三份工作，现在又想辞职！

万妙青说：“张老师，我感觉在这里没什么好的发展，可能不太适合自己。”

我问：“你为什么要辞职呢？具体讲讲。”

万妙青说：“上司老针对我，每次都被她骂……”

我听到这句话，立刻就懂了，这又是一个感觉职业不适合自己的人。而这又是职业规划的致命缺陷。其实经过深入了解后，我才知道，她所做的工作表格，总是不符合上司的要求，要么这里有错，要么那里不对，上司情绪上来，对她语气不佳，而她多有顶撞，久而久之，形成僵局，她就丧失斗志，想逃避了事，自己给自己找了“这个工作其实不太适合我”的理由来麻醉自己，想一走了之。

问题出在哪里呢？当然是出在规划的可操作性上。职业规划的目标往往就在你的掌握中，可是在遇到各种实操问题的时候，很多财务人员就错误地认为目标还没找到。

这是浪费时间的，也是很可悲的。

所以，我认为万妙青并不是遇到了人生的“职业规划绝症”，只要把职业规划稍微矫正一下就可以了。

第一，万妙青的目标存在错配，因此需要矫正目标。

第二，万妙青的操作能力太差，导致自己以为目标出错。

接着我加大对她能力的扶持，并对她的职业规划做了相应的矫正。两剂重药下去之后，经过一段时间的工作调整，她进入了另外一家公司工作，职业发展算是进入了正常的轨道。

总结万妙青的问题，她眼下的工作其实是符合她自己的职业目标的，具备可操作性，但是由于自身无法识别出自己的能力缺陷，才导致她做出顶撞上司的行为，搞僵局面，最终产生“另谋发展”的新的职业发展目标。

因此，对目标的可操作性的认知非常重要，一旦自己的职业规划是具备可操作性的，或者说已经处于实现过程中了，那就要特别重视其他因素的影响。规划和目标本身没有多大问题，那就要着重加强其他方面，否则就算规划对了，也会被自己的其他毛病给耽误了。重新找到的工作其实跟原先的工作类型还是一个样，也就是新的工作跟原来的工作性质和内容相差无几，工资也差不多，但时间耽误了，职业发展停滞了，这就相当于换工作也是白折腾。别小看这一点，很多财务人员就是这样不断换工作，却始终在原地打转，这很不好。

综上所述，财务人员的职业当然可以规划出来，但是最核心的问题在于，要去拓宽自己的视野，这样有利于寻找可能实现的规划，接着制订的规划必须是“可实现的、可操作的”。千万不可以随意订立目标，否则容易陷入困境，也不要受其他因素干扰而否定已经订好的、可实现的职业规划，以免打乱自己的发展节奏。

不过，财务人员制订职业规划也确实存在诸多干扰因素，处理不好还会成为障碍。规划虽可实现，但现实有难题，难题有哪些？我们接下来一一探讨，了解过后，对做出符合实际情况的可操作的职业规划就大有帮助了。

2 做财务工作是否一定要去大城市、大企业

财务人员的职业规划，考虑可操作性，就必然会面临这两种选择：城市选择和企业选择。这种选择看似简单，但是财务人员必须提前想明白，否则一旦机会出现，如果自己想不明白，错过好机会，那就很可惜了。从现实角度讲，选城市和选企业，其实并不是那么简单。

从理论的角度来看，根本没办法论证某两个城市比较起来，去哪个会更有利于发展，也根本没有办法论证某两家企业比较起来，去哪家更有利于发展，因为谁也无法知道某个城市如何变化，也无法知道某个企业如何变化。

我们先来讲个例子。

近些年来我遇到很多这样的情况：身处经济不是很发达的非省会城市的一些学会计或财务的同学，参加工作后，很难遇到好的工作机会。这里面有很多原因，主要跟当地的经济发展有关系，这不是个人的问题，而是大环境的问题，这也怪不了任何人，自责更是没必要。

有一个做会计工作的朋友，他叫周树友，就是处于这样的一个三四线城市。他在当地成长，在省内读书，大学毕业后在当地找工作，但是在当地，中型以上的企业屈指可数，好的工作机会更是少之又少，因此他在就业和职业规划上一直有困扰。

从发展机遇的角度讲，从来没有谁规定一个人一定要一辈子在出生地发展，绝没有这样一条规定。人往高处走，这也是流传千古的一句俗话。

周树友向我说出了他内心的苦闷："张老师，你说我在这座小城市，工资很低，而且我在这个公司已经工作了三年，收入还是老样子，以后养家糊口怕是都有难度啊。"

我说："你们当地是这个情况，你可以去省会城市发展吗？是不是距离很远？"

周树友说："距离几百千米。"

我说："你不是在省会城市读书吗，怎么毕业后没有留在那边找工作？省会一般来说机会多一些。"

周树友说："机会确实是会多一点儿，但是人生地不熟，所以当时也没考虑太多就回老家了。"

问题很明显，他当时可能还年轻，没有考虑太多实际因素：生活成本、养家糊口等。但毕业三年了，婚姻、家庭问题迟早要面对，那么规划的重要性就体现出来了。所以说，看事情要长远，想问题要全面。

换句话说，如果毕业前一两年就考虑过以后工作和生活要在省会城市，应该怎么办，那毕业后就努力争取留在省会城市，拼搏个三五年，甚至八年也可以，攒到一点儿钱回家娶妻生子也不错，如果在省会城市发展得还行，干脆在省会城市安家就得了。这就是规划能发挥的正面作用。

这个现象非常普遍地存于现实中。

其实，周树友的问题，并不单纯的是城市问题，而是在于选择了城市，其实也就相当于选择了企业。经济发达的城市，提供高报酬的企业自然就多。

可能有人会说，选个城市有什么难的，选个企业有什么了不起的。说这种话的朋友是因为他还没碰到类似的选择。城市和企业的选择，真的是一件大事！为什么这么说？因为从财务人员的角度讲，有时候换一个城市就能收获非常好的发展机会；有时候换一个企业，就会迎来职业发展的转折点。这不是一个简单的选择，而是影响一辈子的重要选择！

这件事关乎一个人的一生，要从家庭背景说起。

一般来说，绝大多数同学都会面临选择城市还是选择企业的困境，极少数的一部分人才可能完美避开这两个问题。这部分少数人要么是安家能力比较强，要么是居住地周边工作机会多。除此以外，一般来说，就算是家和就职的公司在同一个城市的同学，往往也会面临这样的困境。

譬如，家在一线城市的从事财会类工作的朋友，他并不能很轻松就找到离家近、工资报酬又很满意的工作，什么意思呢？就是对安家能力不强的人来说，钱多事少离家近，那绝对是可遇不可求的！我们知道很多在一线城市生活工作的朋友，上班下班单程都要一个小时或一个半小时，少数人可能还要两个小时以上。换句话说，一天工作八小时，自己又花了二到四个小时在通勤的路上。如果遇上加班，岂不是要在公司过夜？所以，很多人其实还需要在工作地附近租房子。

而安家能力很强的从事财会类工作的朋友，如果家距离工作地比较远，当然可以很轻松地在工作地附近安个新家，但是这种情况极少见。

经济发达的城市，不同城区之间的交通耗时非常长，选择城市的问题对这些定居在大城市的朋友来说，其实就是选择不同城区，所以说其实大家面临的问题很相似。

讲了这么多，什么意思呢？就是说当一个财务人员在做职业规划的时候，要尽早考虑空间问题，而不是等到更多的生活问题出现的时候，才开始考虑，那就略微晚了一些，但是晚规划也比完全没有规划强，但能早尽早，不要迟疑。

像周树友一样，现在面对这个问题，他当然可以采取变换城市的方式去获取好的工作机会，虽然晚了三年，但是现在开始规划，比犹豫不决、继续拖延要好多了。

所以，我跟他说："你可以考虑去别的城市获得发展机会，两种考虑——一种是往前一步即可，另一种是一步到位。往前一步是到省会城市，一步到位是直接去最发达的一线城市寻找机会。"

对一个成年人来说，换一个城市工作，短期似乎不会有什么改变，但是短期问题其实会转变为长期问题。就是说，当一个人在经济发达城市工作三五年之后，经常会出现一种情况，就是回到原来相对不发达的城市反而不适应了，不适应那里的工作节奏、工作氛围、企业文化等。这个问题严重与否要看原来所在城市和目标城市的差距有多大，二线城市和一线城市的差距，其实不会非常大，但是三四线城市和一线城市的差距，可能就会非常大，甚至会存在质的区别。也就是说，当一个人在另外一个城市工作久了，生活习惯必然会发生改变，就会习惯在那里生活，久而久之就要考虑定居问题，买房子，结婚，生小孩，甚至以后的养老等问题。

因此，选择城市从大处着想，这是与工作和生活有关的大事，不可忽略，最好尽早规划，尽早准备。

这么一说，好像意味着大部分的财务人员得考虑变换城市，去经济发达的城市扎堆了吗？当然不是这个意思！而是说像周树友这样在目前的所在地有很强烈的不满足感的朋友，不妨早早规划。而对于生活工作相对舒适的大部分人来说，当然不鼓励变换城市，毕竟换一个城市生活和工作，你就断了原有的人际关系，职业发展难度猛增，这也是需要考虑的一个问题。这正好验证了一句话：期望的收益越大，可能承担的风险也越高。

那么，去大城市工作对财务人员来说真正的好处到底是什么？简言之，就是机会多。但是，财务人员的工作其实不需要经历太多的公司。如果你进入一家比较不错的公司，公司能给你提供很多学习的机会，这就足够了，并不需要你频繁换工作。

财务人员去大城市发展的好处还在于，有更多可供选择的大企业和大平台，而一旦你有机会进入好的企业，就一定要努力工作并注意积累经验，不宜频繁换工作。财务人员的能力提升跟是否在大城市工作关系不大，而是跟企业的业务细节、管理细节相关，只不过大城市可供选择的机会多一些，一旦进入某个比较不错的企业就要安心工作，切不可认为身处大城市，机会多，就随意跳槽。

接下来说说怎么选择企业。选择企业没有选择城市那么麻烦，但财务人员在职业生涯中碰到的选择企业的情况远多于选择城市。可以说许多做财务做会计的朋友，都能说出不少自己选择企业的经历。

在所有从事财务相关工作的人当中，没跳过槽的人应该少之又少。当然，工作五年以内的不能算，因为五年在同一家公司的人据我所知并不少，但是再往后就真的熬不下去了！如果有人还能继续坚持，那确实是百里挑一。这说明大部分财务人员都会遇到选择新企业的机会，并不是鼓励所有的财务人员在一家公司工作多年后必须跳槽，那就理解歪了。

寻找新的工作机会是很自然的事情，不违规、不违法，也不违背情理，这是要首先说明的，因为我还真碰到过很多财务人员在跳槽时，总被现任企业领导用人情牌留住。企业领导这么做其实没有太大必要。譬如，一个工作了四年的财务人员最近找到了一份新工作，工资增加了25%，但是当他向现任领导提出辞职的时候，领导总是讲类似这样的话：这么多年的感情了，我们一起共事，经历过风风雨雨，我之前怎么培养你的，没有我你哪有今天……但是没有实际的待遇改善，谈这些没什么实际意义。其实有时候员工考虑换一个平台是为了获得更好的发展，而不只是为了那一点儿工资的涨幅。

人是一天天在成长，每个人的生存都是有成本的，哪个员工背后不是有自己的生活成本和家庭开销，特别是有家庭有小孩的朋友，正所谓“上有老下有小”，为了涨工资而跳槽，理直气壮得很！公司虽然给员工提供了工作的平台，但是员工每天毕竟要完成公司的工作任务，而企业总以培养之名来拴住员工并不可取。

当某员工在外面找到薪水更高的工作时，除非用人单位也立刻上涨相同幅度的薪水，否则基本无法留住这位员工。

不过，这里要提醒财务人员一点，并不可以就此认为，薪水是找新工作的首要条件。换新工作要综合把握，有时候降薪却能获得更好的机会，比如去一个更大的平台或者更著名的企业工作，这比立刻涨薪还要有利于你的职业发展！

一般来说，财务人员会在这几种情况下面临选择企业的问题。

第一，目前有工作，但抽空通过面试找到了一份新工作。

第二，目前没有工作，通过面试找到了一份新工作。

第三，目前有工作，但抽空通过面试找到了不止一份新工作。

第四，目前没有工作，通过面试找到了不止一份新工作。

那么第二种情况，基本没得挑，只能干这份工作了。第一种情况也比较好选择，就是比较目前的工作和新工作，择优而定。最难选择的是第三种情况，相当于在至少三份工作中挑一份，第二难选的是第四种情况，在至少两份工作中挑选一份。

无论选择哪一份工作，财务人员需要考虑的问题都很多，主要为以下几个问题。

第一，这是一家什么样的公司?

第二，这家公司在哪个城市?

第三，工作地点离你的住处有多远?

第四，工资多大程度上符合自己的心意?

第五，能否实现你的职业发展?

以上问题没有必然的先后次序，不同的人会有不同的考虑重点。譬如，有个同学家在二线城市，虽说工作机会比不上一线城市，但是该同学没有那么大的野心，只求安稳的生活，在住处附近寻找工作机会便可，他自然就会将第三个问题放在首要考虑的位置。

另外一个同学正面临攒钱养家的压力，当然首要考虑的是工资收入，工作地点稍远也无所谓，能不能实现自己的职业发展可能都顾不上。

一个有着超过十年工作经验的财务从业者，如果家里上有老下有小，那么当他面对一个职业发展很有前途，但是工作地点离家很远的工作机会的时候，即使工资涨幅50%，他也有可能果断放弃。虽然听起来有点儿可惜，也有点儿无奈，但这就是现实。

这里可以对诸多在校生、应届生或工作经验不多的同学多说几句，针对上述选择工作时要考虑的问题，我可以给一个建议性的排序，影响力从大到小排序为：第一，第五，第二，第三，第四。

简单地说，第一是最重要的，不同公司的规范化程度不同，你能从一家公司学到的东西多少不同，你的发展空间大小也不一样。第一点和第五点其实是有很大相关性的，早期积累的经验越丰富，往后的路子越宽，职业的生命力越强。刚毕业的前五年，更多地把精力放在争取进入正规的公司，积累更多的职业经验上面。而离家远近、哪个城市、工资高低等都可以先暂时不必多考虑。

那么综合考虑城市选择和企业选择时，可以得出这样的判断：当一个人经验不足，年纪尚轻，并没有太多的现实牵挂因素的时候，可以将提升个人职业能力和选择企业平台作为第一层次的考虑因素，也就是要考虑去大城市，去大企业，而适当忽略工作地点、工资等问题。

财务人员在做早期职业规划时要有长远的眼光，而越往后就越要顾及眼前的现实情况。都工作二十年了，还指望着以后五年一大变吗？基本变不动了！刚毕业的前五年是寻求进步的最好时间，毕业前十年是积累财务职业能力的最重要阶段，等到职业后期，就该注意平稳发展，而不会再追求职业成长了。

3 亲朋好友对自己工作的意见能有用吗

一个人在这个世界上，大部分时间还是要靠自己的。所以从这个角度看，人还是要学会单独处理一些事情，单独承受一些事情，要有自己的主见。人在职场，有没有主见对职业发展影响非常大，这一点很重要！

譬如，一个人失眠，总不能让别人帮着睡，有人会说可以靠药物帮助睡眠，问题是如果真采用药物帮助睡眠，若形成习惯，怕是会对药物形成依赖。摆脱失眠首选的方法，当然是通过自我调节而自然入眠，不能靠他人，也不能过多依赖药品。

选择工作就如同解决睡眠问题。为什么这么说？因为工作不称心，睡觉也不会安心。工作是现代人一生当中的大事，二十岁出头开始参加工作到退休为止，要工作将近四十年的时间。从每天的时间安排上看，工作占了最少八小时，如果算上上下班的交通时间，还有加班，或者因为工作而失眠，那么每天实际花在工作上的时间就更多了。

譬如，陈雪是在下湖市一家知名企业工作的财务人员，但是她家在办州。下湖市是五大超一线城市之一，高铁线路多而且便利，市区内有将近二十条地铁线，可谓四通八达，出行非常方便。由于经济发达，全世界众多知名企业云集于此，五湖四海的职场精英都到这个城市来寻找好的工作机会，陈雪就是其中一员。

陈雪在办州的家与在下湖市的工作地点直线距离有一百二十千米，陈雪每天上班先坐公交车到办州高铁站，坐上办州到下湖市的高铁，下了高铁再转一次下湖市内的地铁便可到达公司附近，最后步行十分钟到达公司。这样的单程需要耗费的时间大约是两个小时，上班下班加起来一天就需要花费四个小时在交通上。陈雪每天早晨必须七点之前出门，以保证能在上班时间九点之前到达公司。

为什么陈雪要这样安排呢？一个简单的理由就是下湖市的房租太贵，在公司附近租房的价格比每月的通勤费用高出不少，这不就算出一笔账来了吗？每天多花一点儿时间，每月就可以省下一笔钱。

当然，陈雪的情况比较极端，但是大城市中大多数人花费的上下班的交通时间确实并不短，一个小时以上的单程交通比比皆是。因此不算上加班，仅考虑工作时间和交通时间，很多人就要耗费大约十个小时，这实在是再正常不过的事情了。

人的一天有二十四个小时，八个小时给了睡眠，十个小时给了工作，剩下的减去一日三餐、生理排泄和洗澡等占用的时间，就没剩余多少时间了。工作是生命中特别重要的一个组成部分！因此，怎么选择工作，从职业规划开始就会影响到每个人。

不过，大家也别灰心丧气，觉得人生怎么那么难，工作好像是不可能完成的任务。现实中，并非尽是如此，因为人不是独立存在的，当你遇到工作困惑的时候，亲朋好友会给你出谋划策，那么他们的方法有效吗？

我们来看看下面的例子。

郭芬芬在一家普通的专科院校读书，学的专业就是会计，但是找工作一个多月来，她总是兴致勃勃出去参加面试，垂头丧气、闷闷不乐而归，并没有太多的收获。这让她情绪低落。父母替她着急，她自己也着急，茶余饭后会和父母说到找工作的事情。

父亲问：“现在工作确实不好找，你伯父也在企业里面工作，要不然托托关系去他单位试试看？”

郭芬芬：“爸爸，别麻烦了。伯父又不是老板，他也不是财务部门的领导，这种事情他也说不上话啊。”

父亲说：“那他可以打听一下啊。”

母亲也接过话来说：“要不然就问问看，周末去伯父家串串门，了解一下情况也好。”

郭芬芬说：“唉，很烦啊，我自己找工作就行了，找伯父很麻烦，他是个工程师，跟财务八竿子打不着，找人还要花钱，而且这根本就是没着落的事!”

这话都快谈不下去了。

郭芬芬的父亲是做工程的，母亲在医院当护士，这都跟财务搭不上线，想帮忙也不知道怎么说。郭芬芬也不太愿意把找工作遇到的困难和细节跟父母一五一十地讲，但是眼看还有一个多月就要毕业离开学校了，她真的非常着急。

显然，在毕业找工作这个问题上，很多家庭都会面临与郭芬芬类似的情况，亲戚朋友真不好帮忙，不是不愿意帮，而是隔行如隔山，有心无力。

好在郭芬芬虽然着急，但是内心很坚定，虽然远期能发展成什么样，她也不清楚，但是第一份工作，再怎么样也要找到做会计的工作，这样就算是自己最好的职业规划了。她心里想着，别的同学能靠自己找到，自己应该也行。

坚强的内心让她失败过后依然没有放弃。功夫不负有心人，她终于找到了一份做出纳的工作，这虽然不算什么完美的开始，但是对她职业发展而言，也算是走好了职业规划的第一步。

周小琼一毕业就在一家大型企业做出纳工作，工作其实也挺顺利，但是她听说做出纳好像没什么出息，做了一年就开始变得很浮躁，认为自己一定要找机会换到会计岗位才行。有了这个想法之后，她在公司经常跟上司说起自己想做会计，上司也答应过她会帮她安排，可是一周、两周，一个月、两个月，没什么动静，周小琼感觉经理欺骗了自己，认为一直在这家公司自己肯定就没什么前途了。

从这个时候开始，周小琼在公司就有些不安分，开始对外投简历。虽然受邀去面试的机会很少，但是一有面试机会，周小琼就非常开心，信心满满去面试。但是仅有的工作经验是出纳方面的，她没做过会计，面试了四五次之后，还是没有结果。周小琼一时间也找不到自己满意的会计工作，她每天在公司做的还都是那些一年前就学会的出纳工作，她感觉到没有前途，内心很压抑。

周小琼在公司里面有个相处得比较好的同事朱娜，她是做费用会计的，周小琼经常向她吐苦水，说自己想做会计。

周小琼说："娜娜，你看我这样是不是该辞职啊？"

朱娜说："那——辞职你得先找好工作，不然失业就惨了。"

周小琼说："你当初怎么找到会计工作的，告诉我有什么方法，好吗？"

朱娜说："也没有什么方法，我当时刚毕业去的那家公司刚好缺会计，出纳他们还不放心让我做呢，然后我就一直做会计，后来我认为那家公司太小了，就换到这家公司了。"

周小琼说："那你挺幸运的啊，一开始就做会计。"

朱娜说："你找会计工作也不容易，我们公司也算大型企业，你就先做着呗，以后有机会换岗做会计！谁都说不准，不然你也没办法啊，是不是？"

周小琼跟朱娜聊过之后，发现她也没有更多的办法，就不好再继续纠结这个问题。

周小琼回家跟爸妈聊公司的事，还有最近找工作的事情，爸爸反而劝她说："这家公司是家大公司，要不然你就再做一阵子吧，你才做了一年就不想做，是不是有点儿快啊？"

周小琼看爸爸不支持她的想法，所以就没有继续接话。

妈妈灵机一动，说："你姨娘的女儿，我听说她当时毕业就是去了会计师事务所工作，我们问问她有没有办法?”

周小琼一听是事务所，感觉很高大上，就一个劲儿地说：“好啊。”不过一想到事务所做审计的好像经常要加班，很累，周小琼兴趣又不大了，说：“妈，表姐是做审计的吧，我不想做审计，我想做会计。”

妈妈也不懂，就说了一句：“去问问看，也不知道她现在发展得怎么样了，过年的时候好像听你姨娘说，她现在很忙，转到哪家大企业做经理了。”

周小琼听到是企业里面的经理，又开心了：“是吗？做财务经理就很厉害了!”

约好时间，周小琼和妈妈到姨娘家做客聊天，妈妈向姨娘了解情况，姨娘说自己也不了解女儿的工作情况，但趁着大家一起聊天的机会，开口对女儿说：“小姨家的女儿小琼，现在是做会计，但想着换工作……”

表姐：“噢，小琼也做会计，那不错，做会计还是很有前途的。我当时虽然是从审计开始做起，但是后来也到公司做会计了。小琼现在在公司具体做什么呢?”

周小琼说：“姐姐，我在公司做出纳做了一年多，但是没有机会做会计，我又很想做会计。”

表姐说：“做会计这个工作，其实是要慢，慢工出细活，不要着急。我当初做审计两年，换了工作去企业也只是做个普通的会计，你刚毕业，做出纳挺好，学得扎实。”

聊了半天，表姐没有表示要介绍周小琼去她那家公司工作，而是一个劲儿地告诉小琼：“你要珍惜现在的工作，能在一家大企业工作不容易，做出纳也好，做会计也好，要慢慢学，仔细体会和领悟其中的门道，这样才能积累经验，而经验丰富之后，找工作是不难的，这个过程其实是在积累自己的经验……”

周小琼表面上点头微笑，但是心里已经着火了，热得不行，嘴上依然诚恳地说："嗯，嗯，我懂，我知道，姐姐说得对……"

话不投机半句多，周小琼感觉姐姐没帮她，反而像是在教训她，她想倒不如一次性了断话题，她直接打断表姐的话，说了一句："姐姐，我能不能去你们公司做会计啊？我真的很想做会计。"

话已出，事要么成，要么败，周小琼直接挑明来意，说白了就是想走走捷径。表姐已经是财务职场上的"老江湖"，当然知道这小姑娘有点儿好高骛远，就稍有严肃而不失诚恳地说："我们公司财务人员的流动率很低，目前暂时不缺会计人员，如果以后有空缺的话，我再通知你吧。"

周小琼哪知道表姐其实也有难处，大企业招人是有一系列流程和规矩的，公司又不是她开的，哪能随便就安排一个人进去？而且表姐跟她讲的也在理，在大公司工作要珍惜自己的平台，经验不足之前不要乱换工作，而是要先积累经验。可是周小琼就认为出纳没什么好做的。其实出纳做精细了也可以积累很多经验，可以为下一步的会计工作打下基础。周小琼目前还体会不到这一点。没有办法，周小琼就是这么简单地认为：她想做会计，而表姐已经是公司的财务经理了，却没有帮她一下。

讲到这里，我要做一下总结。

其实财务人员的职业规划，会受限于自己的视野和自身对职业发展的理解。譬如前面举的这些例子，当事人自己对职业发展会有自己的观点，而家里父母、亲戚，或者同事、朋友，可分为两类人：一部分人是跟财务工作毫无关系的，另一部分人可能是业内人士。那问题就在于与财务毫不相干的人只能从人生道理这个角度提出建议，譬如，"做一份工作不能这么快就换，在大企业蛮好的啊"，但是这些意见难以让当事人信服和接受。而业内人士由于经验丰富，看待问题的角度又有所不同，会用长远的眼光理解问题，因此给出的观点会趋向于长期发展，譬如，要多积累一些基础经验，要把工作做扎实，靠自己的实力去找工作等。

这两类意见对当事人当然会有参考的价值，不过影响其实并不是很大。可能有的人会说，那听别人的意见，岂不是听了也白听？当然不是这个意思。一个人是否能听得进别人的意见，并不能决定其未来发展的好坏，这两者是没有直接关系的。因为提供意见的人说的话不一定就是正确的、恰当的。所以，一个人的主见，就显得很重要。

郭芬芬就是一个相对有主见的人，父母没能帮上什么忙，她坚持自己的规划，并把它实现，她是依靠自己的努力找到第一份工作的，她的职业规划是可行的，也是可实现的。

而周小琼的目标就显得有点儿模糊，她想借助外力，但是又听不进外人的意见，内心想要去找会计工作，找了几次失败之后就没有继续坚持。一方面，她很想落实自己的想法，去实现自己的规划，从做出纳转为做会计，但是自己又不够努力，不能坚持去实现它；另一方面，她想借助亲朋好友的力量走捷径，但是又不接受别人的分析和解释。这种缺乏主见的情况其实是财务人员做职业规划过程中的一个大毛病，职业规划的可操作性就差，实现起来自然就很难。

4 怎么面对低工资和高涨的生活成本

生活是需要成本的，简单四样：衣、食、住、行。一个生活比较拮据的财务人员能把工作做好吗？我的答案可能会让你感到惊讶：真的可以。

为什么我会一直强调财务人员要重视自己的职业规划，并且职业规划必须是可操作、可实现的，因为所有的财务人员都在现实条件下工作，而不是在梦里工作。人只要活着，就会受到生活条件的影响，也许这个道理有点儿抽象，来看个例子。

我曾经在一家工资福利还不错的公司，看到一位财务人员，她负责公司的税务工作，收入相对同龄人来说处于中等偏高。她说："我现在花钱住比较好的房子，住宿条件好一些，这样才更有利于我的学习和职业能力的提升。"

五年过去了，我再次遇见她，她仍然在这家公司担任税务会计的职位，除了阅历的自然增长，着实没有看到她在职业能力提升上有什么大的变化。

这个例子说明一个问题，其实财务人员的职业能力成长跟生活条件是没有紧密联系的！五年前她的收入在同龄人当中相对还有优势，但是五年后她的收入相比部分同龄人来说其实已经落后了。

如果你的收入足以让你活得比较轻松，经济压力不大，并不意味着你就更容易获得职业能力上的提升。反过来说也成立，如果你收入不高，感觉到生活上有点儿经济压力，也并不意味着你在职业能力成长方面就会比较弱。别的行业暂且不谈，但对财务这个职业来说，收入水平或经济压力是不会对职业成长造成太大的直接影响的。

理解起来似乎有点儿难，我们来看看例子。

譬如，有位同学叫许敏瑞，工作三年，在一家大型企业从事会计工作，月工资6000元，属于中等或中等偏上的水平。

另外一位做财务的同学方秋胜，在一家中型公司工作，工作一年，月工资3500元。

第三位做财务的同学李一幻，在一家大型公司工作，工作三年，月工资8000元。

这三个人的收入水平不太一样，最高8000元和最低3500元的差距是比较大的，而同样工作三年的两个人工资也相差2000元。但是这只能代表他们目前的收入水平，未来怎么发展，都是不可估计的。

不过很明确的一点就是，方秋胜会感觉自己日子很难过，而李一幻会感觉生活其实没那么难。但是在职业规划及其实现过程中，谁都不敢打包票说李一幻肯定会在职业能力成长上保持优势，并一直保持收入的相对优势。

从职业能力上讲，也不好比较许敏瑞和李一幻谁更有优势！因为很可能是许敏瑞的能力很强，但是收入水平尚未提升而已。也极有可能是李一幻刚进入这家新的公司，把之前积累了几年的能力体现出来，刚刚拿到相对较高的工资 。

当然，有些工作在一线城市的同学，看到这里可能会嗷嗷大叫，说我们的生活成本可不是一般的高，房租是其他城市的几倍，装修还很破，有一股老房子的味道，等等。有部分同学还会抱怨说，每个月扣除衣食住行的开销，工资剩下的就不多了，长此以往怎么能存到钱啊？

这种说法就是职业规划中要避开的错误点。为什么这样讲？因为这里有一个前提，你在做职业规划的时候抱怨这样的事情，说明你把自己的能力当成恒久不变的，所以你才会很介意眼前每月扣除花销之后的所剩不多，如果你考虑到为了实现自己的规划每天努力付出，努力进步，你做规划的时候根本就不会在意眼前存钱少这个小问题。

有的同学就会为自己辩解了：我不就想过得舒服点儿嘛，不想工作那么累，想有业余的时间玩，想心情舒畅地拿到满意的工资。

对于抱有这种想法的同学，不管你说没说出来，只要有这种想法，你的职业生涯发展基本就到头了。因为你累了，你缺乏动力了，你想稳定了，不想付出更多的时间和精力。换句话说，你未来的成长真的很有限。

对于这种情况，别说做职业规划，能保住眼前这份工作不被开除就算不错。这真不是吓唬人，这是因为财务这个职业竞争激烈，从业人员非常多，逆水行舟，不进则退。虽然讲了这个道理，但是大家也不要以为我就一直激励大家加倍努力奋斗，以后也不能停下，绝不是这个意思。一般来说，当一名财务人员有“资格”说自己想求稳，不想再过多地付出时间精力，不想再加倍努力，必须是此人已经成长到一定程度，具有较强的职业能力，能做到不太费劲就能拿到较高的工资，那个时候才是求稳的时候。

以工资而论会更直接，如果你刚工作两三年，月薪三五千元，然后就抱怨生活成本高，每月余钱很少，自己没啥前途，那你基本就不用怎么规划，因为你彻底缺乏斗志和加倍努力的心态，就算做规划也很难去实现。但是如果你已经拼搏八年十年或者更长的时间，随着年龄的增长，想把更多的精力放在家庭上，接下来工作上求稳是相对合理的。

这样，大家就明白了，职业规划是要可实现的，可实现是要看你处于哪个能力阶段的。积累职业能力的初期不适合喊停，人生的奋斗才刚开始！积累职业能力的中期，一部分人可以喊停，因为他们有一定的余钱，够花。

所以，客观地解读这个生活成本和工资收入的问题，就可以明白：对财务人员来说，眼前的工资、生活压力，其实只是一种主观的感受，关键在于你要不断提升自己的职业能力，不断谋求发展，而这两项的实现有赖于你制订出合理的职业规划，有赖于你如何落实这个规划。

这种情况在职场中颇为常见，如前面例子所讲的三个人，方秋胜收入比许敏瑞和李一幻稍低一些，但他非常具有拼搏精神，用额外的劳动时间去弥补职业能力上的缺陷，更认真工作，更懂得考虑别人的感受，以此来获得更多的职业经验。三年后，许敏瑞和李一幻职业发展四平八稳，可方秋胜却通过自己的加倍努力升职了。

当然，升职有很多技巧，我们后面会详细讲解，这里跟大家强调的是不要拿眼前的收入和经济压力，去否定本来应该有的职业规划，否则会对自己的成长和进步造成负面影响，这是非常不值得的。所以，当制订可操作、可实现的职业规划的时候，尽量把工资和生活成本的重要性调低，做规划要长远，看自己能不能为了这个规划去付出努力，去实现它。

5 走好财务职场过渡期的路

先给大家讲一个职场小故事，听过以后你可能一辈子都忘不了。

很多同学抱怨说："我在学校成绩不差，为人也很好，善待同学，尊敬老师，好像不管做人还是做事都没毛病，但是参加工作之后，怎么都感觉不对劲儿，一说话就被人家批评，一做事就让人家训斥，说啥啥不对，做啥啥有错，这是怎么回事?"然后此类同学就总结原因说："我们公司那个谁谁谁，特别讨厌，每次都针对我，在背后给我挑刺，找我麻烦，我真的是恨得牙根痒痒。"

这类同学特别多，他们就是我们这次主题所要讲的过渡期的路没走好。我一般只说一句话："环境变了，你原先在学校的那套生存方式玩不转了，游戏规则也要改。"

每次讲到这里，许多同学都会说："噢——言之有理!"那就对了，说明大家听明白了。

每个做财务的同学都应该明白，不管之前有没有人告诉过你，或者你自己有没有领悟到位，每个人从离开学校到步入职场，大环境是在变化的，做人做事的模式是会随着大环境的变化而变化的，最重要的就是利益的关注点变了，导致所有事情都有变化。

讲得具体一点儿，就是在学校你是学生，上学的目的就是学习知识，而老师是授业解惑者。从这个角度看，学校其实是一个对你来说做人做事比较容易的环境。

公司就不一样了，很多同学经常有疑问，说："我以前在学校有问题，别人也会告诉我，但是在公司里面，我有问题，有人的却不愿意教我，为什么会这样?”因为从公司的角度讲，对这个问题最常见的回答就是：“公司让你来不是来学习的，是让你为公司创造价值的。”也就是说，公司希望你来付出智力和体力，你倒好，还保留以前在学校的思维，以为是来学习的，那就错了。

那怎样才能平稳度过过渡期呢?

一般来说，如果对一个有足够上进心，内心有足够诚意想做到管理职位的财务人员来说，职业生涯中有这么几个过渡期。

第一，从学校到职场的过渡期。

第二，从职场菜鸟成为职场老手的过渡期。

第三，从职场老手晋升职场管理新手的过渡期。

第四，从管理新手成为管理老手的过渡期。

这是四个基本层级。和第一个过渡期类似，游戏规则会在每个过渡期有所变化。换句话说，游戏规则在不知不觉中就改变了，作为新手刚进入新的环境，就相当于身处新的过渡期，这个时候，往往会由于摸不清楚新环境的规则而显得不知所措。

那是不是所有人都会在过渡期表现出不适应？当然不是。

譬如，林语欣是一个刚刚毕业的财务专业的应届生，她在大三期间就进入一家小型公司的财务部门实习，虽然每天都在打杂，但是她很快乐，因为能接触到不同的人，接触到有别于学校的新事物、新观念。她不在意有没有工资，也不在意是不是很累，是否加班，这些都无所谓，因为林语欣很清楚，这是在提前熟悉下一个环境。

大四的时候，林语欣又找到了一家规模较大的公司，寒假一直在这家公司实习，端茶倒水，会议通知，打印复印，扫描存档，装订凭证，她什么都做，毫无怨言。最后临近毕业的时候，其他同学都忙得不可开交地找工作的时候，林语欣直接成为实习公司的正式出纳。对林语欣来说，她根本没有觉得过渡期有多难，因为她两年前就接触过，她懂得职场中应该如何待人接物，怎样与同事沟通，怎样跟领导请示，有求于人的时候应该怎么表达，工作出错受到上司的批评后应该怎么补救等，这些都是职场环境。

也就是说，林语欣早就体验到了职场的残酷，在学业结束的时候她自然没有受到太大的观念上的冲击，这属于无缝衔接。这种类型的人，可谓是“职业早熟”，还没毕业就已经很有职业范儿了。

现实中，像林语欣这样的同学当然是少之又少。

反过来说，一些财务人员刚进入公司，甚至工作了三五年，“学校味道”还很浓，这给自己的未来发展带来了阻碍。

我可以就此对过渡期的难点做个总结，将从学校到职场的过渡期间最常见的问题及其解决方案提供给大家，从而有利于大家更好地融入职场，更好地度过过渡期。

（1）我要做什么？

答：别人跟你讲的工作内容你记录了没有？做到位没有？要做什么工作提前记录好，做过的工作如果记不牢也要记录好，按照记录去理解就不会出什么错，不清楚就拿出来进行比对，有遗漏就继续补充。职业初期要做到多记录，多揣摩，工作内容多记录。

（2）我为什么被训斥？

答：你做错事情了吗？看看之前的记录中哪个地方做得不到位，或者记录有错，就对应着改。你说错话了？根据事情本身仔细回忆，抓到问题关键点之后，可以记录下来，以后遇到类似情况就能懂得如何表达，要说就要想清楚再说，切忌凭感觉乱说话！

（3）我哪里做错了？

答：自己先查清楚，不要没查就问别人，因为查完你可能就已经懂了，但是别人没有义务每次都提醒你自己去查。遇到问题，不要急着跟别人理论，先检讨自己，再请求他人，因为你经验尚浅，可能考虑不周，急着与人争论容易导致“自己挖坑自己跳”。

（4）我应该找谁？

答：不要没经过思考就问他人，一般来说，公司里面什么人做什么工作，都是有固定安排的，从工作的岗位职责去摸索记忆什么事情应该找谁解决，而不是遇事就问人，这个习惯对自己的职业成长非常不利。当然，这个问题也不是不可以问，但要注意次数，不要有第三次，因为事不过三，否则他人很可能就不能忍受了，你很可能要挨批评了。换句话说，在过渡期，只有当你不需要问“我应该找谁”这个问题的时候，才可以看出你能勉强应对自己的本职工作了。

（5）不会怎么办？

答：财务工作初期没有什么大难题，因为公司不可能把非常重要、难度很大的事情交给一个新手去办，所以不要高估自己，不要遇到什么不会的就以为碰到了世纪大难题，大呼小叫抱怨不停，要学会冷静处理！这个阶段主要是把自己的工作做妥当，做任何事情都认真仔细；主要是你要花心思，细心记录、整理，自己实在做不来，可以在有调查、有记录的基础上再去诚恳地请教别人。

（6）我要不要加班？

答：这要看你负责什么工作，你能否独立完成所有你负责的工作，如果你做不到就意味着你可能要付出额外时间和精力，公司不会介意你的额外付出的。你自己也不要太介意额外的付出，因为这是短期行为，只有当你能胜任自己的岗位，能轻松应对自己的工作之后，你才可以相对自主地决定加不加班。

（7）为什么没有人教我？

答：从你的角度看，别人没有教你；但是从别人的角度看，其实人家已经教过你了，只不过你没有认真对待，导致没学会。总之，最终结果就是你认为别人不教你，而别人认为你这个人不好教。再发展下去很可能就是你工作做不好，而你一直会以“没有人教我”为借口，这是不能起什么作用的，因为职场中没人会接受这个理由！

处于职业过渡期中的你要记住这句话：现在是你收取工资，不是你付钱请别人教你的阶段，你一定要比正常情况下多付出十倍、百倍的努力，才有可能比较顺利地收获很多工作上的知识和经验。

譬如，别人对着电脑操作并讲解了一遍财务软件的操作方法，你没有随时记录，只是一边看一边随口说着“噢，噢，噢”，第二天你就忘记了操作细节，你要继续问同样的操作问题，此时你就会发现别人的态度不那么友好了。从你的角度来看问题，你会认为对方不教。如果从对方的角度看，对方会认为昨天已经告诉过你了，你怎么不记录也不重视，今天如果再说一遍还不懂，岂不是明天还要再说一遍，那你什么时候才能学会呢？同样的事情如果要教好几遍，岂不是浪费时间。所以对方就会放弃教你！很明显，问题出在你身上，是你不够积极和主动，学习的方法也不够好。

虽说新手都会遇到很多困难，但不同的新手应对困难的方式之间也有微妙的差别。有些新手就很懂得积极学习，努力一遍就学会，不追问第二遍，自己学会的同时还能赢得他人的好感，因为大家认为你效率高！所以，不要再提出这种问题了：为什么没有人教我？

（8）为什么别人老针对我？

答：这往往都是因为你太看重自己在别人心目中的印象而产生了别人总是针对你的错觉。其实别人更多的是怕你由于不熟悉工作内容连带搞砸他们的事情，因而着急，并不是针对你。在老员工眼里，事情本身可能比你本人更重要，所以省点心，多付出，少衡量自己的形象。职业初期，最重要的是把工作做好，不要太在意自己在别人心中的印象。其实企业还是有一定包容度的，新手以学习和积累经验为工作重点，职场允许新手有熟悉和上手的阶段，而新手则要注意别动不动就认为别人针对你。

（9）我工资怎么那么少？

答：别抱怨工资少，要搞清楚自己工作是为了什么。是为了眼前的工资吗？还是为了实现职业规划？职业规划里面重要的一点就是职业能力的提升。问题是，你具备应有的职业能力吗？随着职业能力的提升，你的工资并非固定在目前这个水平，所以不需要特别计较目前的工资，要先积累经验。如果忍受不了暂时的低工资，那就可能丧失成长的机会。因为一旦提出高工资要求，公司可能就会认为，在你并不具备足够的经验的时候就抱怨工资低，那随着你的经验逐渐增加，以后的要求恐怕会更多。所以，少抱怨工资低，多关注自己的工作，多注意总结和提升自己的能力。

（10）为什么别人在喝茶聊天，而我却从早忙到晚？

答：进入职场，别被眼前的假象迷惑，要看透现象背后的本质。别人能轻松的原因是他们基本功很扎实，能轻松自如地完成工作，你能做到吗？规划中的职业能力你具备了吗？处于职业初期，即使能完成工作也不可以很清闲，因为你还有下一个阶段的目标呢！

职场是一个充满竞争的场所，因此，职场新手必须付出比别人更多的努力和汗水，才可以实现追赶和超越，所以，你千万不要为了所谓的绝对公平而丧失工作的积极性。

综上所述，处于过渡期的新人首先要做好职业规划，要知道处于这个阶段切不可受困于眼前的现象，要懂得分析背后的原因，并将精力放在逐步提高职业能力进而实现职业规划上，不要由于多付出、多受累、受批评或收入低等因素便停止学习，丧失进取的积极性。一旦进入职场，做出了可操作、可实现的职业规划之后，你就要持久努力，促使自己不断进步，从而让自己的职业规划真正实现。

6 感受什么是真正的财务职业规划

在此之前我们已经把财务人员的职业规划分析得相对透彻了，接下来总结已分析过的容易产生误解的方面，了解什么是真正的财务职业规划。

先看一个例子。

某次在我的培训课上，课间有个学生来找我，说："张老师，职业规划方面，我以后想做到年薪过百万元，你觉得这样规划可以吗？"

我一看，这姑娘看上去还很稚嫩，我觉得她这是"睁着眼睛说瞎话"，但本着一贯谨慎的态度，我诚意十足地跟她说："你这个想法不错啊，有志向，这个是可以规划的。但从现实的角度讲，你至少要规划出你怎样获得50万元年薪，然后再规划百万元的事情，你工作经验怎么样？你现在收入在什么水平呢？"

她说："我明年毕业，但是我觉得我要是开始工作的话，我就要年薪百万元才行！"

我心里想："你这不是说笑话吧？你还没毕业呢！应届生都谈不上，在校生的话，若规划一毕业就拿百万元年薪，这个在非常特殊的情况下可以有，但就目前来说，极为罕见啊。"然后，我对她说："你或许可以想想多少年后达到这个水平，从这个角度去思考。"

她说："那我做规划的时候，这样其实还是可以的吧，我就想毕业就拿这个工资，越快越好，而且低了我觉得我都没有兴趣了。"

我说："可以是可以，但要一步一步来，做规划要重视可操作性和可实现性。你可以先把毕业后找的第一份工作规划一下，然后开始工作之后评估自己的收入水平、能力水平，再规划下一步，如果单纯规划要拿百万元年薪，而没有实现的过程和方法，就有点儿虚了，跨度有点儿大。”

她说：“噢，我明白了，谢谢张老师。”

事后我在想，所谓“童言无忌”也不过如此，这位尚未毕业的同学也许只是电影看多了，对百万元年薪没什么概念。不过听她最后的话，我估计她是听进去了，她真的心虚了，“知难而退”了。

我们再看一个例子。

我曾经有个做财务工作的学生叫曾书代，毕业后他一直在一家小型公司工作三年，负责费用方面的审核和编制凭证。他感觉自己刚毕业做这个工作还可以，但几年过去了，还是做这些工作，工资也不怎么高，想到以后的发展，就感觉没什么前途，必须换工作才行。

曾书代思来想去，反复权衡，为了提升自己的职业能力，他不仅离开了原来的公司，而且离开了所在的城市，前往一线城市寻找更好的发展平台。

由于尚未找到下一份工作就匆忙辞职，曾书代在找工作期间承受了很大的压力。不过“功夫不负有心人”，经过两个月的寻找，他终于应聘上了一家大型公司的费用会计职位。

财务人员找工作，一般来说，过去的工作经历很关键，过去做的工作和想重新再找的工作必须要有比较紧密的关联，这怎么理解呢？就比如曾书代之前是做费用方面的工作，他换工作的时候寻找同样的费用会计就相对轻松，经验对口。如果他想换成应收账款、应付账款的工作，从工作经验上讲，会比找费用会计工作难一些，不过也不是绝对应聘不上，因为在企业当中，有几种工作某种程度上是具有可替代性的，都属于基础工作，如出纳、应收账款会计、应付账款会计、费用会计和固定资产会计。

大型企业里面财务部的工作岗位一般来说分基础会计岗位和高级会计岗位。基础岗位有上述的五项，高级会计岗位有税务会计、成本会计、报表会计、预算会计、财务分析会计五项。这些都是实打实的、以动手为主的工作，其工作内容主要是：数据记录、操作软件、编写报表、制作凭证、整理档案、操作Excel表格、编写制度、记录会议等，即高级会计岗位的工作内容仍以执行和动手为主，并非管理性质的。不过相对于基础会计岗位，高级会计岗位需要一定的会计经验，也就是达到一定要求才可以胜任，一般来说，具备两种或两种以上基础会计岗位经验，便有能力初步接触高级会计岗位的工作。

具体来说，如何熟练掌握两种或两种以上的基础会计岗位所需的技能，需要经历多长时间，需要积累多少工作经验，那就因人而异了，并且与工作平台有关（也就是与在什么样的公司工作有关）。

譬如，在一家已经成熟运行ERP多年的大型公司工作，如果做的是基础会计岗位，每个岗位从初步接触到熟练掌握，至少要一年，最好是两年，这样才能非常熟悉这个岗位的工作细节。大家要注意，细节非常重要！

有的同学可能会说，基础会计岗位有五项，那挨个轮流岂不是要十年，这样理解就有偏差了。我前面讲过，是至少要具备两种岗位或两种岗位以上的工作经验，也就是说，起码做两个岗位的工作。如果你学习能力很强，工作很踏实，经历两种岗位最短两年，往长了讲是四年，那你就具备了基本的素质和经验，就有机会去尝试高级会计岗位。

不过，这里讲的是有机会，不要误以为只要做满了四年，爱选哪个高级会计岗位就选哪个，职场当然不会给你这种随意的选择权，为什么？因为其他同事也是这么想的，所以就要竞争，看谁更能胜任这个岗位，当竞争者不分伯仲时，有时候是看谁留得住。譬如，有的同事也具备了基本的素质和经验，但是他跳槽了，跳槽的人多了，留下的竞争对手自然就少了，而你如果坚持留下来，机会相对也就大了。后面我们会专门讲述财务人员的晋升问题。

那对于高级会计岗位的财务人员来说，如果能具备两种岗位或两种以上岗位的丰富的工作经验，便有机会胜任财务部的管理岗位，成为财务部的管理人员，即财务主管、财务经理。其实在很多公司里面，部分财务人员在担任高级会计的时候已经开始带下属了，即初步具备初级的管理能力。保守估计，高级会计岗位的工作至少也要做两年，因为高级会计职位不是那么好做的，财务人员需要具备一定的沟通、组织、汇报、解决问题等职场的软实力。简单计算一下，经历两种岗位至少要花四年的时间。如果某财务人员四年可以跨越会计的高级岗位，担任财务管理岗位，那么相对其他财务人员，他成长得很快。但要注意，四年是一个保守的估计，更多的财务人员做了五年、八年，甚至十年还不能升任管理岗位。

通常来说，财务人员都希望自己的职业发展快一些，但在工作中实现起来往往并不容易，现实中很多财务人员对自己的职业发展速度并不满意。有的人工作四年了，还在做基础会计工作，有的人工作六年了还没有机会升职，等等。

那么，在这里有必要向大家指出一个常被忽略的由于职业规划不当而妨碍财务人员职业发展的情形。现实中很多人无法顺利发展是因为自己无意间耽误了发展的时间。怎么就耽误了发展的时间呢?

财务职业规划里面的一个常见错误就是原地打转式的跳槽。

我们来看一个例子。

莫小恬毕业后在一家大型公司工作，一开始做出纳，工作一年后，由于财务部工作量太大，有两位财务人员不满意公司的“加班文化”相继离职，莫小恬便转为费用会计。在费用会计岗位上工作两年后，莫小恬的工资与刚进公司的时候相比只多了几百元钱，她从对工资不满联想到在这家公司继续做下去也没有什么前途和希望，她感觉很失落。每次发工资的时候，莫小恬看着自己的工资条，内心越来越着急，对工资不满的这个坎儿她始终跨不过去，索性开始投简历准备跳槽。

由于莫小恬所在的公司在业内小有名气，很快就有猎头找上门来，向她推荐另外一家公司的费用会计工作，预计可以涨薪一千元。莫小恬很心动，精心准备后果然应聘成功。于是，她立刻辞职，一个月后就到新公司上班了。

在新公司做费用会计，莫小恬驾轻就熟，一个月左右的时间就熟悉了所有工作，领了工资之后，莫小恬很有成就感。

时间过得很快，一晃两年又过去了。莫小恬突然觉得自己已经工作四年多了，做的仍是费用会计，而且对财务工作的其他内容也是一知半解的。她不禁思考，自己是否应该寻求其他岗位的工作？怎么做才好呢？

莫小恬的情况就是典型的耽误发展时间的例子。为什么这么说呢？

因为这次跳槽并没有给莫小恬带来有利于职业发展的改变，仅仅是工资涨了一千元。在本书的前面，我们探讨过这个问题，职业发展过程中应该重点考虑所在公司平台和个人能力发展，而对工作地点、工资水平、所在城市等因素的考虑可相对减弱，财务人员的最终目的是快速实现职业能力发展，缩短职业发展时间。

具体到莫小恬，她或许应该耐心一点，从内部或者外部挑选应收账款、应付账款等基础会计岗位，或税务、成本等高级会计岗位的工作，这样才能开阔自己的视野，学习更多的知识，积累经验，提升能力。很明显，她在新公司做费用会计的两年里，仍旧重复着以前的工作，从职业能力发展的角度来看就似原地打转。

那么，当财务人员有意通过工作岗位的调换来实现职业能力发展的时候，首选应该是内部换岗，因为持续工作在一家公司，会越做越熟悉，然后才是向外部寻求机会，跳槽到另外一家公司，相当于从零开始。所以，莫小恬没有提前做好职业规划，她的跳槽只是一时冲动，她完全没有意识到，她的行为实际上耽误了自己的职业发展时间。

财务人员每一次考虑跳槽的时候，都要关注目标公司所提供的岗位是否具备某些有利于职业发展的要素，不要盲目换工作，这样不仅会消耗时间，而且还会导致职业发展止步不前。财务人员必须把这个问题纳入职业规划中，认真思考。

结合基础会计岗位和高级会计岗位两种情况来看，假设一名财务人员从零开始，非常努力地工作，从不犯职业规划上的一些错误，每一次都能避开职业发展的障碍，并且在争取更高层次的岗位的发展机会时也相对顺利的话，最少来说也要经历两个不同的基础会计岗位，历时两年，经历两个高级会计岗位，历时四年，总共加起来六年的时间，这样才能走上财务的管理岗位。不过从现实的角度讲，这样的职业成长已经是“神速”了，极少数人能做到，因为要求太高，变数太大，机会太难得，阻碍的因素也太多，并非事事都能如此顺风顺水。

对大部分财务人员来说，制订职业规划的时候，自己要清楚地了解基础会计岗位和高级会计岗位的区别所在，以及二者间的联系，每个岗位的工作内容和经验要求，最后还要了解这两个层次的岗位的未来发展趋势。

财务人员的发展看起来有些慢，其实并不慢，为什么？因为这是一个稳扎稳打的职业，快了容易出错误。财务人员发展太快可不是什么好事，基础不扎实，后期往高处走的时候问题会越明显，有时候违规操作却不以为然，以致要承担较大的法律风险。

由此可以看出，财务人员在做职业规划的时候要仔细推敲每个环节所需要注意的细节问题，从而做出真正符合自己情况的可操作、可实现的职业规划。

回到曾书代的例子上，他在大型公司谋得费用会计一职后，做了一个多月，就浑身不舒服，这不是身体出现问题导致的不舒服，而是心理上无法理解和承受眼前的工作所导致的不舒服，两个月后，他索性辞掉工作。

曾书代曾找到我，说："张老师，其实我想从事财务分析的工作，费用方面的工作真的很无聊，整天就看那些发票，烦死了……"

听他说完，我就知道他是什么情况，对他说："财务分析岗位需要一定的基础经验，你现在已经在大公司工作，只需要锻炼一两年，能力提升了，机会自然就来了，财务人员不难找工作，但前提是要有相应的扎实的经验和职业能力，比如，Excel你操作得怎么样，费用科目的设计水平怎么样……"

他不耐烦听我说下去，直接打断了我的话："张老师，我现在的工作确实让人无法忍受，我不能老是做这些，没有前途啊。"

他没有仔细听我说，也体会不到我的意思，因为他无法改变自己的认知，不够耐心，不够仔细，也不相信自己真的可以通过努力从基础岗位走上高级岗位。

我感觉再给他分析下去，他也是听不进去了，就转而跟他讲最重要的一点："好，那你要注意，先稳住当前的工作，就算找工作也要'骑驴找马'，别轻易辞职，那样你的压力会很大……"

"我已经辞掉工作了！"曾书代没等我讲完就来了这么一句。

年轻人火气大，"速战速决"，这对财务人员来说，其实并不是好事。凡事多考虑，出路肯定有，没有必要那么莽撞。

讲曾书代的事情是什么意思呢？就是说他没有很清晰的职业规划，当然从行为做法上就没有可操作性，没有实现的方法，这是一连串的事情。曾书代虽没有说要年薪100万元，但是跟我授课期间遇到的那位姑娘还是很相似，都太急于求成，殊不知财务工作就是要慢工出细活、稳扎稳打，一点儿也急不来！有一句话很适合用到财务人员身上：冲动是魔鬼，成败看细节。

讲到这里，给大家总结一下，财务人员的职业规划究竟应该是怎么样的。

我们有必要看一下全貌（如下图）。需要强调的是，规划好和规划得不好完全是两种不同的结果。规划不好，往小了说，发展不顺，耽误大家的青春年华；往大了说，财务人员的职业规划不好，职业发展不好，可能会影响未来的人生和前途。

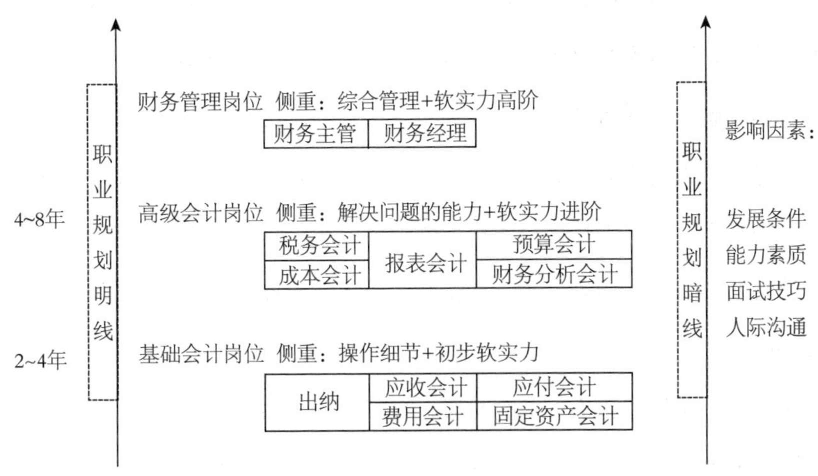

财务人员职业规划图

根据上图，定位你所处的位置和角色是很容易的。用好这张图，按图索骥，就可以把职业规划变成现实。

我们可以注意到上图的中间位置就是我们前面所讲的内容，从基础会计岗位，到高级会计岗位，再到财务管理岗位。

基础会计岗位除了对应的具体岗位名称明确标注出来之外，加了一项侧重培养的内容。对于基础会计岗位，侧重的是操作细节和初步软实力，也就是说，财务人员除了每天整理数据和整理凭证等实质性的动手的工作之外，还要学习与人沟通，学会感受别人的情绪，学会配合别人工作，学会汇报工作等，以便增强自己的职场软实力。

高级会计岗位侧重的是解决问题的能力和软实力进阶。先说软实力进阶，基于基础会计岗位所具备的初步软实力，到这个阶段财务人员就要具备团队精神，懂得组织协调，能够控制情绪，合理安排工作等。而解决问题的能力比之前就有更高的要求，高级会计岗位要求具备解决问题的能力，而不是有事老问人。你想想，你老问别人，那别人能没意见吗？所以到了这个阶段，你要逐步过渡到让别人来问你，或者你能组织协调，再提出办法，然后解决一些复杂问题。总之，高级会计岗位的五项工作内容，没有一项是简单闷着头就能独立完成的，都要求财务人员具备中等软实力，然后通过组织协调才能完成。前面所讲的曾书代想找的财务分析会计岗位，就他目前的经验和条件而言是不能胜任的。不过每个人的职业规划都有第二条线，也就是暗线，所以，以曾书代的经验和能力水平，他也不是完全不可以做财务分析的工作！这就是暗线方面的影响，涉及发展条件、能力素质、面试技巧、人际沟通等内容，后面的章节中我会详细解读。

第三个阶段是可遇不可求的阶段，很多财务人员一辈子都没有走到财务管理岗位。为什么这么说？因为在绝大多数的企业里面，财务管理岗位的人数相对于非管理岗位的人数来说，肯定是少之又少的。譬如，一家小型企业，可能所有的财务人员就三个人，其中一个人是管理者，那管理人员数量就占比三分之一。而另外一家中型企业，财务部门的人员是六个人，其中1～2人处于管理岗位，那占比就是六分之一或三分之一。一家大型企业的财务部可能有二十名财务人员，其中1～4人处于管理岗位，那管理人员占比就是二十分之一或十分之一或二十分之三或五分之一。因此企业规模越大，财务人员越多，管理岗位的相应比例就越低，总体来说，职场中财务管理岗位的数量远少于普通会计岗位的数量，这是个客观存在的现实情况，因此并非每个财务人员都能走上财务管理岗位。

既然如此，是不是财务人员对管理岗位就干脆别想了呢？这种想法也是不对的，财务人员在做符合自己的职业规划的时候，可以把胜任财务管理岗位列入规划，只不过本着可操作、可实现的原则，规划的时候需要考虑到相应岗位所要求的相应的能力、条件、经验和阅历，而不是只凭感觉。

像之前说过的一毕业就要达到年薪百万元这种不切实际的职业规划就要少做，这样的规划看上去让人满腔热血，可实际意义并不大。

譬如，一个即将毕业的在校生，可以这样规划：毕业后争取去一家大型企业做一名出纳或从事基础会计岗位的工作，两年内争取到另外一个基础会计岗位锻炼，两年后，争取获得一个高级会计岗位，这样的安排是比较合理的。有了这条主线，接下来再规划自己应具备的软实力，这样的规划就非常实在，初步具备可操作和可实现的性质。当然，职业规划的最终实现，还要依赖财务人员日常的努力和付出。如果你规划毕业后去找一个高级会计岗位的工作，但是你又没有实习经历，也没有相关的经验储备，那这样的规划就没有现实的可操作性，做了也是白做。

譬如，你现在已经毕业三年了，在一家中型企业的基础会计岗位做应收账款会计，那么你可能三年前就有职业规划，到目前为止你已经实现了一部分。那接下来怎么办呢？不管是否与你之前的规划一样，你都可以这样考虑接下来的发展问题。

第一，做了三年的应收账款会计，自己的职业能力应该相对符合要求，接下来就到了考虑更换岗位的时候。

第二，你的软实力水平如何？在这三年的工作中，你不能埋头苦干，还要兼顾发展软实力，如果这方面你过去有所忽略，现在就要考虑再花一年的时间增强软实力，同时寻找高级会计岗位的机会。

第三，虽然同一个岗位的工作内容相似，但是大型企业的管理细节和中型企业还是有区别的，因此你又可以规划出另外一条路，就是在寻找高级会计岗位机会的同时，也可以稳扎稳打地考虑更大平台的基础会计岗位。虽然看上去还是做同样的工作，但是其实你是在一个更大的平台工作。其好处是：首先你的工资收入会增加，其次你可以学习更好的管理方式，学习更多的沟通技巧，最后，进入大平台意味着你以后有更多的机会担任高级会计岗位，基于发展前景考虑，好处多多。

第四，总结起来就是有三条路：继续工作增强软实力，寻找新机会做高级会计岗位，寻找新机会换一个大平台。规划很清楚，这是接下来一年的目标，然后你就可以根据规划行动。而当接下来一年实现了其中的某一项的时候，譬如真的换到了大平台、大公司，你会发现那又是一个新起点，有很多知识学习和很多经验积累，那个时候再继续调整你的规划吧。

第五，规划不仅要有眼下一两年想实现的可操作的部分，还要有一个长期的计划，即一两年的规划实现之后，未来三年或者五年，要有质的变化，如三年后一定要争取到高级会计岗位等。

其实，规划就是要一步一步来做，一步一步来实现，实现之后又继续调整。总体框架参照“财务人员职业规划图”，细节根据现实情况来调整，制订完规划就坚定信心去执行。

最后要提醒大家一点，职业规划图是基于大型企业的岗位设置模式来做的，如果你身处小型企业、中型企业，有必要对此进行微调的。譬如，中小型公司的基础会计岗位不需要五名财务人员，或许两名财务人员就已足够，因为中小型企业的业务量没有那么多，财务人员也就不需要那么多，合并岗位是很常见的事情。

从另外一个角度来看，如果是超大型公司，也有可能基础岗位不止五名财务人员，因为每个岗位的业务量实在太多，单纯一个应收账款工作可能就需要两到三名的财务人员负责。所以，职业规划图的作用是给你一个相对标准的模式，具体则要根据现实情况进行调整。

另外，财务工作、会计工作是非常讲究合法合规的，所以在此提醒大家，无论是在做职业规划，还是在实现职业规划的过程中，你切不可通过违法违规的行为去实现所谓的“职业规划”和“职业目标”，遵纪守法是所有财务人员都必须要有的底线。

讲到这里，大家还记得开篇所讲的Judy吗？她遇到了职业规划的困难，可惜的是她不知道应该怎么针对自己的情况做可操作、可执行的规划，更不知道怎么去实现。

其实现实中很多财务人员常常会陷入两难的境地，接着就会感到迷茫。背后的原因有很多，但表现出来的情形差不多，犹豫不决，不知所措。背后原因虽各有不同，但其实都有破解之道，只不过当局者迷，无法自我调节。

我见过很多财务人员，被问及职业发展、职业规划的问题时，都会给出“我现在很迷茫”的回答，他们不知道该怎么谋求职业上的发展。其实Judy就是这一大群体当中的普通一员，Judy如果想自己发展得更好，有美好的未来，她还得提升很多能力，譬如先把职业规划弄清楚，再反思诸如自己所具备的条件是什么，职业能力怎么样，懂面试技巧吗，人际沟通能力如何……这些都是职业发展过程中的重要影响因素。

若有所缺，当补则补，若方向正确，则须付出方能见效。决胜财务职场，讲究综合能力，职业规划既要有明线又要有暗线，这样才能走上快速发展之路。

这些内容接下来会给大家逐一解读。请大家别忘记：Judy的事情还没完，财务总监和杨水心还会找她！

财务职场攻略之二

发展条件

Judy的职场故事 ❷ 发展条件如何，财务总监有话说

知彼知己，百战不殆；不知彼而知己，一胜一负；不知彼不知己，每战必败。

——《孙子兵法·谋攻》

能力是自己的，而条件是别人定的。

对财务人员来说，在职业发展规划逐渐清晰之后，不是你想怎样就怎样，而是要“知己知彼”，要知道“彼方”在想什么，知道企业想要什么样的人才。看似简单的问题，其实很多财务人员并不晓得，发展条件是给你薪水的企业对你的要求，跟你的能力其实没太大关系。你的能力低，别人照样可以有高要求；你的能力高，别人却可能只提低要求。

财务职场攻略之二，使用大量案例披露各种企业如何选取人才，如何评估人才。知道这些对财务人员来说很重要，比财务人员的个人能力更重要。现实往往是：你努力了十年八年，结果积累下来的职业能力并不适用于现实的企业，原因就在于你并不了解那令人“望而生畏”的“企业判官”看重的是什么。

通俗地说，企业如果是“她”，你懂她，她才会喜欢你；你不懂她，即使你能力超群，她也不会青睐你。

Judy 的职场故事❷
发展条件如何，财务总监有话说

“妈——你怎么还没睡啊！”房门开了，灯也亮了，Judy见妈妈走进来。

“你不也没睡吗，你睡不着，我能睡得着吗？”

平时没多注意，门被推开的一瞬间，Judy忽然发现妈妈好像有点憔悴，苍老了许多，禁不住心疼。

“妈，我自己的事情自己解决就好，你帮不上忙的。”Judy思路清晰，直奔重点。

“我看你没想好，就过来讲两句。俗话说：一个人计短，两个人计长，三个人赛过一个诸葛亮。我也给女儿参谋参谋。”妈妈坐到了Judy的床沿上，接着说，“你不用担心妈妈，你要真的想去下湖市工作就去吧。妈妈还年轻，没有老到需要照顾的时候。我相信你的能力，我也知道你的性格，想去就去吧，妈妈再也不阻拦你了。”

“妈，别这么说啊，这次我心里真的没底……”Judy说道。

“其实，上一次你也是心里没底！有底气的人是不会犹豫的！”妈妈话锋一转，Judy愣了一下。

“妈，你怎么这么说我……”Judy有点委屈，正想撒娇。

“不然你要我怎么说，你要是安安静静睡觉，我会说你吗？问题是你大半夜在那儿哭，别说我睡不着，楼下邻居都要报警了！”妈妈严肃起来，

“你在昆水市有房子住，在知名大公司上班，收入相比同龄的孩子也不差，你那些同学，有几个能进大企业的，这样的生活不是挺好的嘛，怎么突然就想着去下湖市呢？心血来潮，想怎么样就怎么样，真是气死我了……”

“你不懂财务，就别说了！”妈妈给Judy讲人生哲学，Judy没办法接招，扔下一句话，拉了被子往自己头上盖。

“掩耳盗铃，盖被蒙羞，这样就能解决问题了吗？我做美术老师几十年了，没换过工作，不也好好的，干吗非得换工作！你要真想换工作，你得有那能耐！我告诉你，三年前你毕业的时候，没有那能耐，今天你也没有！什么跳槽涨工资，跳槽走上人生巅峰，都是假的。我们学校的老师，这些年离开的也不少，你记得那个李阿姨吗，还有那个王叔叔，都去了下湖市发展，好像昆水市的人要发展都得到下湖市去，我就觉得没这个道理！这么多年下来，我没发现他们日子过得有多好，好好的老师不干，非得去什么企业做设计，看起来‘高大上’，白领、高工资，但我看日子过得一点不像样，房子还没我们家的一半大。说好听点，是为了下一代有个良好的教育，可这么多年她家小孩也没教育出个什么样来。前些日子老王想让他家孩子进我们学校教书，有很多人竞争，可不是那么容易的。”

“闺女，妈把话放在这儿，你爱听就听，不听拉倒。但不要半夜三更鬼哭狼嚎。做人要踏实点，能力不够就别瞎做梦，什么‘梦想要有，万一实现了呢’，那百分之九十九点九九没实现的怎么不说？这些话都不靠谱，我给你说句真正靠谱的：稳定压倒一切。”

“你要搞清楚自己的实力，真要是条龙，那得会飞天；真要是只虎，就别像病猫。你真要去下湖市，也别多想，就想自己有什么条件，凭什么去，能得到什么，想完敢去就去，不敢去就放弃，没什么好犹豫不决的。时间不早了，别再扰人清梦了，妈就先睡啦！”

妈妈讲起话来，逻辑思路倍儿清楚。姜还是老的辣。Judy被说得不敢露头，蒙在被子里大气都不敢出，更别说哭了。

“我跟你说不通！”Judy顶了一句。

“说不通？很简单的道理，你有本事去下湖市，自己租房子，自己承担生活费用。你要认真考虑清楚，想稳定就别去，想去就得自己扛得住风险。这道理很简单，归根结底还是能力问题，你哪里还不懂，我再跟你讲讲！”妈妈又补充了一句。

“好好好，懂了，懂了，睡觉，睡觉！”Judy一听妈妈还要讲，脑袋都要炸了，急忙求饶。

“怎么连这都想不通……没道理嘛，我讲得已经够清楚了……”妈妈熄灯关门，嘴里念念有词。

其实Judy已经不是第一次想去下湖市工作了。Judy刚毕业的时候，得到了两个公司的入职机会，一个在下湖市，一个在昆水市。当时她考虑了很久，最后还是觉得在昆水市比较稳定，而且家人在身边比较踏实，所以选择了现在的这家公司。其实这家公司一点儿不弱，在当地很有名气。在职业规划上，Judy不是很清晰，总感觉前面有雾，不知道雾的后面是青山绿水还是死路一条。

按照妈妈的说法，如果去下湖市，基本就是死路一条，而Judy总感觉下湖市有宝贝，想去淘金。下湖市作为五个一线城市之一，是年轻人寻梦的地方。问题就在于Judy是否具备了条件，只要条件具备了，也就没有什么风险了，只有条件不足或很勉强的时候，才会面临很大的风险，担惊受怕。

为什么这次Judy仍想去下湖市呢？因为这三年来，妈妈供着吃住，生活上基本没什么开销，Judy攒了金额不小的一笔钱，Judy的胆子是钱撑起来的。如果Judy真的去下湖市工作，这些钱应该足够支付她几年的生活开销。如果暂时不考虑个人的能力条件，单从会计核算的角度来看，这就是用前三年攒的钱买后三年的发展机会，这个交易划算吗？万一前途不错呢，狠狠地挣几年大钱，然后定居下湖市，人生巅峰近在咫尺——Judy想想就两眼放光！“一将功成万骨枯”，万一如妈妈所讲，自己最后成为“白骨”呢？那就回昆水市再找工作呗，到时候就不叫衣锦还乡，而应叫败退昆水了。

人是一种非常灵动的高级动物，灵动到让人难以捉摸。之前听雨的时候憋屈到哭，细细考虑这些事情之后，这会儿Judy反而呼呼睡着了！

Judy这会儿可能真的想通了，她要感谢妈妈把她骂清醒了。

时间很快到了周一。

Judy这个周末过得不好，心理压力很大。毕竟周三就要面试了，今天，最晚明天就要给财务总监一个答复，因为涉及请假去面试的问题。

杨水心看到Judy，便把她带到财务总监的办公室。杨水心把门关好，坐在沙发上，Judy还是愣愣地站在上次的那个位置。

“Judy，怎么考虑的，说说看。”杨水心直击要害。

“Susan，我其实还不确定要不要去面试……”一进入这个房间，Judy又陷入了犹豫的状态，面对杨水心的问话显得有点委屈。

“Judy，我可服了你了。想了一周还没想好！你到底有没有在想这件事，你不要以为我们必须挽留你，不是这个意思的！我们是凭着负责任的态度，对每个员工的职业规划负责，这也是我们公司在业界有好声誉的原因。你可不能认为这是理所当然的，我很忙，有很多工作要做。不是专门整天陪着你聊天散心的！”杨水心显得有点不耐烦。

“我周末想过。”Judy半天就说了一句话。

“想成什么样？”杨水心紧跟着问。

“我真的没想出来该怎么办……”Judy说。

“你，要气死我啊！做个决定这么费劲，还能有什么出息？就你这个样子还去下湖市发展，你去下湖市能扛过三个月算我输!”杨水心不断地给Judy加码。

“嗯……”Judy没有说话，脑子一片空白。

“我再给你一天时间，如果你明天中午之前定不下来，明天下午把手续办了，直接开除!”杨水心急了，一句话脱口而出。

这个时候，财务总监刚好推门而进，听到了杨水心最后一句话。“Susan，没等我来，你们已经开始聊了?”

“刘总，哑巴式沟通，完全没下文！一大早过来，想赶紧把这事解决了，没想到问不出话，说了半天，Judy就一句话：还没想好。”杨水心看到财务总监进来，站起来说。

看到财务总监进来了，Judy抬起头，两人还没正眼相对，她又赶紧低下了头，往墙边稍微移了几步，生怕挡着财务总监的路。

“Susan，早上不是还要开会嘛，这事儿下午再说。”财务总监吩咐道。

“Judy，你先回去。”杨水心对Judy说了一句。

Judy像逃离危险区的猴子，迅速开溜。

Judy走后，杨水心把办公室门关上，财务总监开始问：“Judy有什么想法吗?”

“什么都没有说！就说没想好！我估计她就是被那个猎头说晕了，还有对方公司不是刚好在下湖市，她可能认为发展机会好一些。”杨水心跟财务总监说。

“有把握留下来吗?”财务总监问。

“真不好说，一直发愣，看起来她自己也犹豫不定，想去外面找机会又心里没底。把她留下来估计她也不愉快，加工资是别想了，只能靠劝，但是靠劝说留下来估计也留不久，等于咱们给她当垫脚石了。其实，她这个阶段拿这个工资可以了，在昆水市，我们公司发工资可一直都按照下湖市的标准发的，她应该知足了。我想这还是一个视野的问题，她想去看看外面怎么样。”杨水心慢慢解释着。

“年轻人怎么就这么倔强!”财务总监自言自语道。

“不倔强能叫年轻人吗？领导，怜香惜玉啊？”杨水心补了一句。

“哎哟，那是玉吗？一块顽石！我啊，现在年纪越来越大，感觉做人还是要以善为本，能帮就帮，帮不了咱们也算是尽力了，上对得起天，下对得起地，照照镜子对得起自己。”财务总监面对窗外的大海，不紧不慢地说着。

“那周三她请假面试，让她去吗？还是直接把她开除算了？”杨水心问。

“让她去吧，她目前还不具备条件，我看基本没戏。她自己一厢情愿罢了。”财务总监解释道。

“我们好心帮她厘清头绪，反而让她感觉我们好像在‘坑’她一样，典型的不识好歹！其实她就是不知道自己有几斤几两，条件远远不具备呢。上周那个表格，她自己没检查就发出来，都弄错了，就这个样子还幻想着一步登天，做财务分析。唉，做事情不扎实，她的路还很长呢。”杨水心补充道。

“她要是真具备条件了，想去下湖市发展也行，老吴那边一直缺个会计，两个月前刚入职的人没过试用期就离职了。”财务总监说。

“其实我们集团机会很多，就看她自己了，看她自己是否足够努力，是愿意下功夫在工作上，还是只想混日子。”杨水心说。

“行吧。”财务总监转过身来，对着杨水心轻轻说了一句。

“好嘞，领导您解决问题就是快，我早上跟她讲半天她不吭声，都快把我气死了，您早点来我就省事了。”杨水心还有一堆话要说，财务总监摆摆手，杨水心就默默地退出去了。

1 为什么学到的知识用不到

财务人员在企业里面做会计工作、财务工作，有多大程度上要依赖会计理论知识？（本书所讲的会计理论知识还包括与会计相关的理论知识，譬如税务方面的理论知识等）或者用最通俗的话说，在公司上班的财务人员，平时的工作中经常接触理论知识吗？日常的工作根据什么去开展？这个问题估计会难倒很多正在从事会计或财务工作的朋友，以及在校学习会计的同学们。

这个问题其实很有意思。

如果我说其实大部分做会计工作、做财务工作的人员，日常基本不怎么接触会计方面的理论知识，有人可能会跳起来说，那是什么情况？那平时他们都在做什么？做会计不怎么接触会计理论知识，这不是矛盾吗？

这个问题光讲理论恐怕讲不清楚，举个例子大家就明白了。

黄素素是一个学会计的女孩子，大学毕业之后她进入一家公司做出纳工作。公司规模挺大，财务部门的工作人员也挺多，一共有十三人，财务经理下设两名主管，每名主管下设五名会计人员，黄素素是其中之一。黄素素7月入职，接手出纳工作，而原来的出纳转换岗位成为一名费用会计。

黄素素每天做得最多的工作就是查公司的四个最主要的银行账户的入账情况，每一笔都要根据用途、款项来源进行登记。此外，她根据每天总经理签字完成并符合付款要求的单据进行付款。银行付款操作的每一步都要很小心，因为每一笔钱都非常重要，付错哪怕是一块钱也是非常严重的事情，每天完成的付款也像收款一样要逐笔登记：用途、付款单位、金额等。这些工作占用了她每天大部分工作时间，其他事情她当然也要负责，譬如公司有新业务需要开新账户，公司的高管变动需要去银行办理相应变更手续，月底需要核对银行账和财务账，并编制余额调节表。大致来说，出纳最主要的工作就是这些。

结合一开始提到的问题，你认为黄素素日常的出纳工作与会计的理论知识联系大吗？其实可以说有联系，但关系不是很大，或者说日常工作中几乎感受不到这种联系，注意我讲的是“感受不到这种联系”，不是说完全没有联系。

为什么这么说呢？因为她只要做事情就行了，付款、收款，每一笔账什么情况，怎么登记，怎么核对账务，核对完哪一个数字要填在表格的哪个位置，怎么去办银行的手续，这些工作内容其实基本是固定的，第一个月她有点生疏，做到第二个月就比较熟悉了，两个月之后，基本没有问题需要原出纳指导和过问了，她自己都能独立解决。

从她个人角度讲，其实不需要她去回忆会计理论是什么，也能正常完成工作，而完成工作对财务人员来说，就已经符合了公司对员工的要求，那么员工就能正常在月末领取工资。

再举一个例子，梁荣天在一家公司做税务工作，这属于高级会计岗位。这已经是梁荣天在这家公司的第五个年头了，一开始他也是做出纳，后来转为应收账款会计，今年年初刚刚转为税务会计。梁荣天每个月的工作内容也是相对固定的：月底负责增值税销项税发票与账务的核对工作，进项税发票的核对工作，房产税、印花税、企业所得税、增值税、附加税等相关税种的计算、入账、归档等；第二个月月初负责各税种的申报、缴纳，编制各种税务统计表、内部的税务分析表等。看起来，税务工作跟税法关系紧密，应该算是天天都要涉及会计理论知识了吧。我们可以仔细看看，到底是不是与会计理论知识相关联。

不管哪个税种，核对、计算、申报、纳税，这一连串的动作，都要在一个月月底到下个月月初的这段时间内做完。梁荣天已经工作快五年，做税务的工作也已经半年多了，申报每月一次，最少也做了七次，对此他已经非常熟悉，因为每一种税的计算规则基本没有太大的变化，可以说每个月的操作是重复的。譬如，增值税中的销项税发票怎么跟ERP中的会计科目对比，他早就把会计科目记录好，每月就到系统里面查询数字，而发票就到开票系统里面查询数字，所以工作的具体细节其实就是填写表格，把这个格子的数字查询好，然后填进去，另外一个格子里的数据查询好，然后填写进去。表格的模式设计好了，每个月就按规定填写，按规定的表格制作分析表，分析表的模式也是固定的，基本每个月一样。

了解了梁荣天的基本工作内容之后，我们回到主题，到底梁荣天负责的税务工作跟会计的理论知识关联大不大？我认为还是那个答案，他的日常工作与会计理论知识的关联并不是很紧密。为什么这么说？

也许一开始关联度大一些，在接手税务工作的第一个月，或者第二个月，怎么找数字，找哪个会计科目，填写在哪个表格代表什么意思，梁荣天对这套做法还不熟悉。熟悉之后，他还会整天去想会计理论知识吗？基本不可能了，所谓检查核算申报纳税，就是一整套熟练的操作而已。

那照这么说，做财务工作就不太需要会计理论知识了？

接下来就来解释这个问题，为什么看起来矛盾，分析具体的工作后好像又挺合理？问题出在哪里？

这正是我想告诉大家的，会计财务工作跟会计理论知识就相当于具体和抽象的问题，理论是抽象的，讲的是规则，不会涉及具体的操作方法，所以很笼统，有点形而上；而会计工作、财务工作是具体的、有细节的，每一项都有具体的表格、操作方法、填写方法，因此要根据实际情况来做，基本不需要会计理论知识。

简单说说两者的区别。譬如，梁荣天所在的这家公司十几年里所涉及的业务根本没有契税这个税种，但是会计相关理论知识就有关于契税的内容，因为理论是全面的、系统的，而公司的业务和实际工作是具体的，要根据实际情况来做。但是你能说梁荣天目前不懂与契税相关的会计理论知识，他就不应该从事税务工作吗？当然不能，他做了半年税务工作，效果挺好的！你也不能说哪天这家公司出现新的业务涉及契税了，梁荣天肯定不懂。为什么呢？因为梁荣天碰到契税的时候，再学习契税知识一点儿也不晚，他还可以去税务局咨询，自己再查证和熟悉相关的法规，只要公司的业务最终没有办错，他照样能胜任工作。

讲到这里，咱们这个问题的答案就有了，从实际工作的角度出发，其实大部分财务人员在企业里面开展相关工作的时候，更多的是按照成形的、具体的实际情况去操作的，而工作本身并不会跟会计理论知识有十分直接的关联。

更简化一点来说，即使你不太理解会计理论知识，照样可以完成公司的工作任务，并在月底领到工资。

一般来说，一个公司里面真正需要跟会计理论知识深入打交道的人非常少，原因就是：理论知识是抽象的，理论知识本身是解决不了问题的，理论知识要转换成实在的操作方法，对企业的实际经营才能起到作用，而大部分会计人员、财务人员只需要懂得如何操作就足够了，大部分会计人员、财务人员也确实每天都在进行具体操作，而不是在研究会计理论知识。

解决这个问题之后，回到原本的主题，为什么很多人学习了很多会计理论知识，但是到了企业发挥不出来？其实在回答前面各个问题的过程中，顺带也点明了这个问题的答案，会计理论知识是抽象的、全面的，在企业里面不会直接发挥作用，企业需要的是实实在在的操作，譬如联系谁，在哪里查找数据，查哪个会计科目，数据是多少，数据填写在哪里，表格有多少张，填写完怎么整理使表格的样式更美观，检查表格后怎么上报数据，等等。

学习的理论知识一般用不上，最大的原因就是企业不太需要会计理论知识，但是需要直接的具体的会计操作，换句话说，财务人员要发展得好，需要更快更熟练地掌握企业财务管理过程中的各种实际操作。

这种会计理论知识在工作中派不上用场的现象，常见于毕业后做基础会计岗位的财务人员中，这些人最容易产生理论知识在工作中没什么用的想法。高级会计岗位和管理岗位的财务人员，一般对这个问题会有相对成熟的看法，他们大多已经知道如何恰当运用会计理论知识和企业中的会计实操，简单说，就是他们学到的理论知识能较好地发挥作用。

因此，当你考察自己具备哪些条件的时候，别只想着自己学到了哪些会计理论知识，还要记住一条：你的实际会计操作能力也是很重要的。因为这是企业对人才最重要的评估依据！

2 职场到底重视什么条件

人在职场，收入高不高取决于你的价值大不大，价值大小要看你身上具备多少符合公司需要的条件。你满足公司需要的条件越多，越有价值，那么相应地，你能发挥的作用就越大，工资自然水涨船高。

财务人员作为公司大集体中的一员，跟其他员工一样，当然是为了满足企业的需要，而不仅仅为了工资。这是两种不同的思维模式，由看问题的角度不同所导致。这个问题如果没想明白，后期会成为职业成长之路上的障碍。

从公司的角度看问题，一般来说公司看重的条件有两类。

第一，有相对标准的条件，可以简单称为硬条件。譬如，有多少年的工作经验，学历是什么，多大年龄，具有哪些证书，等等。这些条件好检查，有客观标准，一目了然。不过要提醒大家的是，这些硬条件往往也不是唯一的判断标准。譬如，经常有财务人员来问我，我明明没有某个证书，而且公司的招聘条件要求有这个证书，为什么公司还是打电话通知我去参加面试？这也客观反映了硬条件其实也不是很“硬”，特别是当企业招聘了三五个月还没有合适人选的时候，或者是着急用人的时候，表现得更明显。

第二，没有什么固定标准的条件，可以简单称为软条件。譬如，沟通能力、团队合作精神、工作效率、解决问题的能力，等等。这些根本无法用客观方式测评，即使有一些公司采用一些测评模型，但落实到现实工作中，不靠谱、错得离谱的也不少。当然，相对准确的也有。既然什么情况都有，结果就是无法测试！公司的财务管理人员对此类软条件一般都是凭自己的感觉来判断！感觉就是基于过往经验的主观感受，通俗点说就是靠财务管理人员看人的本事，会不会看人，看人准不准。

如果从个人的角度去考虑，得出来的结果就不太一样。

第一，你可能会认为自己英俊潇洒或者貌美如花，但这些条件公司真的不太看重!

第二，你可能会认为自己会计相关证书一大堆，所以自己的专业能力非常强，但是公司并没有像你这样去考虑问题，公司会认为你虽然有证书，但是能力还得重新审视、重新检验。若因为你有证书而忽略你的实际操作能力是有很大风险的，毕竟以后的工作真不是靠证书能完成的，你要有实打实的解决问题的能力。

第三，你觉得自己最好的条件就是工作效率高，但是公司可能需要的条件是你的团队精神。

总而言之，财务人员具备什么样的条件，一定要从公司的需求角度去考虑，而非财务人员本身的角度去考虑，否则会形成各种心理障碍，或对自己的职业成长造成伤害。譬如，有人会感觉自己在公司遭遇很多不公平的对待，感觉领导器重某个同事而对自己视而不见，感觉别人总是能晋升而自己怀才不遇，等等。

我们来看一个例子。

王安妮是一家大型公司的高级会计人员，负责公司的成本核算。她之前在另外一家公司工作了四年，目前在公司负责成本核算工作一年多。开始接手成本核算工作的时候，王安妮感觉很吃力，因为公司的产品多，成本结构比较复杂，并且使用的软件系统她也不熟悉，刚进入公司的前半年，王安妮基本没准点下过班，加班到晚上9点多才回家更是家常便饭，周六日她也常常主动加班，弥补自己在工作上的不足。辛苦没有白费，工作半年后，王安妮终于能独立完成成本核算工作，周六日不怎么去公司加班，逐渐恢复正常时间下班。

目前，她已经工作了一年多的时间，对成本核算里里外外的细节都清清楚楚，王安妮开始显得有点不安分。她刚进公司的时候，公司原来的成本会计已经离开公司，根本没有一个良性的交接过程，她在这期间付出了太多，基本是从头做起。越是辛苦地付出，她感觉自己的功劳越大。但是工作一年多，她也没有得到什么额外的奖励，工资也是平平。她把成本核算工作做稳当之后，对公司的经营管理和业绩有了更深的了解，大家都承认她的技术很强、经验丰富，但是结合她日常的行为表现，在旁人和领导的眼里，王安妮现在似乎有点膨胀。

平时讨论问题、开会期间与同事对话，王安妮都显得有点不耐烦，虽然业务上她比其他人要更熟悉一些，她讲的也比较有道理，但是越来越多的人感觉到她有些咄咄逼人。所以，大家一方面有点怕她，另一方面有点反感，甚至有个别胆大不怕事的，在面对王安妮的强势沟通时故意跟她对着干，有时候还在办公区域直接大吵大闹。

对于这个问题，有几位员工私下跟财务部领导反映过，有些人还向人力资源部门传达了财务部王安妮不好相处的信息。

王安妮可不管这些闲言碎语，她觉得在成本核算这方面她就是个不可或缺的角色，连领导都得经常问她某个边边角角的数字是怎么算出来的，是什么含义。王安妮感觉自己应该据此争取一次晋升。她一直在等待这样的机会。

时间过得很快，又过了半年。刚好有一个主管辞职了，王安妮内心很激动，感觉机会终于来了。她借着汇报工作的机会，跟领导提出主管辞职的空缺能不能由她来填补，理由看起来也很充分。

第一，目前王安妮的工作积极性和工作能力都符合条件。

第二，王安妮在公司工作两年，对公司有一定的贡献。

第三，公司如果重新招人来填补空缺，可能人工成本会更高，并且短期之内难以招聘到合适的人员。

财务部领导对她的升职请求有点惊讶，因为从没考虑过要将王安妮列入升职的备选人员名单。财务部领导的思路也挺清晰，他没有被眼前“热情”的自我推荐扰乱思绪，而是委婉地说：“嗯，嗯，嗯——你的能力我是看在眼里的，工作做得非常不错，但我需要时间考虑一下，也要跟公司领导商量商量……”

对领导来说，这是委婉的拒绝，但是王安妮可是盼星星盼月亮，志在必得。

过了几天，王安妮又向领导直接提及此事，财务部领导依然是语重心长，“官”话连篇。

随着时间的推移，王安妮开始记恨领导，她认为自己诚意满满，没有功劳也有苦劳，而领导总是跟自己打“太极”，把自己当“傻瓜”一样来戏耍，实在让人愤怒。王安妮在工作上开始不积极配合，沟通也逐渐出现障碍，偶尔会说出“我不知道，你自己去查”“我下班了，你加班是你自己的事情”“我拿这份工资就做分内的事情，额外的事情不要找我”等类似的话。

好了，王安妮的故事就暂时讲到这里。

从这个例子可以看出，领导、王安妮和其他财务人员，在这一两年的时间里，对于发展条件的判断是相当不一致的。

首先，王安妮对条件的判断是自己为公司解决了很多棘手问题，自己付出了很多，这就很大程度上代表自己符合条件。

其次，其他财务人员所看重的，并不是王安妮解决了多少工作难题，而是她好不好沟通，对待其他同事的态度如何。

再次，财务部领导没有明确表达自己的意见，但是从一直拖延、敷衍王安妮的请求这一点上看，财务部领导并没有将王安妮自我推荐时提到的能力、为公司的贡献列入优选的条件来衡量。

简单分析过后，条件的问题就很清楚了，公司的条件，说白了，很大程度上就是领导所认为的条件。财务部领导认为王安妮不符合条件，就直接敷衍了事，完全不放在心上。而王安妮作为财务部的一员，她自己视为优势的竞争条件，几乎被其他同事和领导忽视。

回到话题之初，我要说的就是，当你在职场中考虑自己具备什么条件的时候，要多用其他人的眼光、多站在领导的角度去考虑。在一定程度上讲，公司所看重的条件，往往具体表现为领导看重的员工的条件；从具体内容上讲，也就是本话题一开始所概括的两类条件：硬条件和软条件。

财务人员必须要理解，在职场中，财务人员绝非独立的，而是团体当中的一员。这两种角度会形成截然不同的判断，但是哪一种更恰当、更有利于财务人员的职业发展，通过王安妮的例子便一目了然了。

3 为什么工作五年都说不清自己掌握了什么

我接触过许多财务人员，他们问得最多的一个问题就是："我的工资为什么这么少啊？"

一般我都会接着对方的话说："那你具有多少经验呢？"

很少有人能清楚回答出这个问题，大部分人立刻蔫下来，我似乎戳中他们的痛点。所以，做财务的朋友，工作几年，你到底掌握了什么呢？

一般来说，财务人员对自己工资金额的数字比较敏感，但对于自己的工资金额为什么是目前这个数字并不太关心。换句话说，当财务人员感觉到自己的工资不能达到期望值时，很少有人会思考，这是什么原因导致的。

为了让大家更好地理解一些以前可能没想过的问题，今天要告诉大家的是一种新思维，就是财务人员要学会以经验来认识你的职业，这就是我们的主题——工作五年你得能说清楚自己掌握了什么！

掌握了的内容，就是你的经验，如果什么都没掌握，那就是没什么经验，而拥有多少财务经验最终决定了你能拿多少工资，这就是财务职场所遵循的规律。

因此，作为一名财务人员，你要懂得梳理和总结自己的经验。总结得越多，你的经验值越高，你的价值越大，你就越有能力改变眼下的状态，实现发展。

一般来说，财务人员总结经验要从以下几个方面去做。

第一，组织架构：分清楚公司的组织架构和财务部人员架构，能讲出每个人的大概工作内容和相互间的联系。

第二，大小会议：能讲清楚财务部的定期会议时间、内容、程序，能搞清楚什么事情要开不定期会议，怎么开会，过程怎么样，结果如何。自己参与的工作要清楚，自己没参与的要大概了解。

第三，解决问题：你的工作需要解决哪些问题，清楚自己的工作内容。在每一项工作出现问题的时候，知道怎样主动解决问题。如果自己讲不清楚，那就记录下来；如果没有能力记录完整，那就要想办法寻求帮助。

第四，承受能力：受到委屈、不公平待遇、上司的批评或同事的误解时，能够抽丝剥茧找到问题的本质原因，承受下来。

第五，沟通能力：在自己的本职工作或在协助他人的工作过程中，能主动有意识地沟通到位，把事情办理妥当。

第六，汇报能力：跟领导做汇报，不管口头还是书面，都要做到内容翔实，条理清晰，主次分明。

从财务人员的日常工作角度看，这六点绝非全部经验，但是核心能力都已包含其中，如果你暂时不清楚自己掌握了什么，可以按照这六点进行梳理。

总结自己的能力这件事，很多财务人员平时都没有太在意，认为这并没有什么意义，但是在一个特殊场合，它的作用会发挥得淋漓尽致，那个场合就是面试。虽然后面会专门讲解面试，但在此讲到财务人员的经验问题，必须将其作为重点给大家提出来，也是对大家的一种刺激，刺激你去想想自己具备了什么经验。总结做得好，面试容易过关，难道不是吗？

为什么说面试会刺激大家总结经验，而日常工作就不会呢？因为面试的时候你会被迫总结，你总结不出来，你就没有机会，新的工作单位的面试官就会直接拒绝你。而平时，没有人逼迫你总结，你爱总结就总结，不总结也没有太大问题，所以大部分财务人员在没有督促的情况下，就特别容易忽略这个问题。

下面举个例子。

贾才姿是一家中型企业的应付账款会计，工作三年，经历不算丰富，但是可以胜任这家公司的应付账款工作。贾才姿最近了解到他平时很要好的两个同学都找到了新工作，一个涨薪30%，一个涨薪25%，都比自己高出不少，他有点坐不住了。横向对比自己和同学的工作能力水平，感觉也没差多少，“凭啥他们能拿高工资”？贾才姿开始了跳槽之路。

贾才姿借了同学的简历作为参考，根据自己的情况修改后，就开始四处投简历。兴冲冲投出去的简历，似乎石沉大海，一周过去了，没什么音信，贾才姿心里嘀咕，是不是哪个地方出了问题，自己没有意识到。

两周过去了，还是没有任何回信。第三周，贾才姿终于收到一家公司的面试通知。贾才姿做的是应付账款会计的工作，投递的也是这个职位。收到通知之后，他非常高兴，幻想着面试过后，就可以去新公司工作了，而且还能涨工资。这样想着，他心情很愉快，半夜睡觉都能笑醒。

到了面试那一天，贾才姿提前二十分钟就到了，等了一阵子面试才开始。他是第一个应聘者。面试官到位后，便通知他进入会议室。

面试官说：“请先自我介绍一下。”

贾才姿以前找过工作，他知道要大概说几句，就说了他哪年毕业，然后去了哪家公司工作，哪一年到了现在的公司，现在做的是应付账款会计。

面试官觉得他回答得干净利索，还不错，接着就问他平时的主要工作内容是什么。

贾才姿也很利索地把自己日常的工作说了一遍。

面试官接着就问：“你认为自己过去的工作中做过的难度最大的事情是什么?”

贾才姿半天工夫没说出一个字，脸涨红了，有点想说却说不出的感觉，不断地舔自己的嘴唇，虽然这会儿没吃什么东西但他竟然出现吞咽的动作，两个眼珠子左右晃，眼睛眨个不停。

谁都知道，面试的时间很短暂，分秒必争，任何一个小细节都会影响你给面试官留下的印象。一般来说，回答问题时停顿不超过三秒，可能还算正常，停顿五秒，可能别人会感觉你在编故事，停顿十秒，可能别人就直接当你是个

“水货”。贾才姿足足停顿了三十秒，中间不是“嗯——”，就是“这个——”，还有“我——”。

正当贾才姿张大嘴巴想说点什么的时候，面试官说：“嗯，这样吧，刚刚了解到您的工作经验还是不错的，您先回去，如果符合条件会有下一轮面试，我们会在一周之内通知您。”

贾才姿心里一阵发虚，顺着面试官的话说：“噢，好，好，好，谢谢，谢谢。”

然后，贾才姿就再也没有等到这家公司的消息。

讲到这里，我们来总结一下，为什么贾才姿会突然间卡壳。其实面试官问的是很正常的一道面试题，面试官想了解什么呢？大概贾才姿一时半会儿没有想明白对方想问什么，也不好意思再问面试官你到底在问什么，那重点就在于，为什么贾才姿听不懂面试官的问题？

其实不止贾才姿一人如此，现实中很多财务人员还真不一定能明白面试官的这句话，下面我来稍微解释一下。

面试官问：“你认为自己过去的工作中做过的难度最大的事情是什么？”其实这句问话的重点不在“难度最大”，而在于“过去你做过什么事情”。我想很多财务人员在这个问题上都会感到迷惑，总在想“什么是难度最大”，其实难度最大不最大，面试官也不知道啊，你作为应聘者，自己都不知道什么事情算难度最大，对方是面试官，第一次见你，哪里知道你接下来要说的事情是不是难度最大！所以，别难为自己，在“难度最大”这四个字上去考虑绝对是错误的！

其实，你真正要回答的就是：你平时有没有总结过经验，譬如，你总结过的某一件事，从头到尾是怎么样的，怎么发展，什么过程，最后你怎么解决。

面试官这么问，其实你就应该说说自己的经验，这也就是我们这个话题的重要性，要总结自己的经验。你只有具备了足够的经验，才能找到更好的工作。

4 为何频繁加班还总犯错，投入付出却少有成果

财务人员难以忍受的就是公司老要加班，那到底应该怎么看待加班和个人的职业发展问题？财务人员加班一定是坏事吗？财务人员加班对自己的成长有帮助吗？哪些加班其实是要积极对待的？哪些加班其实是在浪费生命？

那么加班为什么会困扰大部分财务人员呢？这里从现实的角度来告诉大家，其实加班不一定是坏事，也不一定是好事，关键是要把加班和个人成长结合起来考虑，否则你就会陷入困境，想不通，心里难受。

举个例子。

某家公司正常的制度当中就有关于加班费的明确规定：加班费需要记录加班工作时间，并按照某个对应的单位加班工资（每小时多少元）来计算加班费，即加班费＝单位加班工资 × 加班小时数。

那么，第一，假设公司财务人员小陈的月工资为5000元；第二，假设该员工对应的单位加班工资是每小时30元，某个月份小陈加班共10个小时，就在当月计算工资的时候，补充加班费300元（30×10=300）。倘若某个月份节假日加班，那么对应的加班小时数需要采用多倍算法，按照国家规定进行。总而言之，每月会正常统计出总的加班小时数，在发工资的时候将加班费算进去。

假如上述财务人员某个月累计加班30个小时，那该月的工资就应该是5000元+30元 ×30小时 =5900元，加班之后这位员工的工资增加了18%。

如果有的财务人员真的获得了这样的待遇，那别的不说，就问一句话：别的员工还会早早回家吗？当然不会了，就算没多少事情做也要留在公司啊！恨

不得周六日都去公司加班!

在这样的公司上班，是不是感觉很不错呀，对比眼下自己所在的公司，起早贪黑，还要自愿加班，一毛钱加班费都没有，是不是心里愤愤不平?

没错，当一家公司这样去执行加班费制度的时候，员工就会想方设法申请加班，那就会引发这样的问题：恶意加班。

当加班制度变成员工钻空子、获取更多加班费的理由的时候，就无法判断这个加班究竟是“应该加班”，还是“不应该加班”，也就是客观上讲，是不是由于某个人的工作效率太低导致要申请加班，还是真的任务太多而导致即使工作效率高的员工也无法正常完成工作。

这是一个两难的问题！总而言之，很多财务人员在加班问题上，常常与公司的管理层做各种各样的“斗争”，小心思多得很！而且在其他工作问题上，不管不同财务人员之间有多少不同意见，在争取加班的问题上，他们经常表现得非常一致。

话说回来，公司管理层能是傻瓜吗？不能啊！因为谁没年轻过，他们年轻时也干过这种事，只不过现在角色变了。作为管理者，总要想办法治理这种现象，于是管理层就想出了各种办法来治理虚报加班的情况。

第一，严格审核加班申请，必须列明要做什么工作，评估加班时间，事前把预期加班要完成的工作写清楚，加班后审查是否在加班期间完成。再结合日常的工作分配，这样执行一段时间便可判断此人是虚报加班还是真忙!

第二，干脆取消加班制度，全是自愿加班，提加班申请就说明你平时不工作，效率低下，消极怠工，等等。

第三，直接降工资或者多年不涨工资，留部分余地给你“虚报”加班费用。譬如，你正常工资5000元，但是申报加班太普遍，“你申请我就批准”，然后工资降到4000元，或者连续三五年不涨工资，因为平时的加班费就意味着涨工资了，所以不需要再涨。

总而言之，上有政策下有对策。我要说句重一点的话了，就是：财务人员如果整天把心思放在这上边，那就别谈职业规划，别谈职业能力培养，也别谈职业前途，因为，你完全抓错重点！

从现在开始，财务人员要树立正确的观念，不要在意每个月的加班费。为什么这么说呢？因为不值得，原因如下所述。

第一，太计较加班费，会分散精力，财务人员应该把精力集中在自己的能力培养以及工作经验积累上。

第二，你频繁钻空子，签批的领导也不是傻瓜，他可能嘴上不说，但心里记着你的行为。你的行为反映了你的工作态度，工作态度不好的，升职自然无望。

第三，占小便宜久了，人会丧失远大志向，会忘记自己究竟要干什么，学什么，往哪里去，最后失去实现职业规划的动力。

最后还有一点必须加以强调，因为这样做具备一定的风险性，不只是虚报加班被抓现行存在风险。当你频繁钻空子，虚报加班的时候，领导如果对你“百依百顺”，你怎么申请他都同意，这个时候你除了“内心窃喜”之外，还要注意，这是否会给你的工作带来额外的风险。什么意思呢？

通俗地讲，就是你要小心有可能会存在一种情况：领导在加班这方面有意让你占便宜，但是在某些与“财务违规操作”相关的事情上让你变得“无力拒绝”。一句俗语可以解释清楚：吃人嘴软，拿人手短。

就怕当某个财务人员在加班费上“收获颇丰”的时候，却不知自己逐渐丧失了财务人员的遵纪守法的底线。这个问题在本书后面会专门讲到，即职业发展的“禁忌”问题。

因此，我不会建议财务人员去过分地计较加班费。

那现在的问题就变成：是否不要加班费，不计较加班费，自愿加班就有意义了呢？加班真的能帮助员工提升职业能力吗？

在不谈钱的情况下，我们来分析一下加班的具体含金量，即到底是为了什么加班。

通常意义上的加班，就是在每天工作八小时、一周工作五天之外，超出正常工作时间进行的工作，都可以理解成加班。

举例说明。

郭潇是一家大型公司的高级会计人员，工作了六年，在同一家公司做过出纳、应收账款会计、税务会计等几个岗位的工作。业绩好的年份公司会涨薪，业绩平平的时候也会涨薪，但是幅度很小。总的来说，六年下来，她从刚入行的3000元工资涨到了6500元，说高也不高，说低也不低，中等水平吧。

但是她最近通过一个职业顾问机构推荐，获得了另外一家公司的录用通知，对方提供一万元的工资，并且让她担任财务主管岗位。这家公司规模没那么大，不设置财务经理，财务主管的直接汇报对象就是总部的财务经理。这家公司的财务人员也不多，财务主管下面还有一个会计和一个出纳。不过面试的时候财务经理就提前说了，公司对财务主管岗位不设加班费，一万元的工资已经包含了有必要的任何加班补偿。

工资从6500元涨到一万元，郭潇当然是很开心了，一点都没有犹豫就按照约定时间加入新公司。这一万块钱的工资可不是那么简单就能拿到手的。郭潇一进入公司，除了第一天办手续之外，第二天开始就加班了，事情多到接近“爆炸”，陈年旧账，各种台账，参差不齐，做得好累。怎么个累法？郭潇第二天就熬到了夜里10点，第三天也一点没轻松，第一个月有两次是通宵，不是公司要求她这样做，是她自己睡不着必须去学习、熟悉公司的业务内容，否则正常工作便做不完。第一个月她忙得不可开交，她告诉自己忙完这个月，下个月就轻松了，可下个月还是继续忙。这种状态一直持续了半年之后才逐渐有所改善。

郭潇感觉以前做了六年，都没有这六个月辛苦。可能以前太轻松，才会导致今日这么忙吧。可问题是，郭潇这么忙难道是一个人在忙吗？不是的！在加班时间里，郭潇常常是在跟总部的财务经理对接工作。换句话说，这家公司的情况就是这样，郭潇忙到多晚，财务经理可都是在“陪着”！从这点来讲，大家还挺公平的：人少事多工资高！

当然，这其实还反映出一个问题，为什么郭潇这么忙？这跟她的职业能力有关。为什么这么说？因为郭潇没有做过财务主管，这是她第一次做，人在学习期，工作能力肯定是不成熟的，当然需要花更多的时间，因此忙是肯定的。这也是为什么郭潇没有选择辞职的原因。对于她来说其实是忙并快乐着，这半年她积累了很多综合财务方面的经验，管理能力也有所提升。

从这个角度来看，郭潇的情况确实比较特殊，但是这里面也包含了两个道理。

第一，加班这一表面现象的背后可能是：学习技能，积累经验，接触新领域，加速职业成长。

第二，加班可以，但不能长期加班，不能让加班影响自己的身体健康，因此长期加班对财务人员来说是不可接受的。譬如，郭潇如果真正提升了自己的能力水平，但公司还是需要她经常加班到夜里11点，她肯定会重新换工作的，因为当前的工作严重影响了她的健康。

因此，加班问题，始终不能突破健康底线，如果加班危害到身体健康，让你大病一场，或者身体有什么不可恢复的损伤，那就得不偿失了，这是底线。在健康不受影响的情况下，如果可以通过加班掌握新技术、积累经验、加速职业能力培养，那适当的加班也是可以接受的！

为了避免让人产生误会，这里要说明的是，当你对自己的职业能力发展有很高的期许的时候，可以采用前面所阐述的对待加班的观点，但是千万别认为只要是财务人员就得加班，现实可不是这样的。现实的情形是很多元化的，财务人员的状态是不一样的。

譬如，35岁的财务主管梅莎倩，收入中等，家庭稳定，对自己的职业能力发展没有太多的奢望，她自然就会选择准点上下班就可以满足工作要求的岗位。而一个刚毕业的小伙子或小姑娘，就会觉得梅莎倩的做法有些欠考虑，认为她这个人很懒，做什么事情都慢慢悠悠的，额外工作多一点都不愿意干。难道她没有想过以后职业能力要成长，没有想过以后要升职吗？抱歉，梅莎倩是真的不想！

从宏观的角度看，有干劲儿、有冲劲儿、有强烈进取心的财务人员毕竟不是大多数，大部分财务人员最终还是会趋于稳定状态，这跟每个人的职业瓶颈有关，情况比较复杂，另当别论。

但是从加班的角度看，要告诉大家的是，如果对职业发展有所期待，你可以按照前述观点来看待加班问题，但同时你也要学会理解现实职场中存在其他跟你有不一样看法和做法的财务人员。反过来，如果你的职业发展已经趋向平稳，同样要学会理解那些仍处于奋斗期、成长期的财务人员。

最后，回到一开始的问题，为何频繁加班还总犯错，投入付出却少有成果？经过前文的分析就可以看出，因为很多财务人员把注意力全放在加班或加班费上面，并没有透过加班的表面现象看清深层次的本质问题，其实犯错不犯错，是否有成果，本质上是看你的职业能力如何，成长了没有，积累了多少经验，是否能实实在在地解决工作中的问题，是否真的为企业创造了价值。如果对你来说，这些疑问都是正面的答案，何愁不能获得晋升，何愁不发展。

5 发展条件在现实中别指望有人会对你说

钓鱼的时候，人们把鱼饵挂在钩子上，鱼钩扔到水里，盯着浮标，时间久了自然就有鱼食饵上钩，这是自然界的规律。而职场也有着类似的规律，问题在于，你是鱼，还是垂钓者。

在职业生涯中，能帮助你实现快速发展的，除了你本人的主观努力之外，另一个发挥作用的是财务职场的发展规律，而这规律中有一项就是企业对你的要求，也就是个人的发展条件。

由于职场中充满了竞争，企业对人的评估往往很难采用完全客观的评估标准，一般来说，财务人员的个人发展条件，现实中很少有人会明确公布出来。

接下来，我要跟大家讲解的正是这部分内容。

先看一个例子。

徐思梦是一家公司的实习生，目前正处于大四。这家公司比较知名，因此她是下了苦功才获得此次实习机会的，从财务管理的角度看，这家公司能提供很多值得学习的地方和很大的发展空间。获得这个机会，徐思梦很辛苦但是也很开心。

由于徐思梦只是一名实习生，她的心理并不像其他员工那么成熟，在职场经验方面也比较欠缺，财务经验就更不用说了，她根本就没有做过实际的财务工作，连入门都还谈不上。在公司，她做得最多的就是帮忙整理凭证，复印、扫描、归档资料，预约会议室，发通知等工作。

本来，能在众多实习生竞争者中脱颖而出进入这家公司是一件很让她高兴的事，但是做了一个多月了，还是做这些工作，她开始怀疑公司的“实习生计划”了。她冒出的第一个念头就是“这家公司就是利用学生的单纯，纯属压榨人”。有了这样的想法之后，她就开始消极地对待工作了：工作的时候会走神，回应别人的时候没有任何表情，只有一个“哦”，再过一段时间，回答的“哦——”也拖得很长。

又过了一个月，她原本以为这些工作只是做一阵子而已，没想到她一直都在做这些工作，有时候别人吩咐她的工作，她连“哦”也懒得说了，反正就是八个小时上班时间任你们使唤。徐思梦心里已经打定主意，实习期结束肯定不会在这家公司继续工作。

另一方面，她也继续寻找其他工作。

职场的规则新手不懂，职场老手可是谙熟。徐思梦作为一个财务新手，她的这些“哦”或者“哦——”或者不吭声，怎么可能不被这家公司的老员工看在眼里呢，老员工很快就把徐思梦的这些表现传到财务部领导的耳中了。

徐思梦走还是留，已经不是由徐思梦本人来决定了，其实公司也开始考虑是否让她继续实习。所以，从财务人员的角度讲，当你嫌弃杂活儿的时候，公司却会认为这么好的工作机会你竟然不珍惜。

各位读者，判断一下谁对谁错。

揭晓谜底的话，当然要回归我们的主题了，就是个人发展的条件在现实中你可千万别指望有人会告诉你！

徐思梦的情况就属于这种。这家公司在规模、业绩、声誉、财务管理的模式等方面都是很有名的，这样的平台，非常有利于个人的学习和成长。但是徐思梦的视野和见识相当有限，她满心期待着令她惊喜的工作，面对现实与预期的差距，她失望不已。可问题在于，徐思梦是否考虑过：什么样的工作你认为才是棒的、才是符合你的成长的呢？

我想，徐思梦同学是答不上来的。她认为整理档案、发会议通知等工作是杂事，那很可能是她从来没有接触过真正的财务工作，其实，在任何一家公司，新手都是从最基础的工作做起。

对财务人员来说，你眼前的工作，还有你对未来的判断，很大程度上取决于你对职业发展的规律性的认知。但是很有可能除了你之外，其他人是看得很明白的，只不过“有经验者”不会、不想或不能对你说明白！

很多同学会想，为什么老员工们那么“坏”，明知徐思梦看不透也不对她讲明白。其实只要对徐思梦讲明白这些属于基础工作，是走入职场做财务的第一步，谁都需要经历，哪家公司都会这么安排，就可以了。但是，同学们要考虑一个问题：如果其他“有经验者”真这么讲，徐思梦同学很可能反而更不相信了，她会很自然地认为这帮人让她做杂活儿，还想“坑”她！

误会就是这么奇妙，似乎都是设计好的一般，就像打牌一样，底牌是“王炸”的那位装得跟什么都没有一样，没什么好牌的反而频繁出牌。

看到这里，大家可以很清楚地看到，徐思梦如果能够得到点拨，其实可以做得很好，在这家公司继续工作，未来也许会发展得非常好。

不过，这个世界上也并非都是“坏人”。财务经理，也就是那个面试徐思梦、认可她的人，觉得应该向她点明职业发展的规律，因此找她进行了私人谈话。

财务经理说：“工作两个月，觉得顺利吗？”

徐思梦有点委屈，但又不知道该不该直接说，她回答道：“嗯，挺好的吧。”但她回答时始终没有看经理一眼，可能是害羞不敢看，但不管什么原因，不敢看就代表她心里有鬼。

财务经理见状，语重心长地说：“什么公司都一样，只是你不太懂得这样做的意义，这是在锻炼基本功，懂吗？”

徐思梦的心思被猜中了，她“哦”了一声，睁大双眼看着经理。

财务经理接着说：“实习就是一个过渡，你要先熟悉各种材料，否则转为正式员工你能应付得过来吗？做目前的工作，其实你要学会看懂各种资料，那些资料可不是白纸啊。财务工作的路你才刚刚开始，只有坚持下去，才能看到成效。这些关于个人成长的道理，我很少跟别人说，面试时看中你，你可不要太随意啊！”

徐思梦被经理的这几句话说得心里发热，委屈终于有人懂，愧疚中又有感动，憋了几秒钟，她磕磕巴巴地说了一句：“嗯，我懂了，我之前真的没想这么多。”

第二天开始，情况有所好转，徐思梦开始主动工作，也学会记录、总结，这种状态一直持续到实习结束。她不但完成公司安排的工作，还总结出公司的很多工作流程来，提出了自己对于某些工作细节的改善意见，向财务部领导和财务部的其他同事展示了她的工作成果。

之后她顺利转为正式员工。徐思梦从这时候开始，方向正确，职业发展顺风顺水。

讲到这里，做一个总结：对财务人员来说，当你处于迷惘，或者由于视野问题而对未知事物做出错误判断的时候，其实你需要的是对职业发展条件要有认知，要把一部分精力放在思考职业发展的规律上，多质疑一下自己的固有思路，多接受一些其他人的意见，多考虑一下表面现象背后是否隐藏着规律。但，这显然是有难度的，因为就像徐思梦一样，如果没有财务经理的指导和点醒，光靠她自己是醒悟不过来的，还可能会在错误的道路上越走越远。

6 个人发展的条件从无到有是有方法的

生活在这个世界上，每个人都会受到诸多局限，而获得某种成功，或者实现某个目标，都需要具备一定的条件。简单来说，就是条件成熟了，局限才能被突破，事情才能办妥当。所以，财务人员先要清楚个人的发展条件指的是什么，然后努力使自己具备相应的条件。

我们来看一个职场中的例子。

王雪高中毕业后没有考上大学，就不再继续读书了，如果单纯从学历这个条件考虑，恐怕哪家企业招聘会计的时候都会认为她条件不足。王雪离开学校后，一开始并没有想过做会计工作，她当了一名前台服务人员。虽然没有上过正规的大学，但王雪心里一直很清楚，自己肯定还要继续自学和进步。她在工作中偶然了解到，她的同事通过自考读完大学之后，转到一家中小企业做出纳工作。从那时候开始，她就觉得前台服务工作只是一个短期工作，而学会计有利于她以后找到更好的工作，至少与前台服务员相比，会计是一份更有前途的工作。

于是王雪一边工作一边学习，3年后，她拿到了自考大学的毕业证书。她像之前的同事一样到处找工作，出纳、会计、财务助理等只要是跟会计相关的工作她都找，她认为只要能转到公司里面去做会计相关工作，工资多少、工作地点在哪里她都可以接受。

不断地投简历，不断地面试，来来去去有七八次，王雪终于获得了一家公司的财务部助理工作，说实在的，这份工作既不是出纳，也不是会计，就是财务部的一个“打杂”的岗位，负责领导的发票粘贴、复印、打印、快递收发、发放文具等。但在财务工作经验上“一穷二白”的王雪没有觉得这些事情很麻烦，与前台服务工作相比，这些工作让她更充实，至少她每天多少能接触一些跟会计相关的内容，譬如发票、报销、付款、凭证等。从公司的角度讲，她有点像个边缘人，就连财务部全体人员的会议，她也不需要参加，因为会上讨论的都是跟她无关的事情。

对很多财务人员来说，还真做不了王雪所做的这些工作，会觉得这就是个打杂的活儿，没前途。但是由于王雪的其他条件不足，所以她反而没觉得做这个工作有什么不好，总之就是一份工作，跟之前的工作相比她还是觉得现在这个工作更有前途。

时间就这么过去，每天八小时的工作时间，王雪没什么怨言，积极完成分内事情，大家都对她印象不错，至少财务部没有人反感她。

任何公司任何部门都不可能一直风平浪静，在王雪干到第二年年底的时候，财务部负责应收账款的一位同事辞职了。年底财务部很忙，怎么办呢？一般来说，重新招一个人需要一段时间，而财务人员一般都想熬到过年以后再开始找新工作，所以年底这段时间还真难立刻招聘到人。

岗位空缺了，财务部领导想了半天，就把这个工作安排给了税务会计，税务会计听到这个安排，差点儿跳起来，这是天降“横祸”啊：“怎么年底给我搞这么个事情!”税务会计一堆抱怨，把自己的工作内容从头到尾讲了好几遍，证明她每天真的很忙，领导没有办法，答应只让她负责其中开发票的事情，其他事情让其他同事来接手。事情就暂时这么定下来了。

自从工作安排给税务会计之后，税务会计天天临近下班的时间就跟领导“哭惨”，说真没办法做，月底加上年底真的没办法兼顾两边的事情。领导是真没有办法，只能一次一次地安慰，口头承诺年底奖金会多发一部分作为相应的补偿。但是税务会计不是很看重奖金，只想准点下班，家里上有老下有小，加班是会严重影响家庭生活的。

税务会计连续干了一周，觉得这样下去不是办法，税务会计很着急。人不着急没办法，一着急法子就来了。

第二天一早，税务会计跑到领导办公室，领导一看又是她，就说："这一大早又有什么问题？不是说了奖金会多给你一些吗，就多承担一点，招到人就好了，忍忍嘛……"

"嘻嘻嘻……"税务会计的笑声打断了领导的话。

领导被这突如其来的笑声惊了一下，说："怎么了？"

"我有个事情啊，嗯，不知道能不能说！"税务会计怕惹得领导生气，便显得有点含蓄。

"直接说啊！"领导被她这反应弄得更急了。

"我……我想说，王雪不是做助理吗，能不能让她帮忙接手开发票的工作，我会把关，领导放心，我会检查把关的！"这个事情一说，税务会计自己都觉得开心，说完自己又面带笑容了。

领导被她这一惊一乍的表现，逗得也笑出声了："哈哈，你可真机灵啊！"

"那就这么定了！"税务会计赶紧把事情收尾，多一秒都怕领导会变卦。

"王雪是做助理，按道理不应该接手开发票的事情，她会不会……"领导开始仔细琢磨。

当领导还在细细考虑的时候，税务会计已经转身溜出了办公室。

"我还没说完……"领导喊了一声，这一声没喊完，税务会计就在门口打了个手势把王雪喊了过来。领导见税务会计把王雪带进办公室了，就没再往下说话。

王雪走进办公室，她心里有点害怕，毕竟专业知识方面自己一窍不通，也害怕自己惹出麻烦。她低着头，老老实实地站着。

王雪进来后，税务会计把门关上，没等领导开口，就说："王雪，我刚跟经理说过这个事情，以后你就负责开发票，有什么问题不懂就问我，我会教你，别担心，不会很难的。”税务会计说完，眼睛看着经理，期待经理来个收尾，然后这个情况就可以结束了。

“王雪，那你自己有信心吗?”经理问了一句。

“哦，我之前没开过发票，但是我会认真学习的……”王雪略微有点紧张地说。

“行，我会教你的，放心，只要你认真做，两三天就能上手，不用怕。”税务会计一锤定音。

“开发票是非常严谨的事情，发票开错了是非常麻烦的，对公司的财务工作会造成很大影响，这一点跟你平时的工作不太一样，你要加倍认真才可以，不许把发票开错！一旦做不好就没得做了。”经理严肃地说。

“哦，好。”王雪不知道说什么好，就老老实实应了一声。

领导点头，事情基本就算安排好了，接着，税务会计就拉着王雪离开领导办公室。税务会计很上心，立刻给王雪讲解开发票的步骤，并要求她把每个步骤都做好记录，怎么查数据，怎么试开发票，并叮嘱她，一旦不确定的地方，都要找她问清楚，不可以自作主张，否则后果很严重。

吃完午饭之后，王雪就开出了第一张发票，而税务会计也逐步摆脱了这份额外的工作。王雪既开心又有点紧张，因为她始终记着经理说过的一句话：一旦做不好就没得做了。虽然接了额外的工作，王雪日常的工作也要做，但是她没有怨言，因为这是她开始真正接触会计工作的第一步。

一眨眼几个月过去了，王雪做这些事情已经非常熟练，怎么查数据，怎么开票，怎么核对，清清楚楚。税务会计也挺开心，因为王雪帮她做了很多事情。譬如，最近的一个月，税务会计看到王雪对开发票的事情驾轻就熟后，就把进项税发票的认证工作也交给王雪做。王雪心里清楚这是额外的工作，也没有经过财务经理的同意，但是能多接触一些财务实践工作也没有什么不好，所以虽然工作越来越多，可她却暗暗高兴。

而税务会计也不担心王雪会出错，因为王雪的事情做完了，税务会计都会细心检查把关。这样一来，王雪的一些日常工作有时候需要加班完成，偶尔周六日还会到公司加班，但是王雪依然没有怨言。她其实也不知道这样发展下去会怎样，怎么发展才合理，但是她知道每一项工作对她来说都是新鲜的，而认真做好，才有可能接触到更多的内容，这就是她对自己职业发展的简单规划。

财务经理发觉王雪做开发票的工作也没出现什么差错，并且原来的工作也做得挺好，结合公司一直在减少财务部的预算，因此经理打算让王雪把原先应收账款会计的另一部分工作也接了，这样公司也不用再去招聘员工。但是这样的工作量，不知道王雪是否能做得来，因为如果工作量太大，出现错误的话反而得不偿失，因此财务经理找王雪谈了一次话。

“做了几个月，开发票的事情现在做得怎么样?”经理问。

“经理，开发票的事情我都清楚了，每天从系统上查数据，然后根据数据来开票，我每天都会核对好开票的金额，月底做汇总表。”王雪一五一十地描述平时做的事情。

“那你会不会觉得工作量太大了?”经理问。

“哦，不会，我现在做得很熟练，一开始的时候需要加班，现在不需要加班就能做完。”王雪说。

“我看你做事情还是挺仔细的，达到了公司对财务工作的要求，我想你还年轻，应该多接触一些会计工作，对你以后的发展也有利，所以去年应收账款会计离职后还有一部分工作内容，都让你来接，你能做吗?”经理说。

“好啊，没有问题!”王雪想不到经理会多给她一些任务，她高兴还来不及，想着多积累一些会计经验，就满口答应了。

“你不用想想吗？我是担心你做不来，原来的工作还要继续做好的!”经理提示王雪要考虑工作量的问题，让她有心理准备。

“可以的，如果一开始比较生疏，我就加班，还有周六日也可以过来做，我都没有问题的。经理，时间方面我会自己安排好，去年一开始就是这样，后面熟悉了就没有问题，我做事情很快的。”王雪生怕经理会改变主意，一口气把自己想接这个工作的意愿表达清楚。

经理看到王雪信心满满，也没有什么怨言，就初步决定把另一部分工作也集中到王雪身上。在月底的财务部全员会议上，经理就公开说了：“王雪的工作效率还是挺高的，现在把工作重新安排，让王雪接手全部的应收账款会计工作，而相关人员要尽量协助新人。”

至此，王雪完整地接手了一份应收账款会计的工作，成为一名真正的会计人员。

故事讲到这里告一段落。我们可以从王雪的工作经历中看出关于个人发展条件的问题。人生没有谁是条件齐全的，因为这是不可能的，每个人在面对自己的规划和期望的时候，总有眼下未能满足的条件，那么就需要你创造条件，需要行动起来，让条件变得成熟。

先看王雪，她一开始并不具备学历条件，但是她先做前台服务人员，努力坚持学习3年取得学历，然后进入一家公司后，也完全没有条件做真正的会计，而是承担一份财务部助理工作。她没有怨言，毕竟条件尚未成熟，但是她一直在等待，在等待的过程中坚持努力付出，这个付出就是在促进未来的条件成熟。她脾气好、努力肯干又不抱怨，这都是个人素质，跟会计专业知识和经验无关，但是个人素质同样能促进未来的条件成熟。

当机会来临时，她抓住了机会。当她额外承担开发票工作的时候，非常认真对待这份工作，这种付出又促成了她的第二个职业发展条件，就是经理认为她可以承担应收账款会计的全部工作。王雪凭借这种踏实肯干、任劳任怨的态度，未来必然还会具备更多、更好的条件，因为她已经走上了会计工作的正轨，未来的发展前景会非常不错的。

我们再看该公司的税务会计，这个人也是十分会创造条件的一个人，职场中需要这种创造条件的能力。对财务人员、会计人员来说，在现实工作中绝不能一成不变地看待自己的本职工作，那样会把工作做死而不是做活。税务会计虽然没有远大志向，但是她懂得创造条件来实现自己的目标。她的目标是准点下班，但领导给她安排了额外工作，因为工作需要，她也没办法推托。

但是她主动创造条件让王雪来承担这份额外工作，这是非常了不得的一个工作安排，因为经理一开始根本没有想过让一个从未接触过会计工作的部门助理来承担开具发票的工作。所以从这个角度讲，财务人员要学习这位税务会计的重要一点就是根据现实情况创造条件。

最后做个总结：财务人员的发展，从学生时起就可以开始创造条件参加实习，初步接触财务职场环境，而毕业进入职场之后，要学会多承担、多付出、少发脾气、少抱怨，把眼光放长远一些，逐渐通过自己的努力付出和聪明才智来创造条件，其目的是多获取领导和同事的信任，多承担一些会计岗位工作，多积累一些会计经验，丰富自己的综合职业能力。当职业能力丰富起来之后，又可以为下一轮的发展创造新的条件，以此类推，直到实现自己的职业目标。

讲到这里，大家能明白为什么财务总监说Judy条件不够了吗？因为她做错表格了。大家可不要小看财务总监这一句评语，财务工作无小事，日常工作要精细到无可挑剔的程度，你才能具备上司、同事所认为的条件，而一旦形成了这种好印象，升职、加薪，都只是时间问题。给领导留下能干的好印象，他是很难忘记的；同样，给领导留下差的印象，他也会记得很牢。只不过对于前者，机会一来领导便会多加照顾；而对于后者，若出现新机会，领导也不会考虑他。

财务总监说过，如果Judy条件具备又想去下湖市发展的话，他可以把Judy推荐给老吴。根据我们前面讨论的结果，条件可分为硬条件和软条件，很明显Judy在硬条件和软条件上都稍有缺失。那Judy有办法从不够条件做到够条件吗？当然可以，其实她应该多向王雪学习，事无巨细，做到精准到位，提交工作之前仔细检验，对待自己严苛才能让自己的工作成果获得领导的青睐。只要耐心坚持，机会便会降临，实现职业发展便是水到渠成之事。

当然Judy还年轻，未来仍有机会！不过，财务人员切不可因为年轻而散漫起来，毕竟一寸光阴一寸金。

那么接下来Judy念念不忘的面试能顺利参加吗？Judy的能力能得到Silli的认可吗？请继续往下看。

财务职场攻略之三

职业能力

君子敬其在己者，而不慕其在天者，是以日进也。

——《荀子·天论》

财务人员知道企业要什么还远远不够，因为“打铁还需自身硬”，财务人员必须培养过硬的职业能力，而财务人员在实战中的职业能力的核心内容，在现实中你很少有机会窥视全貌。在残酷的职业竞争环境中，财务人员的职业能力有哪些，该怎么培养，相互间有没有逻辑关系……如此种种，很多人都讳莫如深。

财务职场攻略之三，就为大家提供了“高度机密”的财务人员职业能力图，按图索骥是最简便的提升职业能力的方法，是最通俗易懂的成长方式。很多财务人员感受到了成长的痛苦，感受到了职业能力提高的难度，感受到了职场中或明或暗、似有似无地存在着有碍个人职业能力成长的因素……凡此种种，职场比比皆是，现实中怎么解决？在此篇中统统会得到完整解答。此篇最后会告诉你怎么锻炼和培养出自己扎实的职业能力。

对财务人员来说，职业能力必须靠自己积累和提高，而不能依赖他人的“施舍”。

Judy 的职场故事 ❸

Judy去了下湖市，对自己挺满意

时间又过了一天，明天就是Judy与Silli公司约定的面试日期了。

“Judy，你不是明天要去面试吗?”Judy迟迟没有提交请假申请，杨水心都替Judy着急了，主动问了Judy一句。

“我——”Judy以为杨水心又来找她麻烦，不太想开口。

“怎么了？不用请假，明天怎么去实现美好未来呢?”杨水心虽轻描淡写，却着实给了Judy一点力量。

“噢！可以请假啦?”Judy睁大眼睛，说了一句。

“当然可以，我们公司对员工成长是很负责任的，我们很支持你自己的发展规划，想去就去呗！快写个单子给我，还有，一会儿就下班了，你可得快点，不然我就走了。”杨水心面带笑意给了Judy一个好消息。

Judy匆匆忙忙填完单子，心里的一块石头终于落地，顿时轻松了不少。

一周以来，她为这次面试的事情操碎了心，似乎过了一整年。这一晚Judy睡得很香，把前几天没睡的觉都补了回来。

比约定时间还早半个小时，Judy就来到了Silli公司。Silli公司的发展果然不错，办公地点设在下湖市商业最发达的六家锥金融中心的高档写字楼，四周高楼环绕，写字楼装潢华美，金碧辉煌。Judy心中暗暗感叹今天总算是来对了，这才是自己应该待的地方，还好没听杨水心和财务总监他们说的什么职业规划没做好那些话，否则就错失机会了。

Judy来得很早，按照前台人员的要求填写相关信息之后，她就进入等待时间了。

上午10点钟，Silli公司人力资源部的员工将Judy领到面试室，而面试官已经坐在里面准备好了。

“Judy，请坐!”面试官见到Judy进来，礼貌性地看了她一眼，并轻轻说了一句。

“您好！谢谢!”Judy突然感觉气氛有点紧张。

“Judy，欢迎你，请简短地自我介绍一下。”面试官简洁地说。

Judy虽然有几年没参加过面试了，但是三年前毕业的时候，好歹也参加过十次八次面试，因此她对这个程序并不陌生，便一五一十地自我介绍了一遍。

面试官一边看着简历，一边听着Judy的介绍，偶尔抬头看看她。时间过得很快，大概一分钟后，自我介绍就结束了。

“你的经历很简单嘛。”面试官突然说了一句。

“啊？嗯！我毕业之后就一直在这家公司工作。”Judy硬生生地回答了一句。

“你目前就职的这家公司财务部的人员架构是怎么样的?”面试官问。

“我们财务部有十四个人，一个财务总监，两个财务经理……”Judy立即回答，生怕让对方久等。

“这么多人!”面试官突然感叹了一句，然后又对Judy说，“没事，你接着说。”

“我是负责应收账款的，其他岗位还有应付账款、费用会计、固定资产会计、报表主管和财务分析小组。”Judy想尽快把情况描述完，因为她感觉这些都是流水账，体现不出自己的什么能力。

“嗯？你们公司没有出纳吗?”面试官听得还挺仔细。

“啊？有有有！还有出纳！我刚才以为出纳不是很重要，就挑重要的岗位说了。”Judy被这突如其来的问题搞得有点不知所措。

“出纳不重要?”面试官惊讶于这样的回答。

“不是不是！我是说，我说错了。对不起!”Judy赶紧承认错误，生怕面试官不依不饶。

“嗯，你说有财务分析小组，这个小组有多少人？分别做什么工作?”面试官问。

“她们，嗯，有三个人……”Judy说。

“三个人？那总共才十二个人?”面试官追问了一句。

“嗯，出纳、应收、应付、费用……”Judy嘴巴轻轻念着，想把人数给对上。

“好了，好了，算不出来就算了。”面试官看Judy有些着急，想把问题结束掉。

“噢，对了，我们费用、应付分别都是两个人，我们公司业务多，供应商多，员工报销多，所以费用、应付都有两个人。”Judy有点强迫症，心里想着这点瑕疵不能留，不然太冤了。

“好，那你接着说，这财务分析的三个人分别做什么工作?”面试官冷冷地问。

“她们，她们就做财务分析，比如杜邦分析，比如一些财务指标……”Judy说得有点慢。

“你真的了解吗？还是背诵的?”面试官看情况不太对，追问道。

“我，我其实不负责财务分析，我是做应收账款相关业务的。但是，根据平时在书上看到的内容，财务分析都是按照杜邦分析体系还有一些财务指标来分析……”Judy不想放弃，还在努力解释。

“原来是这样，那你说说，你们公司有哪些重要的财务指标呢？你给我说三个，三个就行了。”面试官问。

“啊——这个，有，有偿债能力分析，里面包含……”Judy其实心里根本没有底，她也不知道公司的财务分析怎么做，只好照着书本里面的内容背诵。

“嗯，我觉得你的情况我都了解得差不多了，那今天面试先到这儿，接下来我们综合考虑一下，如果符合要求的话会通知你进入下一轮面试。”等Judy把财务指标说完，面试官面带微笑，点了点头，很有诚意地跟Judy说了这句话。

“好的，好的！谢谢，谢谢！”Judy礼貌地回应。

面试官慢慢站起来，轻轻抬起右手，五指并拢手心朝上向着面试室的门轻轻指了指，将Judy引导出面试室。

Judy走出Silli公司后，感觉自己虽然磕磕巴巴，但是好在最后把指标都背诵出来了，心里感觉还不错。她看了一下表，原来刚才的面试持续了将近三十分钟。想到对方还说有可能进入下一轮，Judy在心里默默给自己的这次面试打了9分。

请假只请了一个上午的时间，Judy匆匆忙忙赶回公司，下午还要上班，不过面试已经完成了，Judy满心欢喜地等着Silli公司的第二轮面试通知。

下午，杨水心看到Judy回来了，小步伐迈得轻松自在，就差自带背景音乐了。杨水心内心“咯噔”了一下，想到财务总监曾经说Judy条件不行，会不会看走眼了？难道面试官当场就宣布录用？Silli公司虽然是个小公司，但招聘环节也不至于这么简单吧！杨水心好奇得很，她丢下手头工作，把Judy拉到小会议室，要先了解清楚情况。

"Judy，面试应该还挺顺利吧？"杨水心笑眯眯地问。

"还好，面试挺顺利。"Judy轻描淡写地说。

"那是当场就宣布录用了吗？"杨水心追着问。

"那倒没有，不过他们说会有下一轮面试。"Judy还是轻描淡写地说。在杨水心面前，她似乎从来没有如此自信过。

杨水心听到还有下一轮，凭着多年的"江湖经验"，她内心的想法已经有所转变，产生了怀疑：会不会这小姑娘让人给忽悠了，还蒙在鼓里？

杨水心虽心有疑虑，但她还是小心翼翼地照顾到了Judy这位小姑娘的面子，没有当面揭穿。逐步问及细节之后，杨水心基本断定这姑娘没戏了。看着眼前的Judy对上午的面试信心十足，满心期待，她几乎忍不住笑出来，不过为了让Judy继续做好本公司的工作，她还是调用全身的力气控制脸部的表情，面带欣赏地甜甜一笑。

杨水心跟Judy聊完之后，火速奔向财务总监办公室，准备给领导讲一个笑话。

"领导，嘻嘻……"杨水心连门都没敲，直接推门走进财务总监办公室，顺手把门关上，还没走到她常坐的沙发，就忍不住笑了。

"你这是怎么回事？"财务总监疑惑地盯着杨水心，对她的笑声完全无解。

人开心起来一时半会儿收不住。杨水心这突如其来的好心情让财务总监一头雾水。不过职场中那句"鸡汤"讲得好，笑容是会传递给他人的。财务总监被杨水心这种毫无顾忌的笑给感染了，虽然还不知道什么事情，他也有点想跟着笑了，不过本着"人在职场还要收着点"的原则，财务总监故作严肃，一点儿没让杨水心发现。

杨水心心情极其放松，走到靠近沙发的位置还像跳天鹅舞似的转了个圈再入座。财务总监这下就更不懂了，不过他也没有太着急，因为事情始终会搞清楚的。

“领导，我跟你说……”杨水心的笑接近尾声了，不过还是有点忍不住。

“你别说！我来猜一下。”财务总监说了一句，打断了杨水心的话，接着靠在椅子的后背上，想了想，说，“Judy面试没戏了，对吧？”

“领导，神仙啊！您这境界！呀呀呀！膜拜啊！敬仰啊！太高了！”杨水心有点被惊到了，接着说，“料事如神哪！我真是佩服得五体投地！”

“你这状态，还能是什么事！一看就知道了。具体说说吧。”财务总监对杨水心说。

杨水心收起笑容，对财务总监说起来，把Judy跟她讲的细节从头到尾都说了个仔仔细细，一字不缺。

“唉，小姑娘，还是职业能力不够，上次就跟她说过这事儿，她却听不进去！她真想有个好的发展，就应该潜下心来学习、积累，我们公司这么大，多少东西等着她学习呢，她就该给自己定个靠谱的目标，提升自己的职业能力，已有的就加强，缺乏的就补充，职业能力要是真上去了，我直接就可以给她加工资让她晋升，哪还轮得到外面公司抢我们的人呢！事情很简单，摆在眼前清清楚楚，可她却看不见。俗话说，年轻就是资本，照我看啊，年轻人最缺乏的就是资本，这个资本不是钱的问题，而是能力的问题。如果看不清自己有多大实力，就是个睁眼瞎嘛！哪来的资本？唉——可惜啰！”财务总监一边说着，一边从办公椅上站起来，慢慢走到窗边，面朝大海，挺直腰板，左手叉腰，右手握着一杯茶，时不时喝上一口。

1 理论知识和职业能力是两回事

财务人员走入职场之后，就会逐步忘掉不常用的理论知识，同时基本从零开始培养职业能力，那问题就在于如果职业能力一直都培养不出来，许多东西积累不下来，进不了脑子，就很有可能会在参加工作后的某一天说："我觉得职场真的不太适合我。"其实不是职场不合适某个人，而是许多财务人员不懂得这样一个道理：职场主要还是看重一个人能不能做出事情来，能不能解决具体的现实问题。这是职业能力的核心，只会理论知识而解决不了实际问题是不行的。

一个财务人员，不管什么学历，参加工作之后，都得面临一次"全面的重新评估"。一个人走出校门、走入职场后，对其能力的评估方式也会改变，并且背后的影响因素多到谁都列举不完。此外，评估的时候还可能出现很主观的个人判断因素，譬如沟通能力、工作态度、团队精神、未来可塑性，等等。这些因素根本就没有客观标准，而是凭"感觉"。

更重要的是，对于职场中这样评估出来的结果，几乎没人会去主持公道说："对某人的这个评估结果不太正确，需要重新来。"因为谁都不愿意说这样的话，说出来是需要很大的勇气的。就算有勇气说出来，最后也很难推翻之前的评估结果，因为很难证明下一次评估真的比之前一次评估更客观。一句话：综合的职业能力评估是存在一些不稳定因素的。

简单一句话总结：进入职场前的评估方式和进入职场后的评估方式是非常不同的！

走入职场的第一次评估是什么时候？就是在你第一次找工作的时候。

有些同学擅长面试，参加多家企业的面试，过个两三天就能接到录用通知，一两个月下来，手头拿了五六家企业的录用通知，还得挑去哪家更合适。

有些同学刚好相反，第一次面试就失败，心里盼着第二次会好点儿，接着第三次机会也没有了，往后就变得有点心灰意冷，对职场没有好感，再接到面试电话的时候，彻底慌了！

这是两种极端，一个是提前具备了企业需要的成熟完整的职业能力，另一个是还没有开始感知企业需要的职业能力到底是什么。绝大多数人处于这两种情况之间的状态。

不管怎样，通过了一家公司的面试，就可以进入这家公司工作，这是第一次职业能力评估的胜利。进入公司工作之后，不意味着未来的日子就一定会好过，这只是开始，职业能力还必须在看似一团和气实则充满竞争的职场中逐渐积累提高，体会多了，经历多了，总结多了，职业能力才能提升。

我们来看一个例子。

曹肖白毕业不久，通过面试获得一家大型公司的认可，顺利开始了自己的职业生涯。入职两个星期以来，曹肖白说什么都错，做什么都不对，他的价值观几乎被颠覆，他真的不明白周遭各种各样的问题应该怎么应对，根本就不知道从哪儿开始入手，更别谈抓住问题的根源，把事情理清楚了。

一开始，老会计就吩咐曹肖白帮忙整理发票。听到发票，曹肖白一开始还挺有兴趣，毕竟之前还真没见过各式各样的发票。他整理了整整一周的发票，有很多发票还是几个月前的，他开始有些不高兴，但还是忍住了。

整理完发票，老会计又吩咐他整理凭证，怎么编号、怎么做封面、怎么装订，老会计连说都不说，就用手指着那一大堆散乱的原始凭证说："那边就是要整理、装订的，可别弄错了。"

曹肖白心里想：然后呢？然后怎么弄你说清楚啊！我又不是不想做！说清楚点都不行吗？

曹肖白目前虽然还没具备多少职业能力，但他还是有些火气的，不过他还是咬咬牙，诚意满满地问："那怎么装订啊？有没有什么规律？……"

还没等曹肖白说完，老会计好像早就知道他会问，立马回答了他："自己去看以前的怎么装——"

老会计尾音加重，拖长，曹肖白知道这是肯定加否定的句式：肯定的意思是说我已经跟你说明白了，否定的意思是你别再问了，我已经不耐烦了。

曹肖白心脏突然加速跳动，怒火呼之欲出。自己的工作怎么就这样啊？他往办公室里面望去，想看看别人是不是也很忙，如果大家都很忙，起码自己内心好过点。但是不看不来气，一看就气炸了：门边那两个小姑娘一边逛网店，一边还在吃西瓜；东边座位上三个人围在一起，看电脑屏幕，笑眯眯地，讲话轻声细语，也不知道在干什么；西边座位上，就是吩咐他装订凭证的那位老会计，正对着另外一位同事轻轻地说："这衣服好看！还真不贵，下次你去买的时候喊我一声啊。"

这是什么状态啊！一心想着进入公司之后能不断学习会计知识，提高自己的工作能力，早点实现职业发展，谁知道这里简直就是一团糟，曹肖白心里有个声音在呐喊："我这是在干吗？"

"老子不干了，不干了——"曹肖白满头大汗，睁开眼睛一看，才6点钟。唉，又起早了。

自参加工作以来，特别是这两周一直整理发票、装订凭证，曹肖白害怕做不完，天天搞得很紧张，精神接近崩溃。这不，梦里惊醒，还大喊"不干了"。其实他心里清楚得很，再难也得忍下去，毕竟什么都还没学到手呢。

换个角度来看，曹肖白觉得自己什么都没学到，难道公司的这些"经验丰富"的会计人员不知道曹肖白有这个想法？当然知道了！问题就在于每个新手都想赶紧学点技术，积累一些经验，因为学到技术，积累经验之后就有底气了。但是从管理角度来看，或许存在这样一种可能性：新手越渴望学习新的技术经验，就越要延缓新手学习的节奏，慢慢来，这样才能更好地让他们“为公司创造价值”。或许管理人员都懂得一个道理：当新手学习到的技术和积累的经验越来越多之后，是继续留在原公司工作还是跳槽，主动权就落在这些新手的手里了，如果不延长整个学习过程，那新手对公司的“贡献”就不够多了。

从这种角度来看，这两方立场不一样，怎么实现职业能力的提升，这就是曹肖白接下来要学习的内容了。他要学习会计技术和积累会计经验，还要让同事认可自己，这个过程本身就包含了职业能力成长的重点。

我们都知道，凡事说起来容易，做起来难，但是不敢尝试的人就什么都谈不上。因此，职业能力提升的第一秘诀就是：尝试去做！

很多人会问：职业能力该怎么培养？它跟理论知识的区别到底在哪儿？如果最终仅停留在问的阶段，那就永远体会不到差距在哪儿。尝试做一下，就开始有感觉了，做久了还会上瘾，因为职业能力就在做的过程中“不知不觉”培养起来了。

曹肖白好歹也是个聪明人，他工作的前两周精神压抑得很，总感觉别人在压榨他。但是人的适应能力是很强的，两个月之后，曹肖白感觉不一样了，他会积极主动地帮门口那位姑娘买早餐，跟她说上三五句，要不是工作任务多，他肯定还要多说几句。早上一来他就说：“陈姐，出差辛苦了，您的发票都给我吧，我来做就行了，您先休息一会儿吧。”

曹肖白逐渐领悟到，原来在企业里面，工作本身没有占用多少时间，反倒是跟人说话、把话说顺了要花掉不少时间。公司现在安排他做费用报销的工作，他私底下还会帮陈姐做一些烦琐的事情，这样费不了多少工夫，可带来的好处是明显的：曹肖白在工作上接触的内容，有些不太清楚、不太能理解的地方，陈姐也愿意讲给他听。只要讲清楚了，操作起来其实就非常快了。

譬如，曹肖白一开始根本弄不清楚公司到底有多少个部门、多少人员，这个人是本公司的员工，另外一个人又是外包的员工，还有借调过来的人员，或者总部派过来的。一些费用有时候记在本公司科目里面，有时候放入与其他公司的往来科目里面，一大堆事情他根本搞不清楚。

虽然都是公司内部的员工，还要分很多成本中心，还要按照不同的业务所发生的费用进行不同类型的入账，如果没有陈姐这样的老会计帮助，别说几个月的时间，曹肖白可能一年两年都没有办法搞清楚。

曹肖白很聪明，做事情动作很快，可是他发现光动作快还不够，因为如果搞不清楚业务的来龙去脉，做得越快错得越多。真正搞清楚这里面的规则之后，需要处理的单子再多也没有关系，分门别类很容易就能完成了，这并不是真正的难事。

曹肖白工作了半年之后总结出：财务职业能力绝非仅限于动手操作的工作能力，动手之前要多动脑筋，把事情理清楚，和相关人员沟通好，然后才有后面的录凭证、填写表格等工作。曹肖白的总结很到位。

职业能力提升的第二个秘诀就是：做事情难，把事情理清楚更难。

要把事情理清楚，会计理论知识只发挥了一部分作用，此外还要把事情和人联系起来，包括事情的起因、发展过程和处理方案。理论知识只可作为处理事情的依据之一，而更多的还需要不断地沟通、协调、取得信任，等等。

一般来说，对财务人员而言，尽量少去钻理论知识的牛角尖，要把更多的精力放在处理事情上面，要培养自己解决问题的能力。

2 一张图讲清你所不知道的财务职业能力

财务工作有点像团体竞技体育，比如足球、篮球、排球。这些项目，关起门来自己练习、自己学习还不行，还得有人跟你配合练，还得跟其他队伍一起打比赛，在实战环境中锻炼自己的综合能力，因为在实战环境中锻炼出的能力比关起门来自己练出的能力强太多了，比如实战环境下你的心态会变化，这会影响你的发挥，比分落后你会因为紧张而发挥失常。

当一名财务人员所在的企业规模小、人员少的时候，所能培养出来的职业能力就比较有限，因为人员和业务没那么复杂；当一名财务人员所在的企业规模大、人员多的时候，所能培养出来的职业能力就比较高，因为人多了，业务复杂了，不仅需要人和人之间的合作，还会涉及各种复杂的管理制度，工作过程的软件化、工具化等。

所以，财务人员进入职场之后必须了解职场上需要的职业能力到底有哪些，以便做到有的放矢，找准职业发展的着力点，少走弯路。

对大部分财务人员来说，认清这些职业能力已经是非常费劲的事情了，加上现实中所处环境的干扰，往往很难把握职业能力的要点。

例如，一个人在一家中小型企业工作，很难认识到人际沟通能力有那么重要，因为人员少，沟通起来比较方便，沟通的作用就没那么明显。

例如，当你操作Excel的能力处于初级水平的时候，根本无法想象超大型企业的财务人员操作Excel的效率有多高，你会以自己的工作能力和工作效率来衡量自己的工作量，然后得出结论，认为自己的工作实在太多根本无法完成，殊不知仅仅是因为你还不能胜任而已。

类似的例子有很多，总而言之，财务人员要尽量掌握各项财务职业能力，否则就会耽误时间，影响职业发展。下面是一张经过高度提炼总结的财务职业能力图（见下图）。

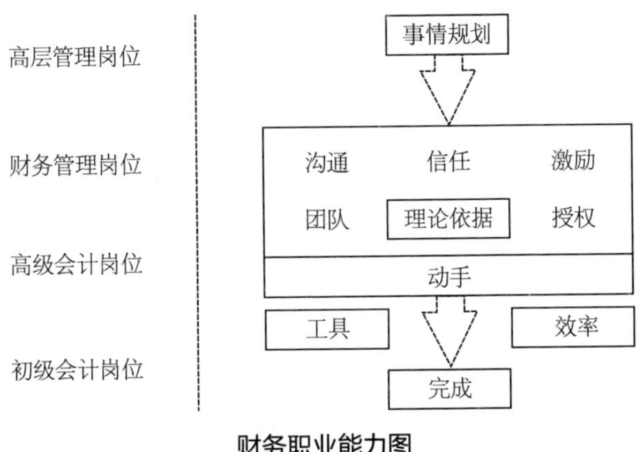

财务职业能力图

接下来对上图所示的各种职业能力给予一定的解释。

第一，作为一名财务人员，你必须了解和理解企业中财务部的基本岗位层次，并且对各个岗位的职业能力有一定的认知。

如上图虚线左边所示，每家企业的财务岗位都可以分成四级。第一级是高层管理岗位，一般指大型企业的财务总监。第二级是财务管理岗位，或称为中层财务管理岗位，一般指大型企业中的财务经理或财务主管。第三级是高级会计岗位，一般指大型企业中负责税务、成本、报表、预算和分析等岗位的会计人员。第四级是初级会计岗位，一般指大型企业里面负责出纳（或称为资金管理）、应收账款、应付账款、费用和固定资产等岗位的会计人员。

这四个层级一般是根据大型公司的内部岗位和对应的工作内容来分的，但在现实中，不论是小型企业、中型企业、大型企业还是超大型企业，都可以根据实际需要对此四个层级的岗位进行合并或者进一步拆分。例如，一家中型企业，可以合并高层管理岗位和财务管理岗位，合并后的岗位负责人统称财务经理。而一家超大型公司也可以根据自己的实际情况，让高级会计人员同时兼任财务主管的角色，这都是可以灵活设置的。

作为财务人员，不论你在什么规模的公司，都需要了解该公司的各个分解岗位，这有利于你认识这家公司的业务，有助于你认识自己的能力水平，规划未来的发展方向。

第二，财务人员必须了解企业的每项与财务相关的业务，或者说了解与你本人工作职责相关的财务业务的来龙去脉。

譬如，你是一个费用会计，你至少得了解公司的费用报销流程，有哪些固定的部门，怎样发起申请报销的流程，谁在哪个环节去审核，最后怎样实现付款，怎样记录凭证，知道每月如何统计和分析费用的发生情况。这是一件事情从头到尾的流程，从规划开始。

如“财务职业能力图”虚线右侧所示，按从上到下的顺序来看：任何一件与财务相关的工作，都要先进行规划，接着是动手之前的大框架，这个大框架的意思就是过滤。工作规划一般都做得比较粗糙，不能形成任何可执行的规范，所以需要通过这个大框架来进行过滤，而过滤后的事情就变成可操作的，可以开始动手实施。在这个大框架中包含了六种核心职业能力。

六种核心职业能力解释如下所述。

沟通：财务人员必须学会沟通，沟通是向别人表达自己的意见，并且倾听别人的观点，这样的信息传递有利于在工作中形成更好的解决方案。由此看出，沟通的目的是解决问题。缺乏沟通，财务工作就会停滞，财务人员的能力就无法发挥，事情就无法解决。我们在“攻略六”中会详细解读职场中财务人员的沟通问题。

信任：这从某种程度上可以理解为一个人对另外一个人的行为模式的预判，或者说是对另外一个人的行为惯性的理解。信任能降低沟通成本，降低交易成本，让事情变得顺畅、简单起来。

激励：对普通员工来说，感受到的常常是被激励，而对管理岗位的人员来说，激励就是主动采用某种方法或某些手段去引导员工努力工作。譬如，老员工往往会出现怠工现象，那怎么去激励他们就需要合理的办法。“以儆效尤”就是一种好的激励方法；当然，员工培训也是一种好的激励方法；职场管理者普遍使用的温情管理，同样是一种不错的激励措施。

团队：财务部的所有人员其实是一个整体，这一点很多普通员工没有体会到，或者体会不到位，这在职业能力上是一种缺失。譬如，看看财务人员说出的这些话：“别再闹了，这样只会给你的领导添乱”“你们俩这么吵下去，对谁都没好处，还被其他部门的人看不起”“她虽然不归我管，但她也是财务部的一员，你这么说她是不对的，有什么事情可以等我们领导回来了再说”等，这些话实际上都或多或少地体现出团队精神。财务人员在对待和处理工作上的事情时，一定要有维护全体利益的思维。如果你具备了这种思维，未来可以胜任管理岗位，能承担更大的责任。与此相反，遇事能躲就躲，事不关己高高挂起，会暴露出你不适合担任管理职务的一面。

授权：财务人员的工作必须按照公司的正规授权体系进行，越权会引发内部管理的混乱，严重的还会造成违法违规现象的出现。不管身处管理岗位还是普通会计岗位，财务人员都必须严格遵守公司的授权体系。简单地说，授权就是公司会对某件事情做出严格规范，最常见的就是“谁批准了，才能进行下一步”，如果某位管理人员没有批准，那事情就停在这一步，也就是公司赋予了某些管理岗位上的具体管理人员一些“天然”的权力。只要你坐上这个位子，你就有这个权力。当然，拥有权力的同时也意味着承担责任，假如权力行使不当，你就要承担相应的责任。

譬如，100万元的支出申请，必须经集团总经理签批后，才能由董事长签批，如果总经理没有批准，直接由董事长签批，那就有问题了。而如果总经理签完，跳过董事长的签批，直接对外付款，那问题就更大了。

理论依据：在一家公司中，所有财务人员都需要具备会计及其相关的理论知识，如税务申报、会计核算、银行票据使用、银行收付款等方面的知识。

这六项内容是财务职业能力的核心因素，即每一件事情从开始到结束，都需要这六种核心职业能力各自发挥作用才能最终完成。不过在现实中，很多财务人员会忽略这些能力，这也是不同的财务人员做出来的事情有不一样效果的本质原因。

可能有些财务人员会认为，我们公司不需要信任，也不怎么需要沟通，事情办习惯了，按照系统操作就行。如果你这样考虑，那就表明你的心思不够细腻。因为惯用的操作方法其实就已经包括了信任。如果财务部的工作缺乏了信任这一核心因素，所有的流程都会变得相当复杂，那个时候财务工作就会寸步难行。如果完全没有信任，一个人对另外一个人说话，就必须录音，或者落实到文本签字，那还怎样工作呢？

财务人员在培养职业能力的过程中，一定要学会用“财务职业能力图”右侧的方式去理解自己本职工作中的各种细节，并弄清这六项核心因素是如何发挥作用的。

第三，在“财务职业能力图”虚线右侧列出两个词语：工具和效率，这两项对非管理岗位的财务人员的工作来说至关重要。譬如，某个财务人员每天进行报销单据的审核并制作凭证，这就需要使用工具。财务人员所用到的工具可能是单机版的财务软件，也有可能是公司数据统一化的ERP平台，还可能是集团公司的共享中心操作平台……这些都是财务人员日常需要熟练操作的工具。

财务工作中为什么要使用工具呢？最直接的原因就是运用工具能提高工作效率和质量。因此财务人员必须尽快熟练掌握与工作相关的工具，如Excel、Word、PPT、各种财务软件、ERP等。

第四，当财务人员有效使用工具并提升工作效率之后，最终才能把一系列的事情办完。

当完全理解“财务职业能力图”的左侧四个层级的工作岗位和右侧的财务事务的详细处理流程分别需要什么样的能力之后，我们把左右两侧结合起来看，可以发现，具备什么能力和处于什么层级的工作岗位有一定的对应关系。财务人员非常有必要了解这种对应关系，一来可以明确自己的位置，更好地评估自己的职业能力，能力弱则需努力提升；二来此图可与自己的职业规划相对应，在未来什么阶段获得什么样的能力，才有可能上升到什么层级的工作岗位，一目了然。

举个例子。某家大型企业需要一名财务主管，那么在考虑提升内部员工还是招聘外部员工的时候，其实都是可以按照“财务职业能力图”来评估的，其已经明确列出财务主管这个中层管理岗位需要具备什么样的职业能力，那么当公司的高层领导去评估应聘者能力水平的时候，就有非常清晰的判断依据。

一家公司招聘员工，选择职业能力水平比所招聘岗位的需求高的人，显然是浪费人才，同时这样的人才也会很快感觉到不适应；选择职业能力水平比岗位需求低的人，显然也是不恰当的，因为公司会面临再培训的压力，应聘者到岗后也会面临能力需提升的压力。这些都是职业能力与岗位需求不匹配所造成的后果。

总的来说，“财务职业能力图”既可以用于员工提升职业能力，同样也适用于公司评估员工的职业能力水平。

3 大部分表面怀才不遇的人，实则能力有限

在财务职场中，常常有人感叹怀才不遇，为什么呢？因为有才的人聚在一起，自然就会出现因为竞争而被淘汰的人，因而被淘汰的人就会觉得怀才不遇。

这有点像苹果大丰收，但是整个社会消费不了那么多苹果，苹果售价自然下跌，但是苹果的种植成本是已经发生的，只要售价跌破成本价，那苹果当然是“怀才不遇”。投入了那么多成本，却卖个比成本还低的价格，这就是最典型的怀才不遇。

人也一样，当一个人的职业能力超过了对应的工资收入的时候，自然会觉得自己像滞销的苹果一样，“售价比成本低”，此人内心必然有十万个不愿意，这里面已经具备的职业能力就是对应的成本。任何一个人的职业能力都不是一朝一夕就具备的，而是通过多年的努力，解决了很多问题，才完成了自己的核心职业能力的积累，多年的时间成本、智力投入，就形成了每个人对自己所具有的职业能力“成本价”的判断。

而“售价”就相当于在公司工作的时候能得到的“工资”，当工资低于“成本价”的时候，怀才不遇的感觉自然就产生了。

粗略一看，这似乎很有道理，但是细细考究好像有点问题。

因为财务人员的“成本价”没有一个很好的判断标准，它不像苹果的成本好计算，苹果作为农产品，它的每一笔投入都可以计算出来。可人是智慧动物，之前的投入怎么算呢？不同人之间的投入更无法比较。所以，如果有十个人感觉自己怀才不遇，那如何判断这里面哪个人最怀才不遇呢？这是根本没有办法讲清楚的。

或许大家都会想，自己肯定就是最怀才不遇的人。这就是问题的根本，人人都会这么想，最终无法衡量。

譬如，王真言六年前毕业，在一线城市的大型企业工作，他目前的收入是月薪8000元，而他的同学李晴在二线城市的一家超大型企业工作，月薪是12000元，在这两个人不对比工资，也没有去了解其他人的工资水平的情况下，估计都不会感觉自己怀才不遇，但是当某天同学聚会的时候两个人都了解了对方的收入情况，王真言立刻就会感觉自己怀才不遇了。

不过当王真言说自己怀才不遇的时候，李晴就说："我每天都要工作到晚上9点才能下班，我们周六日经常在家做表格，我还羡慕你的工作呢，我工资看上去高，可劳动强度大，折寿啊。"当听到李晴这么说之后，王真言怀才不遇的想法又突然没有了，心里又平衡了。

问题很明显，外界的信息是会影响每个人对自己"成本价"的判断的。但外界的信息往往是片面的，而很多人并不细加分析，只是盲目相信，然后大发感慨："我真是怀才不遇啊，谁都不要跟我比惨。"

这样的想法对职业能力的提升，对自己未来的职业发展是毫无益处的。我想说的是，财务人员必须要具备正确的职业价值观，而不应该沉溺在怀才不遇的自我判断里。

怀才不遇并不光荣，而诸多自认为怀才不遇的人本质上是能力有限。

我们接着看前面的例子。当李晴告诉王真言自己加班的情况后，王真言就信以为真，觉得没那么难受了，虽然自己工资低但工作比较轻松，而李晴工资高却是她拿业余时间去拼而已。换句话说，他感觉其实自己的能力和收入还是对等的，没有被低估。一句话总结：怀才不遇就是心理作用而已。

其实，李晴是个很聪明的女孩，她知道不应该伤害老同学，因此才编出经常加班的善意谎言，让王真言信以为真。真正的情况是，毕业后她一直在这家公司，公司很多财务人员都离职了，但是她一直坚持，获得升职的机会，职位升高，收入自然增加，她现在是管理人员，没有那么忙，大部分时候都是准点下班，周六日也不需要加班。

这个真实的情况，王真言是无法了解到的，他已经以为自己的收入和成本都很正常了，因此内心也没有感觉自己怀才不遇。

那就好判断了，如果王真言知道了李晴的真实情况，肯定又要认为自己怀才不遇。这其中的关键原因就是他的心理在起作用。

综合起来看，"怀才不遇"很大程度上是一种假象。因为认为自己怀才不遇的人，往往提前设定了某种参照标准，然后再进行比较，如果自己的收入低了，就认为自己怀才不遇，但问题就在于提前设定的参照标准基本都不可靠。可以说，这些"怀才不遇"都是虚假的，或者说都是他们自己想象出来的。

财务人员如果处于自己认为收入相对较低的状态，也懂得怀才不遇其实是假象，那应该怎么办呢？

每位财务人员都想升职，期望收入越来越高，生活越来越好，这个大方向是对的，但问题就在于，你不可以先认定自己有才，再怀疑自己的收入太低。正确的做法应该是先认识到自己的职业能力还有待提升，然后弥补自己所缺的能力，真正从学习和提高职业能力的角度去努力和付出。

有的同学会接着问，到底有没有真正的怀才不遇？我可以给出结论：没有！

什么叫怀才不遇？通常的理解，就是先要肯定你的才，然后再看看你的待遇，如果待遇远低于你的才能，这样才能称得上怀才不遇。但是仔细思考一下，这个说法完全站不住脚，因为在企业当中，财务人员有多种选择，条件不足可以创造条件，能力不够可以通过努力去弥补，还有什么不能做到的呢？一个人的待遇，取决于他的综合职业能力。

下面把"怀才不遇"的常见理由做个回答。

（1）“为什么我能力这么强，工资比某某都低？我怀才不遇！”

答：问题就出在你认为的能力强上面，其实你的能力并没有你认为的那么强！你对自己能力的认知可能还很有限。你要努力提升自己的职业能力，开阔视野，多了解比你层级高的人怎么工作，怎么思考，他们有哪些综合职业能力是你所缺失的！

（2）“我在我们这个地方就是拿不了高工资，我怀才不遇！”

答：那问题是，你对职业发展是有选择的，你可以换地方，但是你没有那么做，那就怨不得自己的待遇低。换句话说，你的工资不高，就是你自己选择工作地点的结果，那么，既然是自己的选择，就谈不上怀才不遇了。

（3）“我是因为家庭，我上有老下有小，所以只能待在这个地方。我怀才不遇！”

答：其实各种因素都有可能影响人的职业发展，但家里上有老下有小的青年人太多了。一个人总是认为自己怀才不遇是有问题的，他看不透，想不通，才会走进这个死胡同。人的职业能力本质上是综合性的，本来就要包括这些健康或家庭的因素。

假设某公司招聘员工，筛选出专业能力不相上下的两个人，但一个人身体有大毛病，刚刚做完手术恢复健康，所以要求工作每天朝九晚五，周末双休；另外一个人没有什么病史，对工作时间没有特殊要求，但是现在招聘的是财务部负责人，位高任重，压力很大。你会选择谁呢？当然是选择精力充沛的人。这并不是歧视有病史的人，客观来说，在这个例子中，健康问题导致了两个人的综合能力有了高低之分，这是一个不得不承认的现实问题。所以，这不属于怀才不遇。

再举个例子。陈善仁做会计十年，他担任财务主管四年了，就是没有办法升职做经理，他常常感叹自己怀才不遇，认为自己在税务、会计准则方面已经研究得很深入，而公司经理在业务上遇到问题时也常常请教他，让他写方案，他感觉自己的能力被经理无偿利用，很想寻找另外的出路。

有一天，陈善仁收到了一家公司的面试通知，他精心准备后就去参加面试。面试官对他的专业知识还是比较满意的，但是感觉他这个人有点认死理，把握不好分寸，还不足以胜任经理岗位，公司只愿意给他提供一个主管岗位，因为从管理的角度看，他需要经理的指导。陈善仁听了之后很不舒服，心想"做主管我还要重新去找工作吗?"于是他果断放弃。

过了几天，陈善仁又去另外一家公司面试财务经理岗位，面试官还是感觉他沟通能力有问题。两次过后，他自己也灰心丧气了，索性不找工作了，但是内心还是很不服气，认为自己就是没有遇到好机会，感觉没有人能懂他，实在是怀才不遇。

陈善仁属于综合职业能力很难再突破的类型，因为如果他有好的规划，应该仔细寻找自己身上缺失哪些职业能力，然后进行弥补，而不应该先自我认定为优秀。

总之，如果一个人总认为自己怀才不遇，这是一个非常不好的现象，从逻辑上是讲不通的，他往往没有看到自己职业能力中的缺陷，误把自己部分能力优秀当成综合能力优秀。

一般来说，自认为怀才不遇的人都是没能做出好业绩的人，而做出好业绩的人一般不会认为自己怀才不遇。当一个人很有上进心但暂时没能做出好业绩的时候，他会有清醒的认知，认为自己的能力和条件尚未成熟，会一直努力提升自己的综合能力，直到实现自己的目标。而自认为怀才不遇的人最大的问题就在于他不想再改善和提高，同时又不肯接受自己目前的待遇。

4 对财务职业能力并不能进行科学打分

作为一名财务人员，或许你曾经亲历过升职，或许你见过他人升职，如果这两样你都没有经历过，那你应该是一个刚入行的新手，对新手来说至少你也应该经历过面试。

那为什么要提到升职和面试呢？因为这两种情况对财务人员来说是非常好的体验财务职业能力的机会。在升职和面试中，考查的并不仅限于最为常见的会计操作经验或软件操作熟练程度，而是包括了其他方面的能力，如沟通、信任、授权、激励、团队、理论知识依据等。

对绝大多数财务人员来说，因为很多工作都是实操性的，所以往往思维上、视野上会有所局限，工作久了容易理所当然地认为只有动手操作才是最好的体现职业能力的方式，其实这是有失偏颇的。

关于职业能力评估的问题，我分两部分来讨论。第一部分是日常比较常见的实际动手操作能力，如财务工具操作、流程制度执行、工作内容整理总结，等等。第二部分是较为隐秘不太能直观展现的能力，如沟通、信任、授权、激励、团队、理论依据等。请看下面的例子。

肖烈毕业后在一家公司工作了五年，因为要完成的工作非常多，五年来他经常加班加点，他感觉这样下去可能身体会吃不消，虽然工资每年都有一定幅度的增长，但自己还只是一名普通的会计人员，并没有机会升职。他有点厌倦这份工作，想寻求更好的发展机会，希望工作不要那么忙，也希望能有机会晋升。

工作找了很久，一开始他的目标是主管职位，但是面试下来效果并不好，企业一方认为肖烈工作能力不错，但是缺乏管理经验，不愿意聘用一个水平不到位的人。肖烈非常懊恼，浑身是劲不知道往哪儿使，他就不明白什么叫“缺乏管理经验”，有那么严重吗？完成工作及时、准确、质量好、效率高不就行了吗？

找工作急不来，需要有耐心。准备，面试，被拒绝，又重新来，肖烈的面试前前后后持续了大半年，还是没有着落。他显得有点泄气，干脆不找了，但是他眼前的日子并不好过，每天依然很忙，最重要的是他一直在应付每天的工作，感觉自己工作能力上没有进步，没有获得职业能力方面的提升，对未来他越来越迷惘。

这个时候，公司的领导看出了肖烈的问题，就找他谈话。

领导说：“最近工作怎么样，还顺利吗？”

“顺利啊，有什么问题吗？”肖烈最讨厌的就是这个领导，他觉得这个领导就是那种不能让人心服口服的角色。肖烈心里想着：你怎么不走啊，不然我就可以升职了。

“噢，那有没有什么困难？”领导接着问。

“没有啊，有什么困难呢？都做这么多年了，闭着眼睛都会做了。”肖烈的心情有些不好。

“那就好！但是——”领导说得有点迟缓。

“你想说什么就直接说吧，别这样，我事情多着呢，没事我可回去了。”对于领导这一套“官腔”，肖烈显得有点不耐烦，他说话喜欢直来直去，最讨厌领导这种说话方式。

“没什么，就是稍微了解一下，因为最近你请假有点多了，有什么不方便的可以提。”领导反倒显得有点唯唯诺诺了。

“没什么不方便的，请假就请假，我又没耽误工作！”肖烈看到领导讲话的这个状态就来气，干脆没等领导说完话就把话题结束了，言辞有点激烈：“请假公司是有流程的，我照做不就完了？有什么好讲的呢？你是闲着没事干是不是？还有没有什么正经事情？”

“你别这么着急，其实你工作能力是可以的，但是你在表达这方面真的要改进——”领导听肖烈这么说话，没有生气，反倒觉得他有点可惜，给他提了个建议。

哪知道肖烈完全听不进去，让他改进还不如开除他。肖烈开始是勉强应付，后来心生反感，现在完全爆发了。肖烈恶狠狠地瞪着领导说：“没事儿找事儿，是不是？没事儿我懒得跟你说了，你爱怎么想就怎么想，开除我也无所谓，老子不怕的！”

肖烈说完转身就走，领导一个人在会议室里面暗暗叹气，感觉可惜，本来是个工作小能手，是个可以培养的好苗子，可惜扶不起来。

人在着急生气的时候，往往会认准自己的想法，听不进去别人的意见。肖烈在这一次谈话中的表现就是这样。

那问题来了，肖烈在面试新工作的时候，面试官会给他打几分？在面对公司领导的时候，领导会给他打几分？

我们习惯性地以为分数要么是百分制，要么是十分制。其实在这里要提醒大家的是，对于财务人员职业能力的评估，采用的不是十进制，而是二进制，就是说职场中对财务人员的评分永远只有两个数字：零或者一。这是一个非常残酷的现实，但是它反映了非常本质的问题，就是当面试官为面试者打分的时候，只会考虑零或一，要么肯定要么否定，要么录用要么放弃，从来没有六十分、八十分、九十五分。

为什么这么说？

因为如果你没有达到面试官内心的一百分，他就直接放弃，他没有时间考虑你是九十八分还是九十九分，而公司内部的领导也是这样的，当财务领导决定提升下属的时候，考虑的就是你这个人行还是不行，行就升职，不行就升不了。某人还算行，那就勉强先让他升职吧，极少有这种可能性。

但是在职场中关于财务人员的能力评估的形式上，没有人会按照零或者一的方式来设置，而是“人性化”地设置为百分制或者十分制，这对财务人员来说是有迷惑性的。

所以，科学评分制度在职业能力评估中的真实一面，只有零和一，没有其他分数。乍听起来，会让人觉得职场“太黑了”。其实则不然，为什么？因为从来没有人向你承诺在这百分制或者十分制的背后，领导内心不可以再拥有一套零和一的评分方式，即使领导有这种想法，也不需要告诉你。对一名有明确职业规划、想实现快速发展的财务人员来说，要非常清楚这一点。

譬如，现实中常常有些财务人员在一家公司工作了八年、十年、十五年，甚至更长时间，但是一直就是从事普通会计岗位的工作，其中，有一部分人是自己不愿意主动争取升职，另一部分人是一直努力争取升职，每次业绩评估也都能拿个八十分，甚至九十分，可就是没有升职。这是因为职业能力评估从本质上讲既以分数做参考，还要看领导内心的想法，每次提拔员工的时候，领导主要考虑零或一，要么行，要么不行。

这对财务人员的发展有什么意义呢？面试和晋升是检验职业能力的两个关键时刻，财务人员可以以此作为评估自己职业能力的参考，反过来要求自己，让自己的各项职业能力都达到领导或有决定权的人认为“行”的程度，不能简单地认为自己纸面上得了八十分，便误以为自己能力其实还可以。

接下来要讲的另一个方面是，领导或面试官在评估财务人员职业能力的时候，一般来说会用科学的表格，设计好选项，逐一按照百分制或者十分制进行评分，然后综合得出一个最终分数。这是非常常见的一种做法，但是这里要告诉大家的是，本质性的问题和表面化的操作又不太一样。往往在面试和晋升的关键点，评估一个人的职业能力靠的并非这张表格上的分数，而是对被评估人员的认知！

这听起来有点匪夷所思，但是其背后的逻辑理清楚就能明白。评估一名财务人员，不管是面试的时候，还是晋升的时候，必须考虑一个问题：评估人是先对这个财务人员有认知，然后再填分数，还是先填分数再考虑总体认知？

这是一个没有办法证明的问题。人内心的想法是一个主观层面的问题，是难以被证明的。就是因为不可被证明，所以才会有表面和本质含义的区别。

作为财务人员，想要提升自己的职业能力，想要实现自己的职业规划，必须要让领导从认知层面上认可你，不要太看重表面上给你打的分数。

简单说，就是面试官和财务领导，在评估面试者或者财务人员的时候，不管过程如何，最终只会按照自己内心的想法给出答案，答案就是前面描述过的，行还是不行，结果只有零或者一。

譬如，前文所提到的肖烈，他经验丰富，工作效率也高，但是，面试官对他只有一个感觉：缺乏管理经验，做财务经理还不行。

而该公司的财务领导更直接，就盯住肖烈的沟通能力，在这个领导的内心评估体系里面，肖烈的其他工作能力再强也无法改变他沟通能力差的事实，因为领导的评分只有零或者一，行或者不行，当然表面上很有可能会给他评八十五分，但那对于晋升来说也无济于事。

5 财务职场中的惯用“套路”

人们往往喜欢“套路”别人，而不喜欢被别人“套路”，但是当你“套路”别人的时候，你有没有考虑过别人的感受呢？要说财务职场之中没有“套路”那是不可能的，但要说某个人总能“套路”别人而从不被别人“套路”，那也是不太可能的。财务人员一踏进职场，就与“套路”结缘，因此认识一些常见的“套路”是非常有必要的。

我们来看个例子。

林天华在一家公司工作了四年，毕业后就一直在这家公司工作，没有功劳也有苦劳，但是由于个人的能力有限，四年下来他只在技术经验方面相对突出，而在人际沟通、团队精神方面相对弱了一些。平时与其他同事交接资料、沟通问题时，林天华基本不会考虑别人能不能听懂，也很少考虑他人的感受。简单讲，就是直来直去。

最近公司来了个新人，领导让林天华带带这个新人，把相关的工作教给新员工做。可林天华草率地把各种资料和基本的账号扔给新员工之后，就基本不管了。新员工来了一个多月，心里也着急，有什么不清楚的情况就问林天华，但林天华要么不说，要么直接大声回答，整个部门的人都能听见，别人都以为他们在吵架，而不是在沟通工作。

这一切普通员工看着不理解，但是经验丰富的财务经理很快就捕捉到问题的重点：新来的是个小伙子，林天华像个“老男孩”，这一切有可能是性格上的原因导致的。正所谓“男女搭配干活不累”，林天华的技术经验还是比较扎实的，只是沟通能力比较差，但领导发现他这个人有“怜香惜玉”的“优点”，对女性员工很温和，于是财务经理就重新启动招聘，选择员工的时候注意从性格和谈吐上进行筛选，最终选择了一位女员工。女员工进公司后，处理问题的方式跟之前的男员工不太一样，她嘴巴甜，主动为林天华办理一些小事情，来来去去几天的时间，就和林天华混得挺熟，沟通也没毛病，工作就基本稳定下来了。

从林天华这个故事可以看出，沟通、合作有时候要观察每个人的特点，“看人下菜碟”从某种意义上讲也是一种“职场套路”。

职场存在很多“套路”，要根据人和事的具体特征灵活应对，推动事情顺利前进。

接下来要讲的是有关“套路”的两个问题。

第一，为什么要使用“套路”?

有人被蒙在鼓里，才有所谓的“套路”可言，如果大家都清清楚楚，那就不叫“套路”了，那应该叫共同协商，最后把事办了，而不存在“有人被套路”。那为什么不直接采用一起协商的方式，而是使用“套路”暗中进行安排呢?

因为有些事情，让太多人知道会不利于事情的顺利开展。就如同林天华的事情，怎么直接跟他说呢？难道说：“我知道你需要个女生来配合，所以我会帮你找个女员工的。”

如果领导采用这样的方式跟林天华直接讲，很可能又会产生其他不必要的误会了。所以这种事没办法明着直接说，领导只能默默使用“套路”。当然这个“套路”用了之后对林天华没坏处，对新员工也没坏处，对领导更没坏处，因此从这个角度讲，这个“套路”用得好。只不过对原先入职的员工就不太好，他被辞掉了。

第二，怎么让“套路”对自己有利?

问题还没完，既然有人在布置整个“套路”，也有人被“套路”，那就要考虑“套路”产生的两种结果：一种是有人被“套路”之后，事情的发展对他不利；另一种是有人被“套路”之后，事情的发展没有对他不利或对他有利。

有些人很讨厌“套路”，是因为他们不仅被蒙在鼓里，而且“套路”产生的效果对他们很不利。譬如，林天华与第一个新来的员工之间沟通不顺畅，作为经理可以帮助协调沟通，让双方有更好的解决方式，不一定是重新招人，一旦重新招人不就等于要辞掉眼前这个人吗？

所以这个被辞掉的人肯定很反感使用“套路”的经理，但是他可能没有机会了解整个“套路”的内在逻辑，对他来说，就是平白无故入职，平白无故离职。不过这里要插一句，事情总有两面性，这位仁兄如果领悟能力到位，倒可以从这件事中吸取教训，逐渐培养自己的沟通能力和团队精神。而经理如果帮助协调沟通也未必可以让他与林天华合作无间，从这个角度看，其实这就是一次招聘上的失误，无可厚非。

一般来说，“套路”会伤害一部分人，或使一部分人受益。利益不会平白无故产生，也不会平白无故消失，通常是从一边跑到了另外一边。

譬如，有财务人员去参加某公司面试，面试过后一周，对方发放了录用通知，但是在待入职期间，公司又变卦，这个人不就是被“套路”了吗？

譬如，有财务人员被某公司邀请去面试，但是到了约好的时间，公司竟然说今天领导太忙，安排不过来，明天再来吧。殊不知这位财务人员是特意请假从外地赶过来的。这不白忙活了吗？又被“套路”了。

譬如，有财务人员跟领导提出升职的要求，表达出来的观点主要就是自己的能力很强，工作都做得稳稳当当。但是领导觉得此人工作态度有问题，心里想：“如果提拔他之后，不服从工作安排，那到时候可怎么办？还不如重新招聘一个能配合工作的新员工。”

因此，领导就对他说：“你的工作能力非常不错，我是很清楚的，看着你这三年来的成长，我很了解你的情况。但是现在我们年底比较忙，等忙过了这段时间，我将你年底的表现统一汇报给高层领导，你现在这段时间工作要做得更好，以后写申请材料的时候业绩就更多，这样会更容易获得高层领导的认可。”员工被领导这么一说，满心欢喜，继续努力工作。但是领导一转身就把这件事情忽略了，第二年年初，领导又有另一番说辞，并且重新招人的计划已经提交给人力资源部门。换句话说，领导内心的打算是重新招人，而不是内部提拔，但是领导不可以直接跟这位财务人员讲，以免误伤他的工作积极性。简言之，这位财务人员被“套路”了。

以上都是常见的“套路”，从某种意义上讲，其中有个别当事人看似被“伤害”了，但是从本质意义上讲这不能算是真正的伤害，因为这只是更深层次的问题暴露出来后的表现而已。譬如，任何一次面试都会包含一定的风险因素。而每位员工的工作表现当然也并非十全十美。

接下来看看那些对个别当事人“无害”的“套路”。

譬如，领导对某个下属比较看重，在日常分配工作的时候会使用“套路”加以照顾，或有风险会先通知提醒，接下来看一个例子。

李小婉在公司已经工作八年，开始参加工作的时候李小婉什么经验都没有，学历普普通通，但是进入公司后李小婉非常珍惜工作机会，勤勤恳恳。公司财务领导一开始也没觉得李小婉很聪明，一直安排她做非常基础的工作，开始做会计助理，后来转成出纳做了两年，再后来换成费用会计，去年又转为费用主管。

时间一长，领导对李小婉的综合职业能力非常满意，不是说她面面俱到，而是说在领导最看重的方面李小婉做得非常好，她忠诚、肯干、不计较付出，因此李小婉有机会担任费用主管一职。不过，这个升职的过程可不是一帆风顺的。

从两年前开始，公司的费用管理做得就不是很到位。公司内部人员多，报销常常出现各种问题，因此领导从外部招聘了一位经验丰富的财务主管。当时的李小婉还是一名费用会计，新来的财务主管是她的直接上司，什么事情都吩咐李小婉去完成。李小婉呢，自认为天资不够，只能靠后天努力，新来的主管给她分配的任务，她都认真完成。

领导有时候因为工作需要在下班后晚一些离开公司，经常看到只有李小婉一个人在加班，而新来的主管经常不在。通过多次与李小婉沟通后，领导了解到新来的主管并没有把太多的心思放在工作上，很多工作完全都是李小婉在做，主管几乎不动手。但是李小婉的经验有限，所以经常要加班，但是她也没有什么怨言。

领导知道这件事情后，也没有提出什么直接的反对意见。新来的主管确实在管理上有些新的想法和技能，虽然李小婉工作很劳累，但是在费用管理控制流程上，在费用分析报表模板设计上，都有所起色。这样下来，领导对费用管理基本也比较满意。

但是新来的财务主管却因为这件事情变得有点自满，感觉自己为公司立了大功，如果没有自己的高超技能，公司现在的费用管理不能做得这么好。到了年底，进入公司的业绩考评阶段，所以这位主管信心满满，想通过这件事情来争取更多的报酬。

可是领导认为这位财务主管并没有很好地管理团队，不仅让团队成员李小婉经常单独承担过量的工作，也没有尽到自己的责任，更没有培养员工。反而是李小婉的综合素质高，懂得隐忍，具备团队精神，更具全面观，因此领导只给了财务主管及格的考核成绩。

这一下财务主管气炸了，气势汹汹地向领导表达了自己的不满，而领导则不断安抚说："这个跟年终奖无关，年终奖肯定还会按照你的实际的能力来给，这个只是一个形式上的分数而已，交差用的嘛。"

把财务主管的怒气平息后，领导把李小婉喊到自己的办公室，了解了她的具体工作和详细情况，认为李小婉已经非常熟练地掌握了费用管控的内容和管理报表的做法，这个时候领导对费用方面的工作就比较放心了。

接着，由于财务主管多次在中午吃饭时间违规外出，私自延长午饭后的休息时间，不按照公司规定到达公司，违反公司制度，受到了人力资源部门的警告和处分，财务主管心里不能接受对他的处分，感到非常气愤。

又过了不久，财务主管提出了辞职。他辞职后，领导并没有急于招聘新的费用主管，而是让李小婉独立承担工作，观察两个月后，正式将李小婉提拔为费用主管。

故事到此为止。从李小婉的角度看，她并不清楚公司领导怎么设计这个“套路”，但是从效果上看，她没受到什么伤害，反而获利了，从财务主管进入公司前后不到一年的时间，李小婉就获得了晋升。大前提是领导对她的工作很认同和赞赏，虽然她被蒙在鼓里，但是她从“套路”中获得了好处。

一般来说，“套路”有两个重要因素。

第一，信息不对称。

不论是林天华的例子还是李小婉的例子，都具有非常明显的信息不对称特征。上级领导在这两个例子中都拥有最大的信息量，也正是由于信息量最多，所以他们可以在不同的人之间去调整和传递信息，以此发挥作用。

第二，着力点。

着力点是让“套路”成为可能的关键因素。“套路”要成功发挥作用就必须有着力点。林天华的性格上有“与女性沟通较为顺畅”的特征，而李小婉的特点是“忠诚、勤劳、不计付出、没有怨言”，这些特点可称之为着力点。

6 培养和锻炼职业能力是一个综合体系

当人们看到别人拥有比自己好的东西的时候就想拥有，但是当看到别人拥有比自己更多的能力的时候往往缺乏动力去学习，这体现的就是物质和精神的差别。

物质的东西是直接的、有形的，如漂亮的挎包、漂亮的衣服、豪华的汽车，这些物质的东西对人的刺激非常直接，别人有比你好的，你幻想着立刻也能拥有。但是别人拥有的进取精神、职业能力、拼搏精神，很多人连看都看不见，想都不想对方究竟有什么过人之处，不想着让自己也拥有类似的精神和职业能力，还会来一句“那有什么了不起啊”。

这说明什么问题？说明对绝大多数人来说，物质的东西容易对他们形成刺激，精神层面的内容他们没有兴趣或者根本没有刺激作用，换句话说，这些人只看表面，不看实质。

而本部分内容就是要让财务人员学会看透职场中的表面现象，直接触及背后的本质原因。更重要的是，看明白之后能总结出来，加强学习和锻炼，最终把自己培养成具有优秀职业能力的人。

第一步是把职业能力总结出来。我们之前已经给出了财务职业能力图，接下来就看怎么培养这些能力，用什么方法锻炼自己。财务工作，有方法，事半功倍；缺乏方法，事倍功半。职业能力的锻炼也是如此。

从培养方法的角度看，先要了解培养各种能力的顺序，再落实到具体行动上。如下图所示。

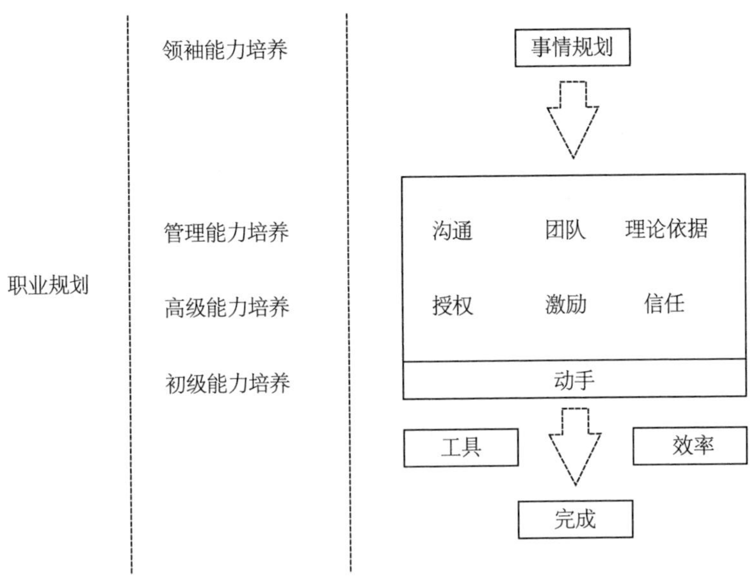

财务职业能力培养图

第一，先从职业规划开始，职业规划是从内心的角度认为自己以后能在职场中升迁到什么高度。

有些人说我哪有想那么多，但是可以明确的是，真的有很多人想过很多，只是你不知道而已，或者他们不明说而已。人都有谦虚的一面，别人不跟你说他的职业目标实属正常，但你切不可认为他根本没有考虑过。再强调一遍，作为财务人员一定要先给自己设定职业生涯的一个高度。这个高度设定之后很大程度上决定了你未来要具备的能力，因为职业目标会让你有动力培养自己的能力，若不提前考虑，那么职业能力培养和提升的动力就会不足，久而久之你就会停步不前。

譬如，如果你设定的高度是要做到财务总监，那么你肯定要培养四个层级的能力，从初级能力、高级能力、管理能力再到领袖能力，全都具备才可以；如果你设定的高度是财务经理的位置，那么你要培养三种能力，从初级能力、高级能力到管理能力；如果你设定的高度是高级会计，那么至少要具备初级能力和高级能力；如果你设定的高度是基础会计，那么只需要掌握初级能力即可。

第二，初级能力、高级能力、管理能力和领袖能力的基本对应情况从“财务职业能力培养图”中可以看出来。

初级能力主要是动手的能力，这个阶段的能力培养重点在于学习操作软件、财务软件、流程制度、撰写报告和会议纪要等，更多的是操作的细节。这个阶段对应的是胜任五个基础会计岗位的工作：出纳、应收账款会计、应付账款会计、费用会计、固定资产会计。能熟练进行其中的两个岗位的所有工作，可以认为已经具备初级职业能力。

高级能力培养，一般需要在具备初级能力之后再开始进行，并且培养的过程中需要初步接触管理能力。对应的具体岗位内容是：税务会计、成本会计、报表会计、预算会计、财务分析会计。初步接触的管理能力是：沟通、团队、理论依据。

管理能力培养，一般需要提前具备初级能力和高级能力，对应的岗位是公司中的财务经理或财务主管。此时需要培养六项能力：沟通、团队、理论依据、授权、激励、信任。

其实前面已经提到这方面的内容，现在集中统一说明管理能力培养阶段的六项能力。

1. 如何培养沟通能力

沟通是财务人员在职场中最基本的能力，比会计技术还要基本，因为如果一个人具备会计技术但没有沟通能力，连面试都过不了。如果有两个人同时参加面试，前者会计技术能力有八分，沟通能力是四分，后者沟通能力有八分，但会计技术能力是四分，后者很有可能会比前者更具竞争力，因为前者的沟通能力会让其会计技术能力下降为六分，而后者的沟通能力会让其会计技术能力提升为六分，最后面试官综合考虑，认为两个人的会计技术能力相差无几，而后者的沟通能力更胜一筹，结果就是放弃前者，录用后者。看起来似乎前者比较冤，明明具有很强的会计技术能力但是被低估，其实一点儿都不冤，因为沟通能力的权重大，影响力大。

沟通不仅在面试的场合能发挥巨大作用，在其他任何场合都能发挥巨大作用。沟通的不同形式有：口头沟通和书面沟通，当面沟通和非当面沟通，直接沟通和间接沟通，主动沟通和被动沟通，等等。

那么与人沟通时的注意事项有哪些呢？

（1）沟通的欲望要强，你要懂得每次沟通都会决定你未来的职业目标能否实现，所以要积极地去沟通。

（2）沟通要讲究逻辑性，把事情说明白，把内容传达到位。

（3）沟通方式要恰当，如非常需要保密的话题只适合私下沟通。

（4）注意沟通的实现方式，譬如适当运用幽默的语言，加入或轻松或紧张的情绪表达，等等。

（5）沟通要有效果，既然开始沟通了就要认真对待，让沟通产生良好的效果，千万不要认为沟通是在浪费时间。

具体如何练习？可以按照上述的五项内容去关注每一次沟通，珍惜每次沟通的机会，一开始锻炼在于精不在于多，与每个人的沟通都不是小事。要形成良好的沟通习惯，沟通能力必须在实践锻炼中得到提升，光学会书本上的方法而不去实践是没有用的，所以大家要非常重视实践。

一般来说，只有具备较强沟通能力的财务人员才有可能发挥出其他职业能力，如果过不了沟通这一关，其他职业能力往往会大打折扣。

2. 如何培养团队能力

团队之所以那么重要，是因为职场本身就是一个大团队，而财务部只是其中的一个部分而已。就财务部本身而言，团队能力指的是身在职场的任何一刻都要有团队的概念，这一点绝大多数财务人员都做不到。那什么人能做得到呢？有升职潜力，或者已经升职，且正在担任管理职位的人早就有这方面的意识并持续保持着，而一直升不上去的人，很有可能就不具备此项能力。

这个能力决定着你是否有机会升迁，如果你甘愿一直从事基础会计工作，就没有必要太看重团队能力，因为基础会计人员只需要做好眼前的工作就已经足够让你工作评定达到及格线。

具备团队能力的人会多考虑别人的感受，多照顾别人的难处，多帮助别人解决问题，多承担整个团队范围内的责任，简单一句话：要尝试着把自己当“老大”。越早把自己当“老大”的人，越具备团队管理者的眼光、胸襟、责任心等。越晚培养这个能力会越艰难，因为只顾自己的利益形成习惯了之后，很难想到替别人考虑。

怎么锻炼团队能力呢？

（1）首先保证自己的工作做得非常到位，然后视情况帮助与自己工作相关联的财务人员，解决他们的难题。

（2）面对公司公认的难题，譬如陈年旧账或者软件系统技术难题等问题，敢于主动承担，挑头负责，在此过程中只为团队解决问题，不为自己谋私利。

（3）从面对同级财务人员，到面对上级、面对公司其他部门，都采用这样的方式锻炼自己。

团队能力要解决的是人的私心问题，别太在意自己的私利，多团结其他成员。

3. 如何培养理论依据的能力

理论依据在此并非专指会计的理论研究，而是指相对于其他能力来说更加需要会计知识的工作，如编制报表、报表分析、编制预算、制作费用管理流程、税务申报，等等。所有跟会计及其相关知识关系密切的操作内容都可以视为理论依据。

很多同学一踏入财务职场，就陷入一个困境：纯粹以培养理论依据能力作为自己唯一的奋斗目标。这是大错特错的，理论依据能力只是财务职业能力中的一种，其他能力必须兼顾，否则做职业规划时，你的目光就会比较短浅。

如何培养理论依据能力呢？

这件事情不能贪多贪全，要注重实际可操作性。具体培养过程如下所述。

按照具体工作内容编制理论依据表或报告。譬如，根据税务申报事项，编制公司各税种申报表，包括每一种税的计算依据的数据来源、计算规则、纳税时间、争议事项、法规依据等。财务分析也可以编制财务分析报表，分析什么内容，重视哪些指标，制成一套Excel表格。

培养理论依据能力，要从眼前工作中的小事做起，切忌从宏观的会计整体体系入手，那样会陷入贪多贪全的局面，久而久之可能养成不重视可操作性的坏习惯：整天只谈大框架，却理不清楚一件小事。

4. 如何培养授权能力

当一个财务人员担任了管理岗位，譬如财务主管或者财务经理的时候，就必须学会以下三项能力：授权、激励和信任。这三项能力的优劣决定了管理人员的管理水平的高低。

什么是授权？就是不要什么事情都自己做。有些人做了财务经理，但是仍要事无巨细什么都亲自做，那样可能是要累死的。这不是好的管理者。好的管理者要懂得授权，把自己的一些权力下放给下属，让下属分担一部分实际操作性的工作，而给自己腾出更多的时间思考公司、团队的综合性问题。

如何培养授权能力呢？

授权不可以没有，但是也不可以乱授权，授权要配合制度来进行，不是无条件放弃自己的权力。权力是公司作为一个组织赋予管理者的力量，这种力量其他人并不具备，管理者要合理用好这种力量。

可以采用下面的步骤来培养授权能力。

（1）明确自己有哪些权力，确定可下放的权力有哪些。

（2）在可下放权力的清单中，勾选出目前有把握下放的一部分权力和没有足够把握下放的一部分权力。

（3）将有把握下放的权力配套制订监督措施，防止下放权力后失控。譬如，某位财务经理将费用报销的支付审核权下放给主管，那么可以配套设计一个真正付款仍需通过本人签字的程序，相当于将一级审核转变为二级审核。

（4）对于没有足够把握的那部分权力，设计对下放权力的配套监督措施后，有意识地尝试下放权力，试运行并观察效果，如果效果不错那就可以长久推行，这便进入了权力下放的正常轨道。

（5）权力下放并不意味着所有权力都可列入下放范围，有一部分权力必须始终由自己掌握，如面试新员工、员工业绩考评、总经理会议、外部单位的联络，等等。

5. 如何培养激励能力

激励，顾名思义，就是激发和鼓励。为什么需要激发和鼓励员工呢？因为对大多数财务人员来说，工作久了会懒惰，失去新鲜感，会私心膨胀，处处斤斤计较，这样会严重影响工作质量。当一个团队的管理者发现这种情况，或预先判断将会发生这种情况的时候，需要采取激励措施。

激励可以采用多种多样的方式，甚至包括某些常用的套路，目的在于提升整个团队的工作质量、效率和业绩。譬如，当一名新员工进入公司之后，聚餐会让新员工感觉到团队在照顾自己，这可以算激励；一个老员工工作久了会出现消极的状态，那可以恰当地和他来一次私人谈话，然后在奖金上给他一点小惊喜，这也算激励；对拼劲十足、追求成就感的年轻员工，让他承担公司的某个棘手项目，并加以鼓励，也是激励；还有公司提供的稀缺的培训机会，鼓励大家为了获得这个难得的机会努力工作，业绩优秀者可得到，这同样也是激励。

激励是一项需要逐步积累的能力，而不是通过高强度学习之后就能全面运用的能力。因为激励首先是一个想法，然后再配合行动，才可能达到激励的效果，如果没有行动，单纯是框架性的规划和设想，不可能发挥出好的效果。因此激励效果好不好，非常讲究结果导向，若结果不好，设想再好也没用。

可以通过以下几项来培养激励能力。

（1）根据自己所处的位置，选择可激励的对象和可实施的行动。出现效率低下、合作不畅、遇事推诿这些不良现象时，往往需要对员工进行适当的激励。如果你具备成熟的激励能力，应该做到稍微显露迹象便实施激励方案。

（2）激励之后要持续跟踪。激励并非一两天、三五天就能出效果的，它是一种持续行动，有时候需要考验人的耐心和坚持。譬如，一名缺乏自信的员工，能力差、工作效率低，那么对他进行技术培训就很有必要了，但是技术培训在职场中往往是非常忌讳的，谁都不太愿意把自己的技术经验对外传播，因此激励就可以从技术协助入手，偶尔的技术协助会让这位员工提升工作的积极性。但是这是一个长久的过程，别妄想三五天就能完成，因为有可能会持续三五个月，甚至三五年。

（3）财务管理人员对激励的体会比较深刻，因为工作职责就包含了激励下属，非管理岗位的员工对此感受比较粗浅，尽管没有职位上的激励要求，但是工作范围内的协作，通常也可以采用激励的方式去发挥影响力。这就是为什么如果公司新来了一名财务人员，有的老员工会积极迎接，协助新员工熟悉新的工作环境，帮助对方解决工作上的问题，而另外一些老员工却做不出这样的行为。前者通晓激励的影响力，后者则不然。

6. 如何培养信任能力

这是最高境界的能力要求。职场中最常见的问题有：沟通成本大，沟通效率低，工作推诿，嫌弃工资低，等等。如果具备充分的信任能力，这些都不是问题，也就是说有了信任，沟通不费劲，工作效率高，工作不推诿，工资低点也没关系。

那信任究竟是什么？其实信任就是一种感觉，一种相信的感觉。譬如，很多员工宁愿工资待遇低一点，工作地点偏远一点，也心甘情愿去大公司里面工作，这就源于信任，因为他们相信在那里工作，未来的发展会好一些，能学到更多的知识。其实是否能学习更多的知识，未来发展是否更好，还不是一个确定的事情，但是信任就是这样一种感觉。

这个能力是管理岗位的财务人员必须熟练掌握的。如果一家公司的管理人员得到了下属员工的信任，那么大小诸事皆容易办到。但是，信任可不是与生俱来的，你需要具备获取信任的能力。

如何培养信任能力？请看以下操作方式。

（1）持续给他人提供服务，并保证质量，这会带来信任感。这就类似于供应商和客户之间，一个卖东西，一个买东西，供应商的产品品质一直优良，合作保持了十年，这份信任会减少非常多的沟通成本。职场中的工作，其实类似于这种供应商和客户的关系，只不过大家提供的是服务。譬如，费用会计和出纳的合作有先后次序，如果双方保持足够的细心，长年累月，就能建立信任感了。

（2）额外满足他人的需求能增强信任感。在公司里面，管理者经常会提拔某些很有潜力的下属，那么下属当然会对上司产生信任感。

（3）职场中，不要轻易相信别人，但是要常常积极建立信任感，这是不矛盾的，而且非常重要。不轻易相信别人，是因为工作细节太复杂，不能掉以轻心，而建立信任感是从效果上考虑问题的。譬如，一个出纳在月末的时候核对银行的账，并制作余额调节表，第一遍查出来有问题，应收账款会计说自己全部都记账了，肯定不是他的问题。出纳如果相信了，就会去查付款的事项，就不会再继续深究应收会计的问题，可查完发现付款也没有问题，但是余额就是有问题，那当然就不可以轻易相信应收账款会计了。重新检查发现，应收账款出现没有记账的收款事项。这就是细节上不可轻易相信他人，但是当每个月的月末出纳都能发现应收账款会计出问题的时候，应收账款会计对出纳的信任感就提升了，以后出纳说他有问题，他就不会轻易说自己肯定没问题了，他就会默默地赶紧重新检查。

最后，对财务人员来说，发现自己的职业能力哪方面强哪方面弱，已经很不容易了，但是为了获得更好的职业发展，实现自己的职业规划，还需要更进一步，必须要学会培养和锻炼职业能力。在此提醒大家：职业能力的提升不是一朝一夕完成的，大家一定要踏踏实实地逐步进行，这样才能形成坚实的职业能力根基。职业能力与日俱增，实现快速发展则指日可待。

大家还记得Judy吗？

财务总监是一个经验丰富的过来人，有意帮助下属，只不过在他看来，Judy的职业能力还是远远不够的，否则他可以通过人脉关系推荐她到下湖市去发展。如果Judy懂得上述所讲的职业能力积累和锻炼的方法，就应该认真工作，潜心培养自己的职业能力，能力到位了，工作自然也就到位了。在职场上，拿多少工资做什么工作，就看你具备什么样的职业能力。

那么，Judy的面试结果真的如财务总监和杨水心预测的那样吗？Judy还会继续参加别的面试吗？我们接着往下看。

财务职场攻略之四

面试技巧

Judy的职场故事❹ 四年难得熬出一个面试机会

1 面试并不见得都是好事

2 面试为什么要准备，应该怎么准备

3 面试中最难缠的个人优势劣势问题

4 面试中的每个问题都有标准答案吗

5 面试心态是最容易被忽略的核心问题

6 面试的奇怪现象及其背后不为人知的秘密

存乎人者，莫良于眸子。眸子不能掩其恶。胸中正，则眸子了焉；胸中不正，则眸子眊焉。听其言也，观其眸子：人焉廋哉！

——《孟子·离娄上》

在职场实战中，面试对财务人员的职业发展影响非常大，往往还起到四两拨千斤的作用，因为面试是一个快速提升自己的岗位和薪酬的必经过程。

很多财务人员不懂面试之道，面试越多越没自信，不过也有小部分财务人员掌握了方法，摸着了门道，通过面试轻松获得不错的工作。虽谈不上易如反掌，也可算是手到擒来，这对于职业发展的意义就非常重大了，可以节省职业发展所耗费的时间。

财务职场攻略之四就为大家讲清楚面试的各种或明或暗的规矩，讲述“从面试官的角度看面试”与“从应聘者的角度看面试”的诸多不同。由于面试对财务人员的职业发展具有重大作用，因此，财务人员必须掌握此篇所展示的各种面试技巧，从面试准备开始，到面试过程的互动问答、面试的标准答案问题，最后是面试心态和面试里里外外不为人知的秘密。

面试就是财务人员如实述说自己的经历吗？当然不是！在财务人员的面试过程中，“坦白交代”未必能获得认可。关于职场中面试前前后后的各种细节，本篇会以实战案例的形式“赤裸裸”地展示给大家，帮助大家掌握实战中的面试规律。

掌握规律，面试无忧。

Judy 的 职 场 故 事 ❹

四年难得熬出一个面试机会

“面试怎么样了?”妈妈看着Judy脸上挂满笑容，欣喜地问。

“还好今天去了，那家公司很有实力，非常棒。他们在下湖市最高档的写字楼里，以后能在六家锥金融中心工作，那该多好!”Judy不知道有没有听清楚妈妈问什么，一个劲儿地表达自己内心的渴望和想象。

“不会吧!录用了吗?”妈妈听着感觉不对头，答非所问，顺着女儿的那股开心劲儿，直接问重点。

“啊?没说啊!”这突如其来的问题让Judy快乐的情绪来了个急刹车。

“没有，那你瞎说个什么劲儿，我是问你，面试的过程怎么样?有没有希望?”妈妈看着女儿这浮躁的状态，就想提醒她要了解真实的情况。

“他们说会有下一轮面试，嘻嘻，这公司很好的，面试官提的问题很难，但是我都答得很好……”Judy把面试细节说了，典型的报喜不报忧，问题是Judy自己都没有意识到这里面有什么值得“担忧”的。

“我听着怎么感觉人家是在敷衍你!”妈妈耐心听完Judy讲的一大堆话，听的时候把其中的形容词全给过滤掉，抽丝剥茧之后理解了一遍，再想一想，最后得出了这么一个结论。

“唉，我跟你说不通，等着看结果吧。”Judy被妈妈这么一说，心里突然有点儿发虚，之前她总是往好的方面去考虑，没有想过对方会敷衍自己，但是为了面子上的胜利，故意说了这么一句。

想再多也没有用，关于面试，对方通知你就有结果，对方如果没有通知基本就等于没戏，难道还指望对方会打电话告诉你“不好意思，我们认为你不太合适”？这不合适的话，怎么说都是个“错”，因为用人单位再怎么诚恳表达，对应聘者来说都是个打击。再进一步讲，如果收到这样的电话，难道应聘者还要回答一句“非常感谢通知我不被录用的消息”？这是不符合常理的！

面试后的第二天、第三天，Judy没有什么心情上的波动，感觉用人单位不会那么快通知的。

一周过去了，Judy开始有点怀疑了：会不会真的没机会进入下一轮？她赶紧上网去查公司一般面试后多久会通知结果，网上各种观点都有：

有人认为面试完了安静等就行了，又不是等不起。

有人说自己也曾面临过这种情况，还积极打电话过去问，对方会给出解释。

有人说别等了，基本过了三天不通知就没戏了。

有人说如果是猎头介绍的职位，可以问问猎头，至少没那么尴尬。

有人说……

Judy看到了跟她相似的情况，就想去问猎头，但是觉得这样不太好，也不好开口。要不然再等两天吧。

等待就是一种煎熬，满心期待的等待更是煎了再熬，不是一般的难受。

没办法再忍了，Judy又等了一天，就发信息过去：“Lisa，我都面试完一周了，Silli公司有结果了吗?”

“噢，他们还没通知你吗？好，我去了解一下情况……”Lisa立刻给

Judy回复。

“好，谢谢！”Judy礼貌性地回复了一声。

又过了一天，没有等到Lisa的回复，Judy心里越来越着急了，这到底是什么情况？这是典型的知情权受阻。Judy在无尽的等待中，感觉职业发展前景黯淡无光。她想再给Lisa发消息，但是又怕老催她会引起反感，Judy进入了一种想了解情况，又毫无途径的无奈状态中，越想心越乱，不想又摆脱不掉，还不如有什么结果痛快告诉她，她也想好了，就算没有机会进入下一轮也没什么，那样心里踏实，也可以死心了。

可人世间的事情哪有那么如意呢？通过和不通过只是一个结果，但是不通过的结果很难表达，这一层意思就不是Judy能理解的了。

因为那天Judy面试完，下午就赶回公司，可中午的时候，Lisa就接到了Silli公司的电话，Silli的人满嘴抱怨，十分不满意，甚至直接就说：“你们介绍的是什么人啊，一点儿专业能力都没有，这样随便就推荐过来，耽误大家的时间，你们下次再推荐这么差的人，我们就不要再合作了。”

毕竟Lisa所在单位是服务型单位，Silli公司是客户，财大气粗，Lisa只能一个劲儿地道歉，但是客户连听解释的机会都不给，一顿抱怨之后直接挂断电话。

又到周末了，对工作生活稳稳当当的人来说，过一周两周、一个月两个月也没什么差别，只不过是简单地重复原有的生活和工作罢了。譬如，对大多数上班族来说，周一到周五紧张工作，下班后做做体育锻炼，放松放松身心，周末可能会来一场近郊的旅游，或者参加一个聚会，甚至是参加小孩的家长会，如此而已。

可对Judy来说，这两周过得惊心动魄，上周前两天还在纠结是否去参加面试，到了周三面试完自己心里感觉很充实，感觉自己能通过面试并充满期待，可一连几天没有消息，她心急如焚，猎头答应帮助了解情况，至今也没消息，感觉这面试怎么不按套路出牌啊！

Judy无心想那么多了，周末出去做做头发，给自己更新一下外在形象，自己看着也开心，别为一件事而毁了自己的心情。

商业社会每个行业都有一定的位置集中度，就像满世界的房产中介都开在同一条街，满世界的银行都集中在某个十字路口，面对面甚至仅隔一堵墙也不嫌尴尬，要的就是成行成市有人气！美容美发行业也一样，Judy到了美发一条街，本来想避开让人伤心的事情，可谁知道一来就听到转角第一家店传出感伤而熟悉的旋律："等待，永久地等待，树叶绿了又黄……"

真是扫兴，Judy赶紧快走几步，悲伤的音乐终于渐渐消失，可接着传来的又是一首怀旧金曲："你知不知道，你知不知道，我等到花儿也谢了……"

连续两首金曲全部击中Judy的内心，他们是Silli公司派过来捣乱的吗？Judy就快憋出内伤了，小跑着来到最后一家美发店，定神一听，还好没什么闹心的音乐。

这家店只有一两个客人，生意不怎么红火，Judy心想就这家了，果断走进去，谁知道服务员倒还挺热情，嘘寒问暖，这服务比那个Lisa要好几百倍了。

她刚一坐定，服务员就把音响的声音调大，让客人放松心情，好好享受这一时三刻的服务时光："火烧的寂寞，冷冻的沉默……"

Judy放松的小心脏感觉被刺了一下，不过还好，这不是让她等待，仿佛是在告诉她：人要学会独立处理寂寞，即使像火在胸口烧，在没有办法的情况下，或许可以采用沉默的方式……

一边是Judy的面试小挫折，另一边是公司的工作还得继续开展。等不到参加下一轮面试的通知，Judy也懒得再问了，虽然事情很被动，但是被动也是一种结果，相当于没得选，只能乖乖地认真地继续工作。

杨水心当然不会放过这个做思想工作的绝佳时机，因为一切正如她和财务总监判断的那样，Judy的面试就是多此一举。既然没有外面的机会了，那还要不要把握和珍惜眼下的工作呢？杨水心需要跟Judy谈谈心，她把Judy单独叫到会议室。

“Silli公司没消息了吧？”杨水心语重心长地关心着Judy。

“没有消息，应该是失败了。”Judy有点儿委屈，但是已经没有前几天那么难受了。

“唉，其实我也看好你，Silli这种公司规模不大，刚刚创业，不会那么正规的。那你之后怎么打算呢？”杨水心说话很小心，就算是安慰Judy也不忘记打击一下Silli公司。

“我不知道啊，我本来也不想换工作的，就是那天猎头跟我讲了Silli公司非常好，跟我很匹配，我也想着有机会去下湖市发展，就以为是个好机会，其实我也知道，可能自己在职业能力方面还有很多不足……”Judy这几句讲得很诚恳，她在Silli公司面试受挫之后，瞬间就没了“较劲的底气”，说话软绵绵的。

“你能这样考虑非常好，职业规划其实真的很重要。你第一次跟猎头通完电话的时候，你还记不记得，财务总监其实就已经提醒过你了，要做好职业规划，然后再储备自己的职业能力，有方法地去谋求发展，而不是乱打乱撞……”杨水心给Judy提供了整套方案。

“嗯，我现在明白了，其实踏踏实实提升职业能力才重要。”Judy也认可了杨水心的说法。

“提高职业能力才是根本问题，我们也都是这么过来的。之前看劝不住你，只能让你去试试了，其实Judy，如果你的职业能力提升上来了，财务总监都跟我说了，如果你真的很想去下湖市的话，他会很支持你的。”杨水心对Judy的改变表达了认可。

“是吗?”Judy心里感觉被“电”了一下，似乎又看到了自己辉煌的未来。

“当然！我可以告诉你，刘总人脉很广的，推荐一个人是很容易的，他跟我说你的问题主要就是职业能力问题，你好好工作，努力提升实际业务的处理能力，哪天他觉得你能力可以了，不用你说，他就会主动帮你推荐，你要知道，我们集团公司在下湖市也是有子公司的，刘总跟他们的高层管理人员很熟，你要是以后真的有能力，通过这样的方式，就简单多了。但是，前提就是你得真有能力，有让刘总认可的能力，这可不简单。所以，归根结底，你还是要努力工作才行，照我看，你要是努力付出，认真工作，快的话再过一年应该就可以达到刘总的要求……”杨水心苦口婆心地讲了一大堆，Judy听了，感觉自己不拼搏都对不起财务总监。

人们常常为了一种未来的可能性付出和努力，而当眼前有两条路，甚至有比两条路更多的发展道路的时候，就面临抉择的问题。大部分财务人员面对发展道路的选择显得犹豫不决，就像Judy一样，若不是Silli公司的面试没有下文，Judy就不能像现在这么安心地工作了，但是谁能保证假如去了Silli公司工作，未来就一定能发展得更好呢?

从本质上讲，财务总监的判断是正确的，Judy的职业能力不足以让她在外面的公司轻易寻到比现在更好的工作，因为现在的公司已经是业内前五了，要懂得珍惜这个工作机会。Judy没有足够的判断力，因此当机会出现的时候就会犹豫不决，面对条件更差的工作，她还幻想着那是带她走向美好未来的出路，这是经验尚浅的财务人员的通病。

经过这么一番折腾，Judy开始埋头苦干，安心工作。在接下来的两年时间里，Judy没提出加工资要求，也没有抱怨加班，领导分配什么工作她都接手，甚至还有意识地接触一些她以前没有接触过的内容，因为她心里一直记着财务总监对她的期许。

从这一点可以看出，年轻人需要的其实是一种对未来发展道路的坚定信念，通俗点说就是要相信眼前的道路是正确的，这样才有可能为自己创造一个良好的“潜心修行”的机会。否则内心不安，何谈成长，整天处于徘徊、犹豫的心理状态之中，宝贵的青春和充沛的精力只会无情地浪费掉。所以，要坚定自己的规划，一个人的主见是非常重要的。

没有财务总监对她的鼓励，Judy做不到安心工作，总以为自己的能力已经足够进入外部更好的公司了，其实不然，对财务人员来说，醒悟越早，未来发展会越好。

如果一个人总是处于痛苦之中，心里总是犹豫不决，就会觉得度日如年，但是如果内心坚定、目标清晰，就会觉得度年如日，只觉得时间不够用。此时的Judy稳扎稳打，在工作中不断提升自己的职业能力，不知不觉在公司又工作了两年。

Judy的努力付出杨水心和财务总监都看在眼里，于是，当财务部的一位员工调到总部工作的时候，杨水心又想到了Judy，她把Judy喊到财务总监办公室。

“物是人非”，还是这个房间，还是这三个人，不过这次Judy自信多了，她不再是站在离门三步远的地方垂头丧气，而是跟杨水心一样坐在沙发上。在职场中，沙发上有没有你的位置不是看别人让不让你坐，而是看你有没有足够的底气过去坐。

“Judy，你看Ella现在调到总部了，你有没有想过也换换地方啊？”杨水心先开腔，直入重点。

“我不想去总部。”Judy果断地说，还摇了摇头。

“那下湖市呢？你以前不是想去下湖发展吗？”杨水心换了个说法问。

“现在没有想过要去下湖市，未来应该也不会去。”Judy回答。

“你以前很想去那边发展的，怎么现在不去了？有机会的！这次真的是有机会，集团在下湖市的子公司正缺人！你仔细想想，如果真有意向去的话，刘总打个电话就能成，这可是个好机会啊！”杨水心把好机会介绍给Judy。

“嗯——还是不想去，我以后都会在昆水市发展，别的地方很难有吸引力了。我以前是真不知道自己的情况，现在才知道原来财务领域还有好多内容需要学习，如果公司不嫌弃我，我想我不会离开。”Judy稳稳当当地说，思路很清晰。

杨水心见Judy好像无法被劝动，子公司的好机会也诱惑不了她，看来她真的踏实了。

“有工作机会了，你却不要，苍天弄人啊！要留在公司，多学东西，对吧？我没听错吧？”杨水心似乎在自言自语，把Judy的话总结了一遍，说到最后看了财务总监一眼。

“好！很好啊！我觉得讲得不错！这属于会讲话！”财务总监说了一句，然后对着杨水心挑了一下眉毛，说，“你接着说！”

“Judy，因为Ella调走了，所以明天公司有人过来面试，我和刘总都会参加，你到时候也参加吧。”杨水心对Judy说。

“啊？好啊！”Judy还没这个心理准备，听到这消息，她有点儿不知所措，显得有些紧张，一下子脸颊就红了。对于面试她哪懂啊，四年前去别的公司参加面试，明天是参加别人来公司的面试，角色换了，她又惊又喜，但是她不知道为什么会让她参加面试，也不好意思多问。

“行啦，明天面试快开始的时候，我喊你就行了。就这个事情，你先回去吧。”杨水心看到Judy有点儿慌乱，补充了一句。

Judy显得有点儿迟钝了，没有刚进来的时候那么行动利索、果断、自信。她慢慢站起来，脚步有点儿拖拉，仿佛满地都是鸡蛋，生怕踩碎了似的。

“Judy，明天主要是让你看看，财务人员应该怎么参加面试，而面试官又是怎么挑人的。别担心。”财务总监喊了Judy一声，Judy停下脚步，回过头面对着财务总监，尴尬地听着——这次谈话本来挺顺利，但从让她参加面试的时候开始，Judy就显得有点儿跟不上节奏了。

“好的，我明白，谢谢刘总。”Judy对财务总监说了一句，就开始往外走。

杨水心快步走过来，送Judy走出办公室之后，就把门关上了。

1 面试并不见得都是好事

面试就是对应聘者的价值评估，讲得更实在一点，有点像“价格评估”，因为假设双方都谈妥当了，应聘者需要按照公司的要求相应付出自己的劳动，因此，价格实质上对应的是应聘者未来的“听话、劳动和想办法完成任务”。

在万千面试场合中，应聘者非常看重的一个指标，就是薪酬。这一点，完全没有必要遮掩，工作挣钱，天经地义，面试必须谈薪酬，这个道理放到哪里都说得过去。

由于大部分人参加面试都会看中“钱”的因素，因此应聘者们之间就存在竞争关系，有的人想要8000元，有的人只要5000元，那么提供工作机会的公司自然有了选择权，一旦企业一方拥有选择权，那应聘者随意说出工资预期便有可能直接“得罪”面试官。因此，连一开始所设想的“找工作就是为了钱”这个浅显而直接的目的都不能随便开口说了，这就是应聘者内心所要承受的“委屈”之一，承受得了的人可以称为“有素质的应聘者”。换句话说，基本上应聘者就是处于被挑选的地位，你得把“十八般武艺”都亮出来，对方看了有兴趣才会允许你报价。否则你早早报价，很可能连面试的机会都没有，还会被说成“你不尊重这场面试”，且无处诉苦。

由于应聘者之间的竞争关系会让大部分应聘者没有主动叫价的权利，所以一旦被动叫价当然就会面临“被压价”。因为对于财务职场的总体情况来说，应聘者多、工作机会少是一个常态，也就是所谓的“僧多粥少”。

那么，我们把上述文字简化之后，就可以得出以下四条规律。

第一，找工作要工资，得通过面试来进行“价格评估”。

第二，面试的评估内容是“听话、劳动和想办法完成任务”。

第三，应聘者太多，应聘者处于被动地位，不可以主动喊价。

第四，倘若有幸应聘成功，根据“僧多粥少”的现状，必须珍惜这碗“粥”。

对财务人员来说，整个职业生涯一般从二十周岁左右开始，持续大概三十年。这三十年中，多多少少会面临面试的情况，有的时候是主动寻求外部面试，有的时候是被动接受外部面试，总之，财务人员要接受面试这一“价格评估”形式。

以职业生涯三十年来算，换工作最勤的是刚开始参加工作的前十年，中间十年也有可能会换工作，但次数会少很多，而到了后面十年，基本很少有人主动寻求工作变动，除非是无奈之下的选择。

我们讨论的面试问题，多是集中在前面十年发生，这时财务人员换工作的理由有很多，主要来说有下面几条。

第一，目前的工资太低，不符合自己的预期。

第二，在公司学不到技术。

第三，工作压力太大。

第四，公司内部竞争太激烈，被淘汰。

第五，生活的变动导致工作变动。

第六，待久了嫌烦，想看看其他公司究竟怎么样。

第七，视野问题或心智不成熟，导致看走眼，认为目前公司不好。

第八，看心情找工作，内心躁动不安导致频繁跳槽。

现实的原因还有诸如公司破产等，但主要来讲就是上述几项。

从财务人员的职业能力培养的角度看，自参加工作开始，大概得持续工作五年时间，才有可能培养出比较稳定的职业能力，如具备较高的动手工作的能力，能保证质量和效率，有一定的沟通技巧，具备团队精神，等等。

因此，前五年的工作变动，财务人员往往会换错工作，瞎折腾。譬如，在当前的公司感受到人际关系压力，以为换一个工作人际关系会简单一些，其实换过去还是一样，只不过自己以前不知道这是常态。譬如，以为自己工资很低，结果找了新工作之后发现工资确实高了，但工作量猛增。譬如，以为在公司学不到技术，换了一家公司，结果并没有学到很多新技术，情况相差无几。

不论如何，这些工作变动都是“客观实在的”。从另一个角度讲，这种跳槽可以称为“跳错槽”或者“白跳槽”。不过没有关系，“跳错槽”也好，“白跳槽”也罢，其实都会记录在个人的职业成长过程中，增长了自己的见识，多见识一些不同的人，多经历一些不同的事，感受不同公司的文化，这些最终都会形成人生的阅历。但是要提醒大家一点：频繁换工作和在一家公司一直待着，并不能证明谁比谁更优秀，优不优秀最终要看综合职业能力。

大部分人的稳定的职业观从零散到成形总要经历几年时间，但是也有一部分财务人员“职业观早熟”，很早就懂得了选择职业要慎重，可能他们背后有家人、亲朋好友的参与选择、辅助成长。职业观早熟表现在开始工作之后有些人就非常珍惜在公司工作的机会，了解需要积累的职业能力还有很多，如沟通技巧、动手能力、理论依据实操化、团队精神等。

进入一个比较好的企业，会有非常大的空间供财务人员学习这些职业能力，于是，职业观早熟的财务人员，就可能五年内基本不换工作，或者只换一次。这里说明一下，职业观早熟并不能证明这些人会比职业观不成熟的人更优秀，如此前所讲，“乱跳槽”“跳错槽”“白跳槽”都会最终形成人的综合阅历，同样珍贵。

对大部分人来说，前五年的跳槽跟玩似的，等到五年之后自己的职业能力趋向稳定了，会渐渐懂得原来职场是这么“玩”的，懂得了时间的珍贵，机会要珍惜，“乱跳槽”简直就是浪费青春，白折腾。这样，工作了五年到十年的人跳槽会显得比较慎重，他们明白怎么选择公司，未来的规划会更具备可操作性，知道自己应该定居哪个城市，对自己的选择更富有责任感。

随着职业能力逐渐成熟，也会从把握不住面试转换为轻松应对，再到更成熟阶段，形成自己的面试套路。接下来讲述如何判断某次面试对你有利。

举个例子。

当你目前的工资是5000元的时候，是什么决定了你要去参加另外一场面试呢？是虚荣心，还是无法拒绝有人给你推荐新工作的热情？简单地说，就是你判断过了吗？为什么要去面试，或者为什么拒绝去参加面试？这里出现了一个问题，并非每场面试都能让你受益，很有可能只是个误会。

为了让大家更方便地理解某次面试是否对自己有利，我们分几个层次来讲解。

第一，对在校生或者应届生来说，如果一点财务职场经验都没有，没有经历过与财务工作有关的实习，也没有做过与财务工作有关的兼职，那么你第一次找工作的时候，会显得不太适应，竞争力不强，基本是“我卖力，我肯干，多少钱我都愿意干”。

找工作时，要先给自己一个定位，第一选择当然是争取进入大型企业，第二选择就是中型企业，最后是小型企业。提醒大家，第一份工作，工资不重要，加班不重要，工作地点也不重要，最重要的是公司要规范，尽量寻找中型以上公司的工作机会。

第二，对有工作经验的财务人员而言，再次工作时情况就会好很多。如果你所在的公司属于大型和中型公司，不建议你在工作一年的时候就换工作，因为你可能掌握的经验还很少，此时你的价值还没有最大化，很难实现岗位上的提升，也不会有质的变化。

譬如，从中型公司换到大型公司就职，或者从大型公司出纳换成另外一家大型公司的应收会计岗位，或者同等类型的公司但是岗位从应收会计转换成税务会计，或者从非上市公司转换到上市公司，类似这样的情况可称为质的变化。如果不具备这些变化条件，只是为了单纯涨薪500元、1000元，在这个阶段去换工作，没有多大意义。因为前十年的工作其实都是在为提升职业能力而奋斗，越早具备成熟的职业能力，就能越早实现职业发展，那个时候的工资可能会是现在的三五倍或者八倍十倍，那才叫涨薪。

一般来说，在一家公司持续工作两年，才可以积累到足以让你的跳槽产生质的变化的能力，而质的变化才能让你有更好的发展前景。

大家要注意，每一次跳槽都要尽量产生质的变化，不能产生质的变化的面试，就是浪费时间。譬如，你在一家大型公司工作，才工作一年，另外一家中型公司看中你在大型公司工作的经历，希望你去他们公司，但是你自己要懂得思考这其中的含义：大型换中型，很可能是越换越不行。所以面试前一定要思考，这公司究竟是什么情况，不合适的就别去。

第三，为什么劝大家不合适的公司不要去面试呢？

前面已经提及，只有产生质的变化的工作机会，才要去面试，如果不能产生质的变化，说明这家公司这个职位的情况并不比你目前所拥有的工作强。有的同学会说，那也没什么，去面试也会多一次面试经验。现在要讲的就是这个问题，这真不叫“多一次面试经验”，有时候还会让你“备受煎熬”，为什么这么说呢？

因为新的机会如果不如你原来的机会，很有可能带来另外一个问题，这家公司的办事水平、管理水准还不如你原来的公司，面试也属于一个公司管理的环节之一，所以你经历的这场面试，很有可能得不到任何面试经验，还有可能影响你的自我评估。

譬如，你在一家大型企业工作，月工资6000元，那么偶然有一天另外一家企业打电话通知你去面试，但是经过了解，你发现这家公司不如你现在这家大型企业好，但是你心里痒痒的，再加上对方诚恳地承诺你“工资方面到我们公司之后可以面谈，很有可能比你现在更高，能力才重要，薪水不是问题”（这其实也不叫确切承诺，只不过能引起你的兴趣），然后你就感觉很有希望能争取多一些的工资，然后就去了。

结果面试的流程似乎挺正规，你填写完所有信息之后，就进入面试阶段。面试官是一个你一眼就能看出没有多少职场阅历的人，或者就是刚毕业的年轻人，由于阅历和经历的原因，他可能一直问你一些听起来很像之前就准备好的问题，问完就礼貌收场，就像一场机器人面试。而经历的这一切会让你心情十分不好。

回头细想，也不明白哪个地方出毛病了。其实这里面是有一定“套路”的，大家稍做思考，就会发现类似的情况还有很多。

譬如，很多做财务的同学常常会抱怨：为什么去参加某公司面试，填好信息后就被通知领导今天很忙，改天再约时间？为什么面试过后某公司口头答应已经录用，但就是迟迟不发正式录用通知，若询问便得到“领导在出差”的回复？

必须提醒大家，去面试之前做一定的思考和筛选，非常有必要。面试有时候会浪费时间，甚至会影响你的自我评估，会让你以为自己的表现不受别人认可，所以大可不必场场面试都参加。

职业发展较为成功的模式，其实从找工作的角度看，就是财务人员的职业能力由弱到强，而在这个过程中，职业能力愈加成熟，能找到的对应的工作越好，工资越高。从面试的角度看，越来越多的公司和岗位变得与你无关，因为你成长了，也就是说你已经通过自己的努力让自己变得更“厉害”，对于一些公司的岗位面试，你当然没有必要浪费时间参加了。

2 面试为什么要准备，应该怎么准备

面试看起来似乎很简单，其实并不容易，第一项工作就是要准备。

面试准备往大了说，应该是每一天都在进行，因为你的简历、你在面试场合的任何表达，都是在讲述你的日常，都是对日常工作或职业能力的概括表达。所以，你每天所做的事情，很大程度上决定你未来机会的多少。你天天嫌弃工作累，这也不想做，那也嫌麻烦，时间长了你能积累的职业能力就不多，假如某天你参加面试，你的表述就难以吸引面试官并获得面试官的认可。

面试准备往小了说，从用人单位或人才顾问公司邀请你参加面试的那一刻开始，你就要进入面试准备的状态。

有的同学认为，准备不准备没有什么差别，反正简历上的内容就是那样，用人单位已经看过简历，想改也来不及了，还准备什么？这种观点是很有问题的。

抱有这种想法的人一般有两种情况：第一，此人不懂面试应该要准备什么，怎么准备；第二，此人在面试场合还没尝过什么苦头。当他面试三五次，自己的表达得不到面试官的认同和赞赏之后，当面试过程中出现某些问题他无法顺利回答的时候，他自然就会想：我是不是该准备一下？但他实际上已经浪费三五次面试机会了。

面试一定要准备。凡事预则立不预则废，面试的过程虽然变化很多，每家公司考虑的重点，问及的问题都不一样，但是准备要强过不准备。当然准备了也不可能完全知道面试官的问题，就算能提前预测到面试官的问题，未必面试者的回答就能得到面试官的认可。

正是因为这样，面试者就更需要做好准备，如果没有充分的准备，回答完所有面试官的问题就已经很难了，还怎么能够根据现场的一些微妙变化做出调整呢？有时候不同公司面试官问的是同样一个问题，但是你当场就要反应过来，并对事先自己准备好的内容进行相应调整，这样才能有更大的胜算。

我们来看一个面试的例子。

王莉莉最近参加了一个大型企业的固定资产会计岗位的面试。面试的自我介绍环节挺顺利，面试官对着她的简历一直提问，由于都是自己所经历过的事情，所以王莉莉回答起来相当顺畅，没有什么问题。可面试官话锋一转，突然问道："请你说说你未来的职业规划是什么？"王莉莉一下子就蒙了。面试官的问题一抛出来，给面试者考虑的时间最多大概也就两秒钟，最好一秒钟之内就开始回答，如果面试者出现"嗯——嗯——这个——"类似的反应，那面试结果就可想而知。面试官未必质疑你的工作能力，但是面试官可能连自己也不知道为什么就产生了反感。这看上去没有什么实际的理由，但是有一个理由肯定是站得住脚的，就是从对话的感觉上讲，面试官感觉有点儿尴尬，可作为一个面试者，为什么要让面试官感觉尴尬呢？

这就是个错！

王莉莉之前没有考虑过这个问题，也不知道怎么说，就随口说了"我以后想做主管"。面试官听了之后，微微一笑，不再追问，接着说别的话题。作为应聘者，王莉莉哪知道这个面试官就是这个招聘岗位的主管，这个"职业规划"就变得很有"问题"了。换句话说，面试官的第一反应可能是：如果她进了公司，岂不是整天想着要坐上我这个位置。当然一个对自己有信心、觉得自己有能力继续上升的主管是不会在乎这些回答的。

自然，面试之后王莉莉回去等待通知，问题是等多久都没有回音。

王莉莉总结经验，可总结来总结去，也不太清楚自己哪里回答得不够好，因为面试足足谈了三十分钟，面试过程有点严肃有点紧张，以至于她并没有感觉到哪里不妥当。

面试官根本不会就你回答得不好的问题做解释。譬如，面试官对王莉莉的职业规划感到不满意，但也会微笑面对她。

综上，面试官有意隐藏自己对面试者的意见，面试者却全力以赴在思考问题、回答问题，自始至终可能都无法觉察“失误”之处。

王莉莉接受残酷的现实，继续战斗。

过了一周，又有一家公司通知王莉莉参加应付账款会计的面试。

这次面试开头也比较顺利，还是一如既往的自我介绍，然后是问及过去的工作经历，因为王莉莉比较熟悉面试的流程，虽然达不到对答如流的状态，但也是应对自如。但是，没想到面试官中途居然打断她说话，强行插了一句：“我怎么感觉你像在背答案，你这些工作到底做没做过?”

本来正常的面试不挺好的嘛，但是每一次面试都有奇奇怪怪的事情发生，这次也不例外。这一问，王莉莉都不知道说什么了，沉默了几秒钟，这几秒钟内王莉莉的脸一下子变得通红，额头开始冒汗。

终于，王莉莉有点委屈地说：“我都做过啊，都是我以前的工作内容。”

本来面试官眯着眼睛看简历，听王莉莉这一说，头一动不动，眯成一条线的两只小眼睛朝上瞄了一下王莉莉又接着看简历。双方都没说什么话，又停顿了有一秒钟。王莉莉一脸茫然，想说点什么，又不知道说什么好。

面试接着往下进行，除了工作经历之外，面试官也问了很多相似的题目，职业规划也被问及，由于上次王莉莉并没有感觉自己的回答有问题，这次王莉莉又说了“以后想做主管”。面试官依然没有什么特别的反应，面试继续进行。

面试之后，因为有了中间的一段小卡壳，王莉莉感觉到此次面试又失败了。

从王莉莉的两次面试可以看出，面试的过程实际上是两个互不相识的人的第一次接触，这个谈话其实是很微妙的，稍微有点不对劲，可能结果就是失败，但是哪个地方不对劲，有时候面试者能感觉出来，有时候感觉不到，这是难点。

从面试准备的角度讲，面试者应该要做到以下几点。

第一，了解面试全过程。

一般来说，不管是大型、中型还是小型企业，面试总体上基本一致，但是细节上的差别还是比较大的。

越大型的企业因为管理复杂度的问题，一次面试，可能要通过很多人的合作才能完成。也就是说，通知你面试的是公司的某一个员工，面试现场接待你的又是另外一个人，面试官由人力资源部提供一个人，财务部门也要有一个面试官，有时候更大的企业还要加人，变成人力资源部两个人，财务部两个人或三个人，所以复杂程度会因为企业规模而变化。

而中型、小型企业，大致也是这样的流程。譬如，从小企业的角度讲，可能自始至终就是两个人负责面试，人力资源部的主管既通知你参加面试，又负责接待，同时本身又是人力资源部的面试官，而另外一人就是财务部的管理人员充当面试官。

这大概是两个比较极端的情况，更多的企业是介于这两种情况之间。从面试到录用，这中间的人数越少就越干脆，人越多就越复杂，因为任何一个人稍微有点感觉不对劲，就很有可能影响最终的面试结果。

面试职位的高低对面试的流程也有一定影响，如中层或高层的职位，就省去了很多基本的面试过程，直接由岗位上司和人力资源部的负责人面试，视情况而定是否由总经理或董事长面试。而面试者应聘的职位越低，面试官的职位就越低，如普通的会计职位。一般来说，人力资源部的负责人、财务部的负责人面试者可能都不会见到，只有到了最后一轮“二挑一”（在两个候选人中选一个）的情况下才会见到，更别谈见总经理或董事长。

总结起来，面试流程基本如下所述。

人力资源部门筛选简历，以电话加邮件（或其他通信工具）的方式通知面试者参加面试；面试者到公司面试现场；公司人员接待面试者，引领其填表、引导其进入面试会议室；接着开始正式面试，一般先是人力资源部面试，然后是应聘岗位的直接上司面试，参加面试的财务部门的人数视企业规模和面试岗位的高低来确定，也有的企业采用财务部门的人员先面试，然后再由人力资源部门面试。两者的区别在于，财务部对于人力资源部筛选能力的信任程度。譬如，有一家企业招聘一名财务主管半年都没有成功，财务部自然会质疑人力资源部在做初步筛选的时候把“财务工作真正需要的良好人才”过滤掉了，因此，财务部提出先进行面试，然后才是人力资源部。不过现实中这种情况还是少数。

面试完毕之后，就是等通知。等待通知阶段很多面试者都有点儿着急，为什么会这样？因为面试者是非常认真地付出精力去应对这场面试，自己的“十八般武艺”都向面试单位展示完毕了，当然想知道最终结果如何。但是，招聘单位却显得不紧不慢，不会像面试者那么重视，因为面试者的“十八般武艺”他们已经见识得太多了，可能一个职位得有十个甚至二十名应聘者，他们手头的资源很多，因此往往不会太珍惜。

一般来说，面试是一项买方市场的业务，招聘单位有足够的底气来挑选，就算完全不顾及面试者的感受也无可厚非。而招聘单位在面试时当场承诺的所谓“一周之内会通知您”，一般是说，若您被选中肯定会有通知，而其他情况当然就“不方便”通知了。

而作为应聘者，往往在得不到确切信息的情况下，容易出现焦躁的情绪，因为他们很可能一直等，一直盼，但就是没有任何消息。客观地说，这事怪谁都不太合适。应聘者或许可以通过调整心态来解决这种负面情绪。

熟能生巧，熟悉整个面试全过程对实际参加面试是有好处的，熟悉了就不会有陌生感，就容易给面试官留下好印象。人才市场是一个买方市场，买方可以对你陌生，这是没有问题的。但是如果你对买方陌生，那买方就会倾向于选择那些表现得不陌生的人，选择权在招聘方。

第二，面试资料的准备。

人生在世，除了刷牙、洗脸这种天天操练，动作已经熟悉得不用多加考虑的事情之外，做什么事情基本都要提前准备，做好准备心里就有底。

面试前，面试者要准备的资料有以下两项内容。

一是招聘单位、招聘职位的信息。

首先，了解对方，增加熟悉程度，才会显得大家“似曾相识”，才会引发好感，这是人与人交往的自然法则，面试也一样。怎样才算了解对方呢？至少先了解应聘公司的规模，阅读应聘公司的官方网站里面的内容。如果是上市公司，会有公开的业绩报告。如果不是上市公司，也没有官方网站，基本就可以列入中小企业范围了，那就搜索应聘企业名称，搜寻相关的新闻信息。

其次，了解应聘公司的工作地点、业务内容、产品等。当然，你只是以一个外部人员的方式去大致了解，无法了解到很细致的程度，但是“混个脸熟”比什么都不知道好得多。

再次，了解对方招聘的职位。一般企业的招聘信息都会比较干脆地列明岗位职责，逐项列举。这里顺带说一下招聘岗位的条件问题，只要你获得了面试的机会，基本不用再为岗位条件而纠结。譬如，有的面试者会认为自己并没有中级证书，但是应聘公司的岗位条件标明“有中级证书优先考虑”，这位同学虽然收到面试邀请，但是对证书问题不太自信，就变得犹豫不决，感觉自己低人一等，其实完全没有必要，对方通知你去，你就大大方方地去。

二是自己的简历内容。

对自己的简历信息你一定要非常熟悉，不需要费劲想就能稳稳当当说出来，有的应聘者说：“我哪能记得住那么多？”如果你自己对经历过的事情都记不清楚，并且没有提前准备充分，凭什么让面试官这个陌生人相信你真的经历过？因此要牢记：记住自己简历的信息。

可以采用如下的方式熟悉自己的简历：首先，按照时间段和对应公司、对应岗位、对应工作内容记忆好；其次，对每一家公司具体岗位都要提前记住一到两件具体事件，记不住或者担心表达不清楚就必须提前记录下来，提前熟悉；最后，检查自己的简历是否有逻辑上的矛盾点。譬如，多个工作时间段是否重叠，工作内容是否有不符合常规的现象，如刚毕业你就做成本会计，这是不合常理的，因此，面试官会让你解释的，你要提前准备好。

第三，面试问答的准备。

面试中有很多常规的提问，譬如，你是否了解我们公司，你做过的最骄傲的事情是什么，等等。这些都是除了工作内容之外，现场临时加的问题，但很多面试者显得有点“招架不住”。此时，面试者可以参考如下提示。

对公司的了解：前面第二项内容已经提到要先了解公司的产品、业务、规模等内容。

你做过的最骄傲的事情：第二项内容已经提到要先总结自己工作中的一两件事情，选择介绍其中的一件，那就是你最骄傲的事情。

对于面试中非常难回答的问题——“请问你的优势和劣势是什么?”这个在面试场合“杀人如麻”的问题，我们后面会专门讨论。

第四，面试的临场反应。

临场反应完全取决于当时、当下的具体情况，那这个也能提前准备吗？当然可以。如果你已提前准备好前面三项内容，面试中你才有精力去做“合适的临场反应”。

譬如，郭诗诗是一家大型公司的财务主管，她做主管已有五年，很想寻找一个财务经理的职位，但是苦于机缘不佳，一直没能如愿。

这次她收到了另一家大型公司的面试邀请，她已是面试战场的“老兵”，因此做好充分的准备之后就如约面试。

面试过程中，先是一位面试官在一间小会议室里面等待，接着郭诗诗到场了，然后面试官温和地说：“我们先等等林经理，他立刻就过来，请稍等。”

过了一会儿林经理到了，郭诗诗立刻反应过来，先前的面试官和自己都有椅子坐，但是由于会议桌并不是很大，其他的两把椅子都被放置在墙角。郭诗诗看到林经理进门，没等面试官反应，就很主动地站起来快速到墙角搬了椅子过来，并对林经理说：“您请坐。”

就这一瞬间，林经理和之前的面试官两个人对视了一下，双方面带微笑地稍微点了点头。

接下来便开始了正常的面试，郭诗诗准备很充分，面试表现也很好。结果面试过后的第二天就接到了招聘单位的录用通知，她如愿以偿，终于争取到了财务经理的岗位。

面试现场什么情况都可能发生，说是千奇百怪也不过分，应聘者必须有充分的准备才能处理好这些小细节。处理好小细节，加分效果要十倍甚至百倍于其他程序化的面试过程，这就是临场反应的微妙之处。

不过，要提醒大家的是，千万不要提前准备的方面没有下功夫，反而“处心积虑”到面试现场去博得认同！那样只会适得其反，成为“浮夸的小丑”。

3 面试中最难缠的个人优势劣势问题

面试中类似“你有哪些优势和劣势”的问题是很要命的，简直就是面试官的“杀手锏”，此问一出，之前问答环节再顺利的面试者也会感觉被“绊”了一脚。很多参加过面试的财务人员会抱怨：“面试官总问些出人意料的问题!”但是，人家既然这么问，就有这么问的理由，面试者要理解其发问意图，尽量回答。因为，面试的选择权在企业一方。

那问题就变成：面试官既然发问，你要有“本事”来回答。

先来看看什么可以称为“优势”，什么可以称为“劣势”。其实人和人沟通时的语言是非常随意且灵活的，这跟做有标准答案的数学题非常不一样。

什么是优势？一百个人可能有两百种答案。为什么？因为有的人会想出三四种答案，有的人可能一种都想不出来，就是这么模糊的问题，所以才会难倒很多人。被难倒的人一般都是采用了“精确回答”的方式，不懂得模糊问题自有模糊回答的方式。

譬如，动手能力很强，算不算优势？很能吃苦，算不算？沟通能力很强算不算？甚至很能喝酒算不算？其实，任何可以用来比较的特征，从理论上讲都属于“优势劣势”的范围，正是因为可以比较，所以才有优劣之分。但是，在面试的场合中，与工作无关的其他内容尽量不提，以免产生不良影响。因为回答“优势劣势”问题是向面试官呈现面试者在工作方面的工作风格，始终要围绕着工作这个主题。

回答关于“优势劣势”的问题，面试者可以参考以下几个方面。

第一，与工作内容相关的技术经验。

譬如，对某个ERP软件的财务模块很熟悉是你的优势；Excel操作能力强是你的优势；对应收账款模块的流程和操作比较熟悉，这方面是你的优势；对成本核算很有经验，对全面预算的做法和管控都很有经验，这些也可以是你的优势；你多年负责企业的结账和报表分析，你这方面有优势……回答这方面的问题，重点就是：你回答的内容得与你应聘的工作岗位相关，同时你也确实具备这方面的优势，否则你说出了优势，面试官一追问，结果你没有准备好，是“吹牛”的，那就尴尬了。

第二，与职业能力相关的软实力。

譬如，沟通能力、忠诚度、管理能力、工作效率、逻辑能力、解决复杂问题的能力、遇到困难的耐心和毅力、吃苦耐劳……都可以是你的优势。

第三，性格方面也可以作为优势的内容。

譬如，办事比较利索，喜欢“今日事，今日毕”，不会拖到最后一刻，这当然是优势。喜欢与人沟通，善于沟通，这有利于工作的开展，这也是优势。

第四，优势和劣势是相对应的，上述内容同时也是劣势的选择范围。无论选择哪种优劣势，都要对其合理性进行推敲，最终形成可靠的答案。

譬如，当你回答应收账款管理是你的优势的时候，对方完全可以问下一句：为什么这么说？然后你要早早准备好第二个问题的答案，如“我从事应收账款管理已经三年了，从合同开始到出货、收款……”其他方面的优势也如此。

譬如，软实力方面，你说自己的优势在于解决复杂问题的能力，那对方一听你这个回答还挺新鲜的，接着很有可能就问“怎么这么说呢?”“有什么案例吗?”然后你要介绍之前准备好的与这个优势对应的案例：“三年前我加入目前的公司，当时应收账款的合同没有存档，应收账款的余额也没有执行过对账程序，然后我开始着手处理……”

譬如，性格方面，你动作利索，讲究效率，这是优势，也可以说成是劣势：就是性子急，办事情容易让同事感觉我总在催他们，以后这方面自己会多加注意。为了防范对方追问“曾经发生过这方面的矛盾吗?”你可以提前准备个例子:“我在做应收账款对账的时候，因为比较着急，经常催业务人员，就被投诉了……”

不管是会计技术能力方面的优势、软实力方面的优势，还是性格方面的优势，面试者首先综合考虑，挑选出一到两项作为备选答案，其次针对备选答案再准备至少一个案例。这些内容绝不可以到了面试现场再临时考虑，否则一时间难以表达流畅，后果也就可想而知。切记：提前做好准备。

最后，任何一个优势都可以换另外一种说法变成劣势，当优势说完了之后，就要说劣势，优势和劣势之间不可以存在矛盾。

譬如，你说优势是沟通能力，但是劣势是解决困难的耐心和毅力，这就有点矛盾了，你的优势是沟通，那就是很会倾听很会交谈才对，怎么会没耐心呢？一般没耐心的人是做不好沟通的。

综上所述，优势劣势这个问题正因为具有模糊性，一方面难以给出完美的答案，另一方面也具备了答案多样性的空间，让你去发挥和准备。总之，优势和劣势每项挑出一到两点，不仅要有相关的事例做支撑，还要与工作岗位匹配，不要互相矛盾，要符合常理。

4 面试中的每个问题都有标准答案吗

面试最难的地方就在于面试官不断地向应聘者提出更多问题，但是他同时也在不断地隐藏他对于这些问题的看法，即使很欣赏某个答案，也尽量不表现出来。为什么要这么做呢？因为面试本来就是要让面试者展示自己的真实情况和想法，所以他不会暗示如何回答更符合他的意愿。

但是，毕竟面试官不是机器人，不论他怎么隐藏他的想法，他的提问同时也在展示他对面试者答案的观点和反应。如果面试者具备非常丰富的经验，是可以捕捉到面试官的内心所想。虽然这样的人会比较少，但是职场上那种少则手握三四份录用通知，多则七八份录用通知的人还是存在的。他们很懂面试官。

事实上，面试官问很多问题就是想让面试者搞不清楚他的意图，然后从其回答中捕捉面试者的各种特征、优缺点、职业能力、会计水平等。如果面试官遇到的面试者很懂面试官的问题用意，岂不是轻易就能根据事前准备的答案，做到“兵来将挡，水来土掩”吗？这种一切尽在掌握中的面试者通常被称为“面霸”。

不过，我们此次要讨论的主题还是面向绝大多数“非面霸”的财务人员，因此有必要讲清楚面试官到底在想什么，他们的内心有没有标准答案。

面试的内容和问题基本可分为：基本工作实操内容、性格问题了解、软实力综合沟通。

一般来说，第一项的基本工作实操内容并不需要太多考虑面试官心中所想的问题，因为这方面更多的是会计技术经验问题。需要考虑面试官心中所想的问题多属于软实力和性格方面的问题。

先看一个例子，大家就能够明白。

招聘单位派出一名“面试官”，而另一方是应聘者亲自出马，这个过程称为“求职”。细细观察和对比，会发现面试官的角色就相当于“求爱”过程中被追求的一方，而应聘者就相当于主动追求的一方，现实中我们都知道追求别人的人“惨”得要死，求个半死，对方不一定同意！求职也一样，你求十家八家公司，有一家要你就不错了。

因此，要体会到面试官提问时的内心状态，需要感受到“求爱”环节中被追求一方的内心状态。

假设，王思国喜欢上了李冰恬，那王思国肯定要费尽心思地走进李冰恬的视野范围内，这不就相当于应聘中的投简历吗？

如果李冰恬答应见面，这就进入了面试。

见面之后，李冰恬如果对王思国还有兴趣，就会问王思国几个不痛不痒的问题，这些问题看似不痛不痒，其实都是“送命题”，这是在考察王思国的为人和做人做事的情况。王思国紧张得满头大汗，生怕哪儿说得不对，这段关系就此结束。可李冰恬要的就是这个效果，她肯定不会轻易让王思国了解她自己的所思所想，那最后能不能“有缘牵手”，就要看李冰恬对王思国给出的答案的判断。如果答案正中李冰恬的内心，那进一步交往就是可能的了。如果李冰恬不满意王思国的表现，那这一次既是初次相见也是最后的告别。

求职者诚意满满，对面试官的问题有问必答，但是效果如何完全取决于面试官的内心。

接着再来看面试官内心对应聘者有什么要求。

一般来说，你若问某个人对未来的人生伴侣有什么条件要求，答案基本分为两种类型。

第一种类型，回答者列出最核心的五条到十条，对照这清单选择伴侣，如果符合，其他未列明的条件即使稍弱也没问题。甚至根本就不关心其他条件，符合列出的条件者就能够得到一百分，否则，就是零分。这是理性决策者采取的方式。

第二种类型，他（她）会跟你说，他（她）心里根本就没有设置条件，而是注重感觉。这是典型的感性决策者。

同样的，面试官也是分为这两种类型。理性的面试官，面试前在心中已经对应聘者设定了条件，条件达到，可以录取，不再继续面试其他人，果断无比。感性的面试官，面试前他不知道应聘者的情况，也不着急设定条件，若交谈中对对方有感觉，那就录用，没有感觉一概不勉强，即使看中一个，也会继续面试，因为可以对比哪一个会更好。

那么如何获知面试官内心的答案？站在应聘者的立场，初次相见，你也不太可能清楚对方属于哪种类型。但是还是会留有“蛛丝马迹”的。

以下是回答面试官问题的基本规律。

第一，发问方式是罗列式提问，这是第一种类型的面试官所喜欢的提问方式。他们关注面试者的答案跟他心中所想的一致性，喜欢中规中矩的表达方式，面对这类面试官，面试者尽量不要随便幽默，否则他们会把你当成“神经病”。

如果见什么问什么，凭感觉发问和追问，就属于第二种类型的面试官，他们最关注的是面试者的回答有没有激发他内心的那种“选对人”的感觉，他们喜欢有主见、很坚定、不死板的表达方式，这种情况下面试者如果幽默一下还能加分。不过，幽默是一种绝大多数人都难以驾驭的表达方式，没有把握的话，在面试中还是别说为好。

第二，不管面对什么类型的面试官，谦虚但渴望被对方肯定的状态都是受欢迎的。

第三，工资越高的岗位面试过程越复杂，面试者越要体现出耐心沉稳的综合素质。

第四，越是大企业的面试，面试官越喜欢看到面试者自信沉稳的职业状态，面试者要尽量减少行为和语言上的生活气息。

第五，面试官的职位跟应聘者所求职位越相近，面试者越要表现出顺从管理、听从指挥的状态。

第六，越是对实际操作能力要求高的岗位，面试者越要侧重展示自己的动手操作能力而非管理能力。

第七，面试官对面试者所说的每句话是否满意，其实当场就有所回应，如果面试者准备充分且临场发挥得当，可以对照回答观察对方的兴趣点，及时做出调整。

譬如，李婉华曾经应聘过一家大型公司的税务会计职位，面试的前半部分双方沟通了很多关于税务核算和申报的问题，但后来面试官问了一个问题："如果你做的表格是对的，但是你的上司认为有错，让你去修改，那你怎么办？"

这就是个"雷"，不是暗藏的，而是明着扔过来的。如果接得好的话，在工作上就能"心有灵犀一点通"，接得不好，别的不用说，直接就"西出阳关无故人"了。

李婉华立刻回忆起工作六年以来自己做的那些领导认为有错的表格，当时自己争论了半天，最后还是被领导骂得垂头丧气，每次发现问题，不管是领导的错还是自己的错，最后只要提出来都是自己错，因此李婉华诚恳地说："我肯定听领导的。"

"好，李小姐，今天非常感谢您来参加面试，如果符合条件将进入下一轮面试，我们会在一周之内通知您。"

李婉华的面试到此结束。

在面试过程中，对于面试官内心想法的推断，是落实在每一个具体问题中的，而在听问题时和听完问题的极短时间内，面试者必须努力领悟到面试官希望听到的答案。

有些人常常会说："面试中只要说出自己的真实意思就可以了，面试官能不能认可那是他的事。"其实这句话是很有问题的，如果你信以为真，那面试就是公司的事情，录用也跟你没什么关系了。

怎么理解这种状态呢？这是指一个人的能力已经到了可以挑选公司的阶段。譬如，当你的能力已经成为一种稀缺资源的时候，只要去面试，招聘单位通过了解你的履历，还有你的技术水平，已经对你产生极大兴趣，那你自然可以随意表达，因为这个时候主动权在你这边，这种情况下，上述说法是成立的，你只要表达自己即可，别人能不能认可根本不重要。

但是，如果你只是一名普通的财务人员，那还是精心准备，老老实实面试，仔细听题，认真推敲，诚恳回答，这样才有可能获得好的工作机会。

5 面试心态是最容易被忽略的核心问题

从本质上来说，职场就是个“人堆”，有人的地方必然就有竞争，因此，竞争充斥在职场的每一个角落。

既然有竞争，必然就会牵出一个问题，即怎样才能在竞争中胜出。“人堆”里的竞争和核心科技竞争不一样，它并不是一门科学，而是有很多微妙和模糊的细节。我们今天要谈的话题是在职场面试环节中如何胜出，其中非常关键的一点就是心态。

通常我们会认为面试前的准备和面试过程中的沟通最重要，其实，面试心态已经提前影响了面试前的准备，面试心态也影响了面试的沟通过程，面试心态还会影响面试后正常工作和生活的状态。但是从表面上看，大多数人关注的是“实打实”的面试行为，很少人会关注“无形的”影响力——面试心态。

面试心态，是关于面试者怎样看待面试这件事情，怎样看待面试从准备到完成整个过程的心理状态。这个心理状态时刻都在影响面试的效果。如果面试者想在一场面试中胜出，从头到尾都不可忽略心态问题。

举个例子。

孙万成最近参加了一家公司的面试，他非常珍惜这次机会，因为他觉得自己在目前的公司待不下去了，所以认真对待新的工作机会。

第一轮是人力资源部的面试，孙万成在第一轮面试中的问答中规中矩。进入第二轮面试，面试官是公司的财务经理。财务经理招聘新员工很谨慎，一来要考虑新员工的职业能力问题，二来对实操的要求比较看重，三来要看新员工是否有足够的忠诚度，不喜欢员工毛毛躁躁，做个半年一年就换工作。

进入财务经理面试环节，孙万成内心挺紧张，因为面试官是专业人士，知根知底。财务经理问得非常仔细，连某张报表用什么思路做，一般要做多久都要问，孙万成差点儿被“逼”疯。不过孙万成认为必须认真对待，现在已是年底，面试机会不多，一旦失去这次机会，换工作的事情不知要拖到什么时候，如果拖到明年，他自己心里会非常不舒服。

财务经理面试，一共用了五十多分钟，双方都太投入了，忘情地聊，都聊出默契来了。面试结束，孙万成整个人好像都被掏空了，可精神上一点不敢放松，还表现得自然得体，素质满满。

过了两天，他就收到了该公司的通知，进入第三轮面试。太耗精力了，孙万成感觉这太磨人了，已经准备了第一轮、第二轮，还要来个第三轮。每次面试都是向公司请假出来的，孙万成内心想：“问了那么多问题，我回答那么认真还要这么折磨，我请假真的不是那么好请的!”

孙万成最近两个月参加了多次面试，请了很多次假，不过每次都是隔开一两个星期才请的，而这次三轮面试太紧凑了，接连请假很惹人怀疑，每次都是“个人原因”四个大字，孙万成也担心被公司领导发现自己在找工作。

也许是现实真的很折磨人，孙万成直到第三轮面试前一天下午下班前才拿到签批过的请假单。虽然心里松了一口气，不过他还是觉得这家公司有点太啰唆！他心里想着，第二轮其实就基本定下来了，这第三轮虽然说是财务总监面谈，但是财务总监跟他面试的岗位差着好几个级别呢，平时也轮不着财务总监管，所以孙万成也没太在意，就以为是走走过场而已。

心态变化造成行为也有变化，第三轮的面试他没怎么准备就过去了。简短的自我介绍之后，孙万成信心满满，所以显得有点儿散漫。

“你觉得之前的工作中有哪些闪光点吗?”财务总监问。

孙万成一听，感觉怎么又重来一遍，这个问题在第二轮面试中已经问过了，就照着之前的说法讲了一遍。

“你未来的规划是什么?”财务总监问。

还是之前就问过的问题，孙万成也快速回答了一遍。

“你觉得自己身上有什么缺点吗?”财务总监感觉孙万成有点随意，就问了他的缺点。

“我就是一直负责实实在在的会计工作，对其他管理上的事情不太懂。”孙万成简单讲了一句。

“好，谢谢你的参与，今天的面试就到这里。”财务总监表达谢意后，面试结束。

孙万成一看时间，五分钟都不到，心里想:“最后这一轮根本就没必要，果然没错，还不是走形式，五分钟就完了。”

虽然财务总监笑眯眯的，也没问多少问题，但是孙万成的状态让财务总监感觉不满意，在面试后的第二天，财务总监就在“二选一”的名单上划掉了“孙万成”的名字，选择了另外一位求职者。

孙万成满心欢喜地等待一周，居然没有任何消息，三次密集的请假，就这样没了下文。求职过程非常残酷，一天不出录用通知，就一天都不可放松，可这个道理孙万成还不太懂!

心态对人的影响，有时候是非常复杂的，以致当事人自己都可能无法察觉。为什么这么说?以孙万成作为例子来说明。

一是请假密集，难以调和。他想保住眼前的工作，又想无风险找到新工作，无缝对接，也就是职场老手惯用的“骑驴找马”之术，但请假的安排让他心理压力增大。

二是面试第一轮非常认真，即使通过也费力不少，第二轮面试精心准备，费力最大，五十多分钟的面试拉锯战一般人扛不下来，所以心力交瘁。

三是认知上存在过失。由于第二轮面试太认真，自以为第三轮面试只是走过场，没有给予足够的重视，提前松懈必然会影响面试过程中的表现。

因此，大家必须要吸取教训，从开始面试到接到录用通知为止，心态绝不能松懈。

类似的影响面试心态的现实情况还有很多，如下所述。

第一，多场面试时间抵触，或时间紧急。譬如，今天上午一场面试，下午又有一场面试，但是上午面试完已经11:30了，下午是1:30开始。那就有点紧张了，因为中间要吃饭，两个小时可谓是一眨眼工夫。时间仓促，必然会导致心态紧张，进而影响面试时的状态。还有更大的影响是，上午的面试程序和内容会影响下午的面试心态。如果上午有些问题回答得不好，下午再面试甚至会有厌烦情绪。

第二，生活或工作上的“大事件”会影响即将到来的面试。譬如，原本生活在某一个城市，但是为了某一次非常好的面试机会，去一个非常有名气的公司，可惜地理位置有点远，或者并非同城，如果家人还不支持，那么生活的苦恼就会影响面试心态。很多财务人员实际上都是骑驴找马，当前的工作如果不顺心，心态没有很好地调整过来。譬如，近期工作失误受到批评，接着就去参加其他公司的面试，面试时的状态必然会受到当前工作的影响，这点需要做好调整。

第三，多轮面试折磨内心。很多大型公司都采用多轮面试，当然也不是所有的公司都会设计多轮面试，譬如有些公司会安排人力资源部面试官、财务上司等人在同一天出现，应聘者过来之后挨个面试，一次性见完。前述孙万成的例子，假设在同一天完成，他可能就已经顺利入职了。正所谓“一鼓作气，再而衰，三而竭”，孙万成第三轮面试时精力已经完全用尽了。

既然知道了这个道理，参加面试的财务人员就要懂得坚持，自己一定要保持良好的心态坚持到面试结束为止。

第四，有些财务人员在进行了多次面试——譬如面试了五六家公司——依然没有一家有后续消息，那么接着面试就会因为之前面试失败而出现烦躁心态，面试过程中回答问题过于随意，这也是面试者需要注意的一点。如果心态不好，干脆就不要参加面试，可以休息调整，集中精力把握下一次机会。

因此，建议多次面试失败的财务人员，视情况而定休息一两周，或一两个月，调节自己的情绪。

第五，有些财务人员面对失业的困扰，心态也会变得不稳定，时好时坏，面试表现好时欢天喜地，表现不好时就自卑寡言。这些都会影响面试效果，因此要稳定自己的内心，抓住面试机会精心准备，全力以赴。

第六，其他情况如面试前感冒、发烧或者失眠等，都会影响面试时的心态。需要面试者根据自己的实际情况调整。

面试心态很容易被忽视，但是它的影响力最大，其他方面准备不充分可能还可以靠临场发挥来弥补，但是面试心态不行，往往连补救的机会都没有。面试者的心态从面试官的角度看，往往就成了“工作态度”，面试者心态不好，面试官往往会认为此人“工作态度不好”，而职场中工作态度是极其重要的，因此各位面试者须加倍重视。

譬如，之前有一位企业的财务负责人向我“吐槽”他经历过的一次面试。他所在的公司要招聘会计人员，通过简历筛选出五个人，开始面试前先做笔试，要求面试者15~20分钟完成一份测试题，然后开始面试，其中四个人已经面试结束，还有一份卷子没收回来，过去查看，发现那位面试者趴在会议桌上直接睡着了。

财务负责人给了他一个面试的机会，聊了大概五分钟他才有点儿醒过来的样子。问他为什么这么困，他说：“三个月前辞了工作，压力很大，收到面试通知，一直很紧张，昨天晚上没睡觉，早晨5点钟才睡着，睡了两个多小时，就过来面试，等待的时候实在是太困，就趴了一会儿，没想到真睡着了。”

第二天要参加面试，前一天晚上要尽量休息好，精神满满地参加面试，这样才能给面试官留下良好的第一印象。

因此，如果面试心态不好，就直接暂停面试，稍做休息和恢复，保持良好的精神状态。

良好的面试心态至少包括以下几项内容。

第一，面试的机会来之不易，一定要做好准备。

第二，不可以有随便碰碰运气的想法。

第三，对自己过去的经历必须提前整理和回忆，因为求职是要求陌生人了解你。

第四，在面试现场无论遇到什么问题都以“寻求面试官的理解”为基本心理状态。

第五，不要“念念不忘”面试时的失败，而要把它当成锻炼，为后续的面试积累经验，因为只要认真对待，未来的机会肯定会更多。

第六，认真对待每一轮面试、每一位面试官。

第七，生活会干扰到面试心态，面试前要分清重点。如果生活情况不允许可考虑暂停面试，一旦决定要参加面试，尽量妥当安排好生活细节，以免影响面试心态。

第八，不论什么岗位的面试都不简单，面试的过程也很微妙很复杂。

第九，不要轻易认为面试官的问题比较简单，或者怀疑面试官是不是有点随意，因为面试官可以随意，面试者不可以随意。

6 面试的奇怪现象及其背后不为人知的秘密

对大多数财务人员来说，面试就像一个“黑箱子”，你无法知道里面的机关，能做到的就是尽量控制自己的情绪，保持良好的态度，认真准备，在面试现场真诚地表达，至于最后是否能有“完美”的结果，应聘者完全无法掌握。

在职场中，还有人会采用“找人”“托关系”的方式去找工作，其实这种现象已经越来越少了。为什么呢？因为企业要挣钱，如果仅考虑关系，而不考虑应聘人员的职业能力、综合素质，那么往往会给企业的内部管理带来很多不必要的麻烦，或者说不确定性。

我们都晓得，财务职场中人员间竞争本来就非常激烈，很多企业对员工的收入与劳动付出的配比有严苛的要求，不喜欢“关系户”的加入。

因此，我们讨论中涉及的是通过正常的招聘程序进入公司的普通财务人员。正常的招聘逻辑就是从“茫茫人海”中，初步筛选条件相对匹配的员工，再进行面试，然后通过综合比较后，选择匹配度高的员工进入公司从事合适的工作。

这个过程用语言来描述似乎很平常、很简单，但是从现实的职场角度出发，结合公司内部各部门的协作关系、人与人之间的竞争关系、不同人的工作节奏和职业规划不同等因素一并考虑，往往就会出现这样那样的问题，最终就会导致：应聘者会在面试前后遭遇各种意料之外的现象，这其中最重要的原因就在于应聘者对职场中的各种细节理解不到位。

我们来看一个例子。

林欣瑜在一家公司担任报表主管，负责公司各种凭证审核和结账事宜，由于她目前的工作地点离家太远，每天起早贪黑，太多时间耗费在路上，因此想寻找另外一份工作，于是她开始投递简历。

有一天，林欣瑜接到一个电话。

“您好，请问是林欣瑜小姐吗?”

“您好，我是！请问您是……”

“我们是顺水公司，您的简历通过了我们公司人力资源部门的筛选，我们认为您的工作经历与我们公司的财务管理岗位非常匹配，现在邀请您明天来我们公司面试。”

“顺水公司？请问你们是做什么……”

“我们公司是一家大型的制造业企业，与您目前所在的公司在业务上有很大的相似性，所以我们非常欣赏您的工作经历。”

“那你们现在的这个职位……”

“林小姐，您明天有时间的话，可以来我们公司，因为明天我们公司的财务总监也在，面试的时候您可以直接与他面谈，包括工资待遇，可能会比您现在的工资高，这方面问题都不大，您看您有时间吗?”

“这样，我明天……可以吧……不行，明天上午没有时间。”

“那这样，我帮您约好财务总监，后天上午十点钟，您看可以吗?”

“噢，后天可以。”

“好的，那就先这么定了，稍后我会将面试地址和联系方式发给您，非常感谢。”

林欣瑜一开始感觉有点儿模糊，因为印象中自己并没有给顺水公司投递简历，但是感觉这也是一个机会，就答应参加面试。

第三天，林欣瑜按照约定好的时间来到这家公司。填写了相关表格之后，就被公司的接待人员带到会议室。林欣瑜心想，果然是直接面谈，非常有效率，内心满是期待。

接着进入了正式的面试过程。

可是面试过程似乎有点儿出乎意料，五分钟不到林欣瑜就离开会议室了。林欣瑜出来之后有点晕头转向，她并不知道自己接下来应该怎么办：这算是面试通过了，进入下一轮，还是今天的面试就意味着完全结束了？

林欣瑜心想：别自己来了一趟，认真进行了面试，没有走完流程就离开。她想再确认一下，就走到顺水公司的前台服务区，林欣瑜询问前台服务人员自己是否已经面试完毕。

前台服务人员打电话询问了一番，就说："林小姐，接下来没有别的安排，如果有下一轮的面试会及时通知您。"

此次面试从进入顺水公司开始到结束不超过二十分钟，大概是十分钟填表，五分钟等待，五分钟面试，这就没了。林欣瑜直到离开这家公司的大门之后，还没有缓过神来，自己今天的面试究竟怎么了？在回家的路上，她才怀疑自己是不是"上当"了。

但是仔细考虑，自己似乎没有丢失什么贵重财物，也只能微微苦笑自我安慰了。想想自己最多也就是浪费了 ·天的工夫，心态上也就释然了。

应聘者永远不可能拥有面试的主动权，除非招聘单位向应聘者发了录用通知。因此，林欣瑜有点好奇这次面试的背后究竟藏着什么不为人知的秘密，但是从一个应聘者的角度看，显然是无法得知的。

原来，整件事情还得从一个月前说起。顺水公司负责成本工作的员工离职了，此后工作一直暂时由其他员工负责，公司用了将近一个月的时间招聘新员工，却没有一个面试成功的，大多数应聘者都是从业经验不足。由于成本工作比较重要，财务总监向人力资源部门提出，必须提高人才筛选的效率和质量，一定要在本月内"把人招到"。于是人力资源部"撒开大网"，"捕捉"财务经验相对丰富的应聘者，林欣瑜就是其中一位。所以，林欣瑜的记忆也没有出错，她确实没有向顺水公司投递过简历，而当天上午前去应聘的还有其他六位财务经验丰富的应聘者。至于为什么林欣瑜五分钟不到就面试完毕，是因为这里面有太多的“内部操作”无人知晓。

接下来我们看看当天的面试过程。

财务总监亲自面试就是为了加快速度，但是林欣瑜的面试堪称“牛头不对马嘴”。面试过程中，财务总监问：“你做过成本管理吗?”

“我们公司有专门的成本核算会计……”林欣瑜正想解释具体的情况。

“我是问你，你自己有没有亲自做过?”财务总监已经等不及了，直接打断她的话就问关键要点。

“我们公司的组织架构是这样的，我负责凭证审核、编制报表……”林欣瑜并没有直接回答财务总监的问题，但她想让财务总监了解自己的工作内容，所以再一次进行解释。

“你有就说有，没有就说没有，不需要解释太多!”林欣瑜的话又一次被财务总监打断了。

“我没有亲自动手做，但是成本核算……”林欣瑜内心有点委屈，但是面对面试官，她又感觉到有点压力，也有点莫名其妙，自己的简历里面已经把自己的工作经历写得非常清楚了，而且目前自己担任的是报表岗位，怎么对方会一直问成本的问题。

“好了，今天的面试就到这里吧，我们综合考虑后会再通知您，谢谢您的参与!”财务总监放松下来，之前的一脸严肃也没有了，突然面带微笑地说了这么一句。

后面的内容大家都知道了，林欣瑜满心期待地参加面试，但是莫名其妙地离开。

事情的全部真相是：财务总监想快速招聘到适合成本管理岗位的人，但是人力资源部门也非常无奈，之前几批面试的人员都经验不足，因此首先考虑应聘者要经验丰富，至于是否匹配成本相关岗位并没有考虑，毕竟短时间内根本没办法通知那么多完全符合条件的应聘者过来面试，先把人“吸引”过来再说，至少满足了财务总监的要求，因为财务总监说过要快！

那另外一个问题，就是当财务总监发现了林欣瑜并不具备成本核算经验的时候，已经意识到其实这个问题不是出在应聘者身上，而是人力资源部门在做初步的人员筛选的时候有问题，但是毕竟是同级部门，又有什么好说的呢？当然更不好当着应聘者的面去说什么，因此只能“忍受”下来，而出于不浪费双方时间的目的，财务总监及时“喊停”了面试，微笑送客。

综合所有细节来看，整个事情关乎的是两个部门的协作问题，部门内部人员的紧缺问题，还有合格应聘者的筛选问题。基于此，就产生了这次“不应该发生的面试”。这对企业内部造成的“伤害”并不大，但是对参加面试的应聘者来说会有很大的影响。

那是否只有比较普通的会计岗位的面试才会出现这种“离奇现象”呢？当然不是，财务管理岗位，与面试有关的“离奇现象”会更频发且更“离奇”。为什么？因为财务管理岗位的空缺少，应聘人员竞争激烈，而财务管理岗位的工资相对高，这也会导致招聘单位内部对于应聘者的选择会非常“慎重”，所以整个流程中稍有“风吹草动”，就会出现“奇异现象”。

我们再来看一个例子。

王素华在一家中型企业担任财务经理已经七年，由于这家企业的发展有限，她感觉自己在思维和处理问题的能力已经趋向固定，没有发展空间可言，于是她决定寻找其他工作机会。王素华计划寻找大型企业的财务经理岗位，由于她积累了丰富的财务工作经验，因此很快就获得了一家大型企业的面试邀请。

王素华凭着自己丰富的人生经历、会计技术经验和良好的表达能力、管理能力，很快就通过了第一轮面试，接着是第二轮面试，与招聘企业的财务总监进行面谈。面谈比较顺利，面试进行了一个小时十分钟，招聘方的财务总监对王素华的综合素质非常认可，面试后的第二天下午王素华就接到了招聘方通知参加第三轮面试的电话。王素华对面试信心满满，这一天是周二，第三轮面试约在下周五上午十点钟进行。

王素华有充分的时间准备面试，她对第三轮面试信心满满，志在必得。

时间过得很快，第二周的周三到了，王素华考虑要提前两天为周五的面试请假，申请单正要提交，突然接到招聘单位的电话，通知周五的面试暂时取消，原因是面试官出差尚未返回公司，具体时间等待通知。

王素华心里一惊，刚刚差点儿就向公司领导请假，面试竟然推迟了。考虑过往的职业经历，似乎从没遇到过如此情形，王素华心中有点儿不是滋味。人在职场，王素华岂能不懂等待的滋味是非常不好受的，但是面试已经取消，那就只能服从安排，还能如何呢？

周三过去了，周四过去了，周五也过去了，过了周末，新的一周又开始了，王素华几乎天天盼着招聘公司的面试通知，但是又一周过去了。天天等待终不是办法，她在周五给招聘公司去了电话，询问详细情况，不问的时候以为问了能有新的消息，问了才知道原来对方并没有像她这样重视此次面试，答复的是“公司相关领导目前出差，暂时还没返回公司，等领导回来后会通知具体面试事宜，请耐心等待”。

从招聘方角度来讲，一碰到有应聘者询问面试进度，就提供如“领导出差”之类的信息，显得很自然。而从应聘方的角度看，面对这样的消息，有种“到嘴的鸭子飞了”的感觉，但是，更“无奈”的是听到这样的消息，连“鸭子”飞没飞走都不确定，真可谓十足考验应聘者。王素华听到这样的消息还能心存什么幻想呢？接下来当然是什么话都不用说，也不想再说，想等就等，不想等就不用等了。

这又是一个比较奇怪的现象，原本谈好的第三轮面试怎么就会变成“领导出差，等待通知”呢？王素华当然是无法获知的，而如果从企业内部的角度去看，事情从头到尾就很容易理解。

原来，在王素华进行完第二轮面试之后，财务总监很快看中了王素华的才能，便通知王素华进行第三轮面试，但是，就在第三轮面试的时间到来之前，财务总监突然离职了，原因是“个人原因”，公司内部没有几个人知道什么叫“个人原因”，但是事实摆在眼前，财务总监走了。那王素华这个第三轮的面试机会就变得很鸡肋，因为公司必然会重新招聘新的财务总监，但是如果让王素华继续进行第三轮面试，又变得非常不符合逻辑，因为王素华在前两轮面试中的表现并没有得到新任财务总监的肯定，如果王素华通过第三轮面试进入这家公司工作，新任财务总监未必能肯定王素华的能力，毕竟从财务管理人员的角度看，体现能力的核心要素之一是“人和人的工作默契度”，见都没见过，新来的下属和新来的上司很难有默契度可言了。

于是，公司就暂停了第三轮面试，但是对外传递信息，只能是用“等待”的方式来代替“拒绝”。从公司内部来讲，似乎很合乎常理，但是对应聘者而言，事情就变得很“异常”，并且应聘者根本无法获得任何沟通的机会，只能一味等待。

这些奇怪现象背后一般都有一系列的现实原因，只不过，应聘者基本无法获知，那对应聘者有什么警示意义吗？当然有。当你遭遇与面试有关的任何“奇怪现象”，切莫在心态上或情绪上有太大的波动，因为这可能根本就不是你的问题。

商业社会中形形色色的企业在内部管理上会出现各种各样的问题，如部门间的误解问题，某个部门内部的工作节奏问题，等等，因此，任何一次面试从客观的角度来考虑，其实都是一场“凑合出来的面试”，而从应聘者的角度讲，面试背后的这些不为人知的秘密可能永远也无从获知，但是必须了解的一点是：这确实是现实中的常规现象，只不过表面看起来“不正常”。

很多事情从不同角度，或站在不同立场去看，就会产生截然不同的感受，财务人员在整个面试过程中的感受更是如此。因此，财务人员在面试中所遇到的种种问题，除了一部分是跟自己的表现相关之外，另外一部分“无法掌握”的问题往往就来自企业一方，财务人员如果能从这个角度去看待面试，视野就会更开阔，从而能够更坦然、更自信地面对面试，这将有利于自己的职业发展。

之前讲过财务总监在面试应聘者时，也叫Judy一起参加面试。Judy曾经以应聘者的角色参加过别的公司的招聘面试，而此次作为“面试官”的角色参加面试，可谓职业生涯中的第一次。从我们对面试的分析可知，在角色转换之后，各种面试的现实细节都可以一窥究竟，包括面试的提问与作答、面试中的临场发问、招聘方的内部安排、面试者心态的转变、如何评估和选择应聘者，还有面试中不为应聘者所知的各种秘密。

财务总监为什么要这么做？Judy在此后的职业生涯中会面临晋升的问题吗？我们接下来继续看Judy的职业发展之路。

财务职场攻略之五

晋升通道

Judy的职场故事❺ 无心插柳柳成荫，Judy晋升了

君子藏器于身，待时而动。

——《周易·系辞下》

花有重开日，人无再少年。时光匆匆，收入平平不应该是财务人员应有的职业状态。对财务人员来说，如果职业发展过程中得不到晋升，那就要忍受“平庸而忙碌”的财务职业生涯，简单说就是庸碌。

在我看来，财务人员都应该也都可以尽早实现职业发展，这才是职业人生的正道。面对人人都想晋升的残酷竞争现状，总会有人顺利晋升，有人难以晋升；有人晋升得快，有人晋升得慢。

财务职场攻略之五，将解答关于晋升的问题，详细披露职业实战中的晋升攻略。那究竟怎么做到比其他人更优秀呢？

重点在于巧妙的方式和方法，远离关于晋升的错误认知，避开晋升的阻碍因素，找到晋升通道，这是财务人员的重要一课。

最后告诉大家，想要晋升还得认识什么是真正的职场导师和职场领路人，但必须提醒大家的是：晋升虽好，切莫因为图快而闯入“禁地”，财务人员必须注意职业发展终生不能触碰“晋升禁忌”。

Judy 的职场故事 ❺

无心插柳柳成荫，Judy 晋升了

Ella调走之后，财务总监、杨水心和Judy进行了一番简短的谈话，Judy表达了自己决定继续留在公司的想法，赢得了财务总监的认可，于是受邀作为面试官之一参加招聘新员工的面试。此次谈话后的第二天，面试就开始了。

面试的流程没有什么特别，应聘者陆续到来，先填写表格，接着参加人力资源部的面试，若条件具备，则会在十分钟之后进入财务部的面试环节。而财务部的面试官就是财务总监、杨水心和Judy三人。为了提高效率，三人一同参加面试。

这一天通知了八个人过来面试，人力资源部筛选后剩下五个人，财务部陆续面试了这五个人，一个上午忙忙碌碌终于赶在午饭之前面试完毕。吃饭休息过后，财务总监、杨水心和Judy在财务总监办公室碰头，对上午的面试情况进行讨论。

“这个不行，我跟她讲话，她看都不看我……”

“那个我也觉得不好，到时候恐怕是她来领导我，管不住，管不住……”

“这个以前在事务所做过，还行，但是经验少了点。”

“你说在事务所做一年能学到什么呢？这么着急换工作……”

财务总监和杨水心非常快节奏地沟通着，Judy在一边看着听着，表面上很镇定，其实两眼一抹黑，内心十分紧张，担心突然被问及某个人的表现如何。虽然说的都是普通话，但Judy好像无法听懂他们在说什么。

“行吧，就这两个人还有点意思。”财务总监和杨水心沟通了一阵之后，说了一句。

“行啊，我觉得没问题，看看Judy怎么挑。”杨水心突然转向Judy说了一句。

“啊？我看看……”Judy有点儿没跟上节奏，匆匆忙忙地把这两个人的简历看了一遍，眉头紧锁，认真思考起来。

“Judy，别紧张，我们都给你看好了，二选一都可以，你要是没感觉，我们来定也可以。”杨水心发觉Judy有点心虚，就特地说了一句。

Judy把简历翻来翻去，但是确实对当时面试的情景没有太多记忆，听到杨水心说到二选一都可以，就勉强说：“那我感觉都可以，我没什么别的意见。”

“Judy，这新员工可是要由你指导工作的。”财务总监轻描淡写地说。

“啊？”Judy一脸疑惑。

“Judy，公司对你的工作表现非常满意，Ella调走之后，工作你已经接手一段时间了，本次招聘其实就是针对这个人员空缺的事情……”杨水心第一次向Judy透露整个招聘计划的安排。

“那Ella的职位是主管，新来主管，我怎么可能带她呢？这……”Judy有点着急，生怕自己耽误了公司的工作，因为Judy一直以为招聘员工是为了填补Ella的位置。

“别急，这就是接下来要跟你说的，由于你工作表现优秀，所以让你来担任Ella的职位，而新来的同事其实就是你的下属，会接手你当前的工作，这样你就明白了吧？让你参加面试，其实也是让你先跟新同事有个熟悉的过程。”杨水心慢慢地跟Judy解释。

“那，那我是不是表现太差了？今天对这几个人的面试，我都没有提问，更看不出谁好谁不好，这没事吧？”Judy对这突如其来的工作安排有点兴奋，也有点担忧，情急之下把自己在面试中的状态说了出来。

“如果你能独立看人，刘总和我就不用操心了，让你单独面试就可以了。由于你还没有什么经验，这次我们就帮你做筛选，所以别担心。至于新的工作还有带领下属，你自己有信心吗？”杨水心提醒Judy要意识到自己未来的工作变化，这可不是开玩笑的，而且晋升还意味着要有相对应的责任感、能力和综合素质才行。

“我非常意外，也非常开心，有这样的机会，我一定会更加努力做好工作，请领导放心，我一定会负责到底。”Judy现在才明白，原来领导是有意帮助自己，开心得像只找到米仓的小老鼠。

简单地说，就是财务总监和杨水心策划好了面试，但是事前没有通知Judy，因此Judy在整个面试过程中显得有点吃力，但在面试后总结、沟通时，杨水心借机向Judy宣布了好消息：Judy晋升了。

有些人可能会想：Judy这么容易就晋升了，而且是公司领导主动让她晋升，天底下有这种好事吗？怎么没有轮到我？

其实想通这件事并不难，只要观察和分析一下Judy为什么会晋升就可以了。

Judy在这家知名公司工作到三年的时候，想过要跳槽，但是在面试失败后感受到自己的职业能力还有不足，因此留在公司继续工作。通过不断工作来锻炼、提高自己的职业能力，之后勤勤恳恳付出两年的时间，后来又经过两年的锻炼和能力培养，终于，公司的财务主管的职位出现空缺，因此才出现了领导主动让Judy升职的情况。

从时间角度看，Judy已经在该公司工作七年有余，并且在忠诚度、职业能力、与领导沟通等方面积累颇丰，可以算是“羽翼丰满”，就差一个机会，这个机会谁都没有办法提前设定。Judy的综合能力可能在两三年前就已经很强了，但是谁能保证你一旦能力上去了，就会出现空缺职位等着你呢？这在职场是不太可能的。

因此，职场中流传的一句话就是：你要学会等待时机。而晋升时机的出现通常是不确定的，所以你要有毅力。

从现实的角度看，很多人不需要七年就可获得晋升，也有很多人工作十年仍不得晋升，甚至还有很多人工作很久都没有机会到大型企业工作，没有机会学习更完善的财务管理模式，各种情况都有，均属于正常现象。而Judy这种情况也是现实中常见的晋升模式，可以简单地描述为：内部积累经验，提升职业能力，寻找内部的晋升机会，最后成功晋升。

另外，需要在此提醒财务人员的是，别以为Judy是完全被动晋升，这表面看上去的“被动”，实际上是长达七年时间的主动付出和努力换回来的机会，并且出现这个机会属于一个不确定的事件，因为谁都无法估计Ella会在哪一年调走，什么时候管理岗位会出现空缺。因此，Judy的这条路虽然是一条可行的内部晋升的路，但是不一定适合所有人，也并不意味着晋升只有此路可行。

Judy当然非常开心，但是晋升意味着要承担更多的责任，承受更大的压力，天底下没有白拿的高工资，在拿高工资之前要持续付出，拿高工资之后要继续加倍地努力，这样才可以“保住高薪职位”。

职场中，恰恰不可以因为“晋升”而过度放松，否则晋升之后面临的可能是另外一种局面。

在面试新员工最后“二选一”的过程中，财务总监认为，新员工作为Judy的下属，所以Judy必须自己在两个综合素质较为匹配的员工中选择一位。Judy在识别人才方面的能力稍显不足，犹豫再三之后，还是勉强做出了选择。

于是当天下午他们就决定了最终的录用人员，第二天上午公司发出录用通知。再过一个月，新员工Emma就会正式入职，Judy的工作就可以稍微轻松一些，之前所负责的本职工作可以逐步交给Emma，而自己晋升主管，承担之前Ella的工作。

1 职场中人人都想晋升，但机会不多怎么办

财务人员的职业发展，最重要的一个环节就是晋升。简单地说，就是财务人员的内心其实都渴望能力有所提升，都对未来的职业发展有所期待，而能力提升和职业发展只能落实到现实企业环境中才能实现，最直接相关的就是晋升。对一名财务人员来说，如果未来注定没有更好的职业发展，那他很可能会在职业初期就选择放弃财务这个职业，但显然现实并非如此。现实的情况是，从很大程度上讲，几乎每个财务人员都有机会取得更好的未来，获得更好的发展。

从企业现实的环境来看，晋升是一种可能性，就是未来会有机会，但与个人能力和努力付出又密切相关。努力拼搏是必选项，但仅靠努力和拼搏还不够，晋升是个人全面素质和企业环境相互作用的结果。每名财务人员都有晋升的可能性，但晋升又不是一件注定会发生在每个人身上的事情，因此为了晋升，任何人都必须努力，并且还要考虑其他非自身的因素。

先来看一个例子。

王怀谦是一位具有十来年工作经验的会计，目前是一家大型企业的税务会计。他换过三份工作，分别从事过出纳、费用会计、往来会计等工作。目前所在的公司和所做的工作是他参加工作以来最稳定、做得最久的一份，他已经在这家公司担任税务会计七年了。

王怀谦属于勤勤恳恳、任劳任怨型的财务人员，对于自己负责的工作从不懈怠、从不推托。但是对于晋升，他倒没有太大的欲望。从现实情况看，他从来没有主动向领导提起关于晋升的申请，对自己的工作也没有不满，一直以来都是非常沉稳的。

目前看来，王怀谦并没有把心思放在晋升问题上。但是刚参加工作的时候，王怀谦同样是心怀梦想的，毕竟从出纳到费用会计、往来会计再到税务会计，从工作岗位的层次上看虽然没有实现晋升，不过从职业能力和工作内容的角度看，他实际上也实现了“跃迁”，只不过当前的税务会计工作，已经让王怀谦感到满足了，因此他也没有继续“跃迁”的欲望，工作趋于稳定。

有人会问，七八年工作在一家公司，又没有升职，是否会被淘汰？是否没有拿高工资的指望了？其实职业发展并非如此简单，晋升并不是很简单的一件纯粹依靠个人想法就能实现的事情。首先，财务人员要有晋升的欲望；其次，财务人员需要不断提升自己的职业能力；再次，还要具备晋升的各种外在条件，职场中同时满足此三项条件的情况并不是很多。

王怀谦有十来年的工作经验，难道他没有努力过？难道他不懂得晋升才能带来较好的职业发展？难道他天生就是一个得过且过的人？当然不是。现实企业中的晋升本来就面临一个天然的“僧多粥少”的局面，因此当每名财务人员都心怀晋升梦想的时候，最终只有小部分人能如愿，在这小部分人当中只有更小的一部分人可以实现多次晋升。这既体现了职场竞争的残酷性，也表明财务人员具有奋发向上的可能性。若是不努力，外在条件即使具备了也不行；只有努力了，财务人员才有可能在外在条件具备的情况下实现晋升。

为什么大部分人实现不了晋升？因为在职业发展的过程中，阻碍晋升的事情有很多，以下精选几项。

第一，自我推动的动力不足。

每个人对于职业晋升的欲望稍有不同，有人锁定财务总监的位置死死不放，不达目的誓不罢休。当然，此处所讲仅为欲望，现实中并非具备欲望便可让欲望得到满足，大部分不能获得晋升的人，就是在初始的职业目标设定之后，缺乏足够的自我推动力，导致发展的中途就停止了追求。

还有一类人根本就缺乏欲望，那动力就更无从谈起，晋升与他无缘也就再自然不过。

第二，竞争太激烈，完全看不到希望或丧失信心。

职场竞争激烈，从财务这个职业来看，常常表现为：自身能力的提升速度赶不上其他竞争者，往往会接连错失机会，而在多次失去机会之后，人就容易“知难而退”，直到认可无奈的现实，否定未来实现晋升的可能性。譬如，王怀谦并不是没有晋升的机会，只不过，每次公司的管理岗位有空缺的时候，总被他人捷足先登，或者自己不够主动，或者在评估晋升的高层管理人员眼里自己的能力仍旧欠缺，等等。因此，在这家公司工作了七年，他已经习惯了“错失机会”，能够“坦然接受”他人的晋升，他对自己的职业稳定性很满意。

第三、对自己已有的职业成长相对满足。

从晋升的角度而言，财务岗位可以划分为基础会计岗位、高级会计岗位、财务主管岗位、财务经理岗位、财务总监岗位，在此五类岗位中，如果从下一个层级往上一个层级转换可简单视为一次晋升。如果按照所在企业类型来区分，有小型企业、中型企业、大型企业、超大型企业，将企业类型同岗位情况结合起来看，从小型企业到更大型的企业工作时，虽然是同样的岗位，也可视为一次晋升。继续参考王怀谦的职业经历，那么王怀谦当然是属于“已经实现了自己的职业晋升”，从最普通的出纳岗位升至现在的税务会计。如果考虑到他的第一家工作单位是小型公司，而目前所在的公司是大型公司，那么王怀谦实际上在职业生涯中已经实现了两次晋升。第一次是从小公司基础会计岗位转换为大公司的基础会计岗位，第二次是从大公司基础会计岗位转换为大公司高级会计岗位。

那从个人的角度来看，王怀谦对自己的职业成长相对满足，也是无可厚非的。毕竟人的职业成长是有限的，这方面有点像人的身高，长到某个程度就不再继续长了，而具体长多高，每个人的身体情况是不同的。不过，不管身高多少，到了一定程度，身体自然会感觉到“满足”，工作也是如此。

第四，家庭或其他因素转移了自己的注意力，人生的精力并非主要放在工作上。

大多数财务人员的工作会受到家庭因素或其他因素的影响，小部分财务人员能比较好地处理这些因素与工作的关系。从这些因素对工作的影响程度来看，可以将财务人员的工作风格做简单的区分：家庭或其他因素为主而工作随意型；家庭或其他因素与工作同等重要型；家庭或其他因素的影响力排在后面的工作狂型。

很显然，如果一家公司的财务经理职位空缺，而有可能晋升至该岗位的三位候选人分别就是这三种类型的人，显而易见工作狂型的候选人很有可能被选上。在众多企业中，往往也是在工作中付出精力最多的人能更高频率地享受“晋升的优待”，很常见的一种官方解释就是此人更有责任心。对公司来说，责任心就是付出更多，时间和精力的付出就是最简单的判断标准。

因此，非工作狂型的财务人员往往会在晋升的竞争中处于劣势。不过，要补充的是，这并不意味着非工作狂型的财务人员没有机会，因为并非每家公司都有工作狂型的竞争者，客观上讲，要找一名十足的工作狂也是一件“难事”。也有很多公司并不喜欢十足的工作狂，毕竟每家企业的工作风格都有差异。只不过相对来说，对工作更投入的人可以获得更多的晋升机会。

第五，个人的能力瓶颈出现了，付出时间、精力已很难产生良好的职业晋升回报。

在人生的发展过程中，我们往往谈到一个概念叫“活到老学到老”。这个说法对财务人员来说其实不太恰当，因为简单重复的学习其实对晋升没有太大的意义。譬如，王怀谦担任税务会计已经七年，其间经历了多次税收政策的变动，每一次变动都需要学习新政策，做相应的变动操作，但是这些“持续学习”并不能促使他晋升，因为这种意义上的持续学习，往往只是“工作上的简单重复”，而不是产生了质的变化。

大部分财务人员在职业中期（一般来说就是毕业十年之后）容易出现个人的能力瓶颈，此时没有必要自责，因为职业发展总是有规律的，财务人员的职业发展更是如此，在发展到一定程度后就会逐步趋向稳定，有时候到了职业中期，就算其他公司“重金”聘请，有些财务人员也不为所动，因为他们习惯了稳定，变动就是一种风险。

晋升不会成为财务人员一辈子追寻的目标，晋升一般集中在参加工作的前十年里。

第六，财务人员对晋升产生误解，绕进了思维的死胡同，以为晋升必须通过某种或某些特定的渠道才有可能实现，然后朝这个或这些方向越走越远，南辕北辙。

思维影响行为，思路决定出路，思维思路错了，怎么努力都是白费，听起来有些“残酷”，但是这对每个人来说都是平等的。

譬如，李亭凯是一家公司的财务人员，已经工作五年，一直处于基层工作岗位，但是他从来没有放弃过晋升的念头。随着时间的推移、年龄的增长，晋升一事变得越发急迫，李亭凯认为晋升只有靠私底下与领导“打通”关系才可以达成，因此他开始托关系送礼，不断在这方面付出金钱和时间，一年下来并没有看到什么效果。李亭凯有些急了，有朋友劝他另谋出路，不需要在一棵树上吊死。但是李亭凯根本听不进去，第一是投入了时间和金钱，第二是他认定这条路，因为这家公司规模大，平台好，而且距离他的住处比较近，非常符合他的心意，就差职位上的升迁。第一年没效果，他以为“力度”不够，第二年继续，结果三年过去了，依然维持原样。显然，李亭凯的思维是有问题的，一条路走到黑，思维出错，晋升肯定无门。换句话说，他已经陷进了自己的思维怪圈，同样的时间和精力，如果走正道去追求晋升，效果可能会完全不同。

此类人的最大问题就在于不知职业晋升之正道，绕进了思维的死胡同。

以上因素往往会把大部分财务人员挡在晋升的大门外，这也是大部分财务人员无法晋升的重要原因。现实中晋升需要先避开这些阻碍因素。譬如，常常出现的情况是某个财务人员主观意愿上渴望晋升，但是从阻碍因素的角度讲，“个人能力瓶颈”已经出现了，如果继续追求晋升，很大程度上也只是做无用功。也就是说，如果当某个人的能力不足、处于瓶颈的时候，再怎么努力，公司更高层的管理人员，可能永远也不会将他列入晋升的候选人名单，也就是他没有办法绕过某个或某些阻碍因素。

大部分人盼着晋升，但是并非大多数人都可以实现晋升，相反是大多数人无法实现晋升，首要的原因就是无法突破各种阻碍。那是否意味着要放弃晋升的念头呢？当然不是。当晋升机会不多的时候，除了突破阻碍，还要继续努力，获得晋升的秘诀，以后才有可能旗开得胜。

2 财务人员对晋升的错误认知有哪些

财务人员的晋升，从来都是从无到有的。很多人会以为谁的起点比较高，谁的起步比较好，谁所在的平台比较优质，谁的职业发展路径会比较通畅，晋升会来得比较迅速。有些人常常不能正确看待晋升，会误认为个别人采用了“潜在的”“不公平的”方式才获得了晋升；又或者认为自己没人带领和引导，不太可能有机会晋升。其实从职业发展的本质上讲，从晋升的角度看，这些说法统统站不住脚。

为什么说这些想法是“错误认知”，下面我们来细细考究一番。

第一，财务人员的发展有所谓的起点高、起步好，所在平台更优质吗？当然没有！

因为财务人员的发展永远只是一个过程，任何时间段对自己的职业发展的总结都只是某一个时刻的状态而已。

譬如，某位财务人员工作四年，在一家大型企业晋升到高级会计岗位，那么是否能就此下一个定论：此人往后的职业发展会一帆风顺、前程广大，再次晋升指日可待呢？答案当然是未必！因为这只是目前他的一个状态而已，未来如何，真不好说。往好了说，两到三年再晋升一次；往一般了说，就此满足，守住当下的工作，进入人生发展的稳定状态，未尝不可能，现实中有很多这种例子。因此不可以就当下的状态去断定未来的发展，而在未来的发展中是否还能晋升，始终是不确定的，还要继续努力。

譬如，某位财务人员在一家小型企业工作三年，做的是普通会计工作，是否意味着这个人的发展前景肯定不理想？答案还是未必！但从现实情况看，如果这位财务人员想有更好的发展，需要付出更多的努力，不需要与他人去比较晋升的高度和晋升的速度，而是跟自己比较，比昨天的自己更出色。他可以做个规划，三年的工作经验足以让他寻找到中型企业的普通会计岗位，接着在中型企业中体验不同岗位的工作，不断提升能力，然后视情况寻找大型企业的会计工作或在中型企业中寻求晋升。

有人会认为这样晋升太慢了，如果这样考虑问题，那就又错了！

什么是速度快的晋升路径？晋升从来都是与财务人员本身的职业能力和企业发展的环境相关的，如果晋升慢，首先要反省是不是自己的职业能力没有达到目标岗位的要求，然后反思为什么职业能力提升得慢，而不应该抱怨自己的晋升速度慢。如果你眼前的职位比较低，所处公司实力比较弱，没有太多优质的硬性条件支撑，当然只能靠不断的努力和不懈的奋斗来支持你的职业发展。如果你又懒惰又想快速晋升，这样的事情是不存在的。

所以，财务人员比较晋升速度慢或快完全没有意义，有意义的是要思考你到底是否具备与目标岗位匹配的能力，企业发展中有没有提升你能力的条件和机会。幻想像别人一样得到高层次的岗位没有任何意义，因为别人很可能付出了非常艰辛的努力，而你往往看不见；奢望让自己的晋升速度变得更快，但没有具体的规划和行动，只停留在嘴上的抱怨，更加没有意义，因为财务人员晋升的首要前提就是：要靠实打实的拼搏积累丰富的经验。

第二，公司里面的有些人很会“拍马屁”，很会讨领导欢心，其实专业能力一点儿都不行，但就是能晋升，这里面“谁知道是怎么回事”！这种论调又是一种错误认知，而且大错特错，错得离谱。

如果说晋升有什么规律的话，那这个规律就是，持有这种论调的财务人员基本无法获得晋升，因为其思维认知彻底“歪”了。为什么这么说？某位财务人员获得晋升，从企业高层管理者的角度讲，必然是认为提拔该财务人员会对部门的管理有较大的好处，对部门的业绩会有较大的提升。具体到财务部而言，那就是：提升了某位财务主管，说明他具备这样的能力，说明他可以很好地承担财务主管的责任，说明他可以很好地承接财务经理或财务总监安排的工作任务，因为只有达到了这样的效果，财务经理和财务总监才会“批准”。

那是什么原因让有些人会认为这些被提拔的财务人员纯粹靠“拍马屁”上位，业务能力肯定不强呢？或者这么说，能被财务经理和财务总监都认可的新财务主管，为什么不能被其他财务人员认可呢？又或者说，这些心怀抱怨的财务人员为什么做不到讨领导欢心呢？为什么领导不欣赏这些抱怨的财务人员呢？

这是需要此类心怀不满的财务人员反思的问题！当某些财务人员始终用“敌对”的眼光看待周围晋升事件的时候，这些财务人员已经犯了职业发展的大忌。因为他们没有意识到别人“晋升”中包含的信息是：更高的管理者对所晋升人员的职业能力是肯定的，晋升人员的综合素质与公司发展所需要的岗位条件是相匹配的。这是此类心怀不满的财务人员经常忽略的重要问题！

将这两点展开，又会有很多新的内容：其一，几乎可以肯定的是，其他没有获得晋升的财务人员在职业能力上不如已晋升的财务人员。其二，这些常常抱怨的财务人员并不能从工作过程中识别已晋升财务人员的真实职业能力。因为职场中优秀的职业能力往往是被“隐藏”起来的，而无法晋升的财务人员往往看不到已晋升人员的优势。正所谓“一叶障目，不见泰山”，实在不能再贴切了。

举个例子。

周素华是一家公司的税务会计，曾晓芸是同一家公司的应收账款会计，两个人的工作有相互合作的一面，也有不一样的方面。日常工作中，往往是周素华主动与曾晓芸沟通，如果合作上出问题了也是周素华查清楚情况后再告知曾晓芸。

日复一日，月复一月，年复一年，看上去周素华很吃亏，因为从道理上讲，有问题大家一起解决，但是周素华和曾晓芸之间的问题总是由周素华单边付出努力主导解决，曾晓芸看起来是不用多费劲就把任务完成。

曾晓芸会有这样的态度和行为，原因就在于曾晓芸认为自己所负责的应收账款非常重要，涉及公司的收入问题，常常需要跟销售部门开会核对数据，商量应收账款的催收政策等。她不仅自信满满，甚至有些许的“目中无人”，感觉财务部里面的财务人员就得“伺候”着她。因此，周素华常常需要付出更多的努力来完成与曾晓芸的合作任务。

周素华和曾晓芸都由财务经理直接管理，中间没有设置财务主管岗位，因此两人可算是平级同事。这样的工作状态一直很稳定，没有什么变化，直到财务经理辞职了，公司招聘了一名新的财务经理。面对新财务经理，两个人的工作态度和行为细节就稍有不同。

新来的财务经理因对应收账款的某些历史问题了解不深，往往需要询问曾晓芸，这让曾晓芸更加“自视甚高”，觉得“领导”都要依赖她，语言上和行为上表现得有点傲慢，汇报工作积极性不够，日常沟通常出现冷言冷语甚至调侃领导的现象。

而周素华就不一样，很尊重新来的财务经理，税务工作的汇报清清楚楚，日常中也常与财务经理有说有笑，该加班的时候一点儿也不含糊，以工作做到位为原则。

三个月后，财务经理召开部门会议，宣布公司的人员管理稍做调整，财务部在财务经理的下面设立财务主管的岗位，由周素华担任，负责税务和应收账款管理。由此一来，曾晓芸变成周素华的下属了。

消息一出，很多人都很惊讶，最惊讶的要数曾晓芸。曾晓芸心里想：“我的能力这么强，连销售总监和总经理都认可，怎么会让周素华晋升了，要升职也应该是我啊！那个周素华有什么本事？拍马屁也算专业能力强吗？这就能升职了？”

自从官方任命通报之后，曾晓芸内心更加不平衡，常与其他同事议论此事，诉说自己心中的不满，而这些不满很快也传到了财务经理的耳朵里。

正如曾晓芸不理解周素华为何会晋升一样，她也不明白一次针对她的多部门合作正在秘密进行着。不久，人力资源部私下找到曾晓芸，对其工作内容、工作态度和日常言行做了一次面对面的摸底沟通。

从这个例子就可以看出，通常来说，职场中表现得低调、妥协、吃亏、额外付出，其实就是在积累自己的职业能力和综合素质，接着便是等待晋升的机会，一旦机会出现，全力捕获。与之相反的是，职场中表现得高调、偏执、斤斤计较，其实就是缺乏成熟的职业能力和全面的综合素质，从而表现得处处无法忍耐，久而久之必然丧失宝贵的晋升机会。

第三，没有人教我，我怎么可能晋升呢？这是一个更普遍也更严重的错误认知。

很多人以为晋升必须得有人教、有人带，很可惜这么想是错的。职场中没有哪个人有义务教另外一个人，就算是岗位职责当中也不可能如此描述。因为假如定下了这样的规则，某个人必须对另外一个人的学习任务具备天然的义务的时候，那位学习者完全就有“散漫、随意、乱来”的权利，这是对应发生的。

来看一个例子。

财务经理要教林淡然如何处理公司应收账款对账的问题，但是林淡然内心感觉这些事情不应该由她来负责，而应该是自己的上司财务主管负责，林淡然更反感的是这些事情还要加班完成，简直无法忍受！在这样的心态下，财务经理教一次，林淡然内心的反感就增加一度，工作质量就下降一度，第一个月做得效果不太好，第二个月还是不好，财务经理没有耐心了，第三个月开始就不安排“额外”工作给林淡然了。

林淡然工作了四年，在公司内部依然没有晋升的机会，于是林淡然得出结论：“这家公司对员工的职业成长没有给予很好的培养机会，我在这里根本没有机会得到发展。”然后凭着年轻人的冲动劲儿，林淡然索性就辞职了。

关于教与学的问题，在职场中往往不可能出现，因为一方愿意教，另一方不一定愿意学；而当一方愿意学的时候，另一方不一定愿意教。因此，有晋升念头的财务人员，千万不可以抱怨缺乏指导。

那问题就是：如何学习和提升自己的能力呢？我们在前面的篇幅中已经讲过非常多关于培养和锻炼职业能力的内容，这里再提一点：职场中的学习和能力提升，肯定要靠自己的努力付出，在工作中去提升自己。

总之，财务人员必须摆正自己的工作态度，对晋升有正确的认知，避开错误，找对方向，坚持实打实干的精神，持之以恒地捕捉每一次珍贵的晋升机会。

3 看不透的财务职场晋升逻辑

晋升对财务人员来说，是颗非常诱人的“果实”，为了得到这颗“果实”，财务人员愿意充分发挥聪明才智，克服各种阻碍因素，付出更多额外的努力，并等待恰当的时机，时机尚未成熟时还得隐忍和坚持，时刻准备着，从初步规划到获得“果实”实属不易。那么，对那些已经晋升或不断获得晋升、在职业发展方面一帆风顺的人来说，晋升到底有没有秘诀呢？答案是：肯定有！

就如无法晋升是因为有众多常见的阻碍因素一样，实现晋升当然有一定的“晋升法宝”。但拥有此类法宝并不意味着“一定会在某个时间点，在某个场合下”百分之百地实现晋升，而是拥有了这些法宝，晋升在某个时间段内几乎就成了一个必然事件。

譬如，如果一名财务人员在大学期间有了两份大型公司的实习工作经历，那么他毕业进入大型企业或超大型企业工作的概率可能会增大。将这个道理推而广之，如果财务人员毕业后在一家大型公司工作，并且他非常坚定地认为在此公司工作大有前途，并持续努力工作，积累自己的职业经验，那么几年后，他很有可能会获得晋升。

我常常听到财务人员诉说自己对于晋升是多么渴望，但现实总是跟自己开玩笑，工作多年，每次公司发布的晋升名单上永远是其他人的名字，这有点儿让人摸不着头脑。其实这就是他们不懂得晋升的秘诀。

井里的青蛙永远也无法相信井口的老鹰所描述的大千世界，而摸不着晋升之道的财务人员久而久之也变得难以相信“晋升其实有秘诀”。不管任何公司，职场最大的本质就是“人堆”，人多的地方就会保留通用的“规则”，这些“规则”在晋升方面往往就成了晋升的秘诀，当然，作为财务人员，具备专业技术经验也是晋升秘诀的一项重要内容。

那么，当财务人员所处的职场环境并不存在众多可实现的晋升机会的时候，需要对晋升做一定可行的规划，搞清楚晋升逻辑，以便早日实现晋升。

财务职场的晋升逻辑是什么？简单说就是职场中的这样一套规则，按照前面的步骤执行，后面的步骤就会逐步明朗，顿时能看清众多晋升通道，并指引你走向适合自己的那一条，最终实现晋升。

逻辑往往体现的是问题的本质。具体落实到财务工作上，可以有各式各样的体现。譬如，你是一个每天都迟到的年轻人，久而久之这可能就会封杀了自己的晋升之路，因为其中蕴含着简单的职场逻辑：行政错误干扰职业晋升。

类似的简单的逻辑并不一定为很多人所了解，而更不为人了解的是这种简单的结论背后的逻辑过程。我们要讨论的正是最难、最不为人们所了解的部分：财务职场晋升逻辑，并将背后的这种逻辑性呈现出来，让更多的财务人员懂得这种逻辑性，以便顺利快捷地实现职业晋升。

第一，行政错误干扰职业晋升。

如前所述的例子揭示的就是财务人员在遵守公司的日常行为规范方面出现问题，那么这种似乎人人都违反的公司内部小规范往往就会在晋升这种重大问题上成为干扰因素。因为越往高处走职位空缺越少，而中下层次的财务人员人数众多，技术水平也相差不大，竞争自然变得越发激烈，而在激烈的竞争中，某人的日常行为不规范往往就会成为其他竞争者打击此人的依据，或者说当相互竞争的几个人职业能力水平差不多的时候，谁的行政错误多，谁的劣势就明显。

譬如，三天两头请假、迟到，这些看起来是小事，却会在晋升的重要时刻冒出来，成为“工作态度不积极，影响团队作风”的把柄。有些财务人员不太注意这些细节，自以为把工作完成好就可以了，这些小问题没什么关系。其实，“品行和技能兼优”这一条要时刻牢记心中，时刻注意自己的言行。

行政事务非常繁多，如在公司有没有私人借款、报销行为是否非常规范、有没有迟到早退、有没有出过大的工作失误，等等。这些看上去杂七杂八的事情平时都不重要，可当面临晋升评估的时候，都成了大事。哪个问题被“揪出来”都会为晋升减分。

那么与此相反的，自律感十足的人和对这些行政事务细节非常注重的人平时做到尽量不留“把柄”，自然就具备晋升的优势。

第二，专业自信干扰职业晋升。

专业自信特指财务人员中的某一类型的人。此类人在日常工作中将绝大部分时间花在专业技术领域的研究上，对于会计、税务、分析、预算等各领域或其中的某一细分领域精通。当这种专业自信的人有晋升念头的时候，往往缺乏对晋升的规划，也就是对与晋升相关的其他因素缺乏全面考虑，如沟通、团队精神、平级关系、与非财务部门关系等。财务人员的晋升除了基础会计岗位晋升为高级会计岗位，再往上晋升就是管理岗位，而管理岗位更多的要考虑非技术技能的其他职业能力，因此，在现实职场中最常见的一种情况就是专业自信反而成了干扰晋升的重大因素。

譬如，专业自信到了一定程度会显得“工作呆板”“流程化办事、机械化沟通”，给人冷漠、自负、高傲、不好沟通的感觉等。张口闭口专业词汇往往是此类人的最大问题，他们思考问题时极其重视自己的感受，以法律法规制度为办事的依据，对他人的感受、想法、利益相关点显得不太重视，往往留给他人“与其专业自信不对等”的印象。如此的专业自信表现在平时工作中有利于解决实际业务问题，是一项优势。但是在晋升评估的时候，日常表现出来的、引起他人不良印象的“专业自信”很有可能会影响综合评估结果。在晋升评估中除了专业技能一项可以得到高分外，其余评估项目极有可能分数低，综合看来能否晋升就难下定论了。本来专业技能突出是一项优势，但自信过头反而使整体呈现出劣势。

因此，当财务人员具备专业自信的时候，依然要采用其他并不具备专业自信的财务人员所熟悉的那一套工作方式方法，博得更多人的“认可”。这似乎听起来有点矛盾，“专业自信的人士”竟然还要博得其他“专业不够自信的人”的认可？其实，细细考虑这并不矛盾。因为其他人如果没考虑晋升，而“专业自信人士”考虑过晋升的问题，那么显而易见其他人更有话语权，从其第一天拥有晋升的念头开始，无论是否专业拔尖，都会成为被评估对象，接受他人的点评。

如果专业拔尖的财务人员可以做到综合发展，肯定会在晋升方面获得绝对优势。否则，弱势也非常明显，至少领导在评估是否提升你的时候，会想想：这家伙以后会不会给我惹麻烦？

第三，服务缺失干扰职业晋升。

财务人员要培养一种服务能力，它是非常重要的职业晋升的一个加分因素，不过很可惜的是，很多财务人员并不懂这一点。什么人可以晋升到管理岗位，什么人可以走上中高层的财务管理岗位，很显然仅顾及自己利益的人会被排除在外。因此，想晋升的财务人员，应该尽早培养服务精神和服务能力。

其实可以这么来表达：当你不懂得服务别人的时候，你满脑子想的是自己的需求和利益；当你逐渐懂得服务别人的时候，你满脑子想的是别人的需求和利益；而当你的存在能让更多人的利益和需求都有所满足的时候，你的价值就放大了。真正做到这一点，晋升这件事就不是由公司说了算，而是你自己说了算，因为你的价值这么大，不晋升你就是公司的损失，即使公司无法为你提供晋升机会也没关系，外部到处是机会。通俗地说，你就是个“抢手货”。

譬如，一名税务会计什么时候能晋升为税务主管呢？只有当其服务的范围越来越大的时候，价值才得以体现。更重要的是，在扩大服务范围的过程中，其实税务会计的能力在不断提高积累，久而久之，扩大服务和提升能力其实就变成了同一个过程。当税务会计仅解决财务上的税务数字统计和填报，并处理外出的“跑腿任务”时，价值不大，服务的人不够多；而当进一步扩充服务对象，对公司其他部门、业务所涉及的税务问题都可以提供服务的时候，这名税务会计已经不是基层会计人员了，不管在目前的公司有没有机会晋升，从价值的角度讲，已经属于税务主管的范畴。这就是晋升背后的逻辑性。

谈到此，我们可以想想职场中常见的现象：这件事情不应该我来做，加班的事情不要找我，盘点、装订凭证更不要叫我，销售部开会不要叫我，外部来人不要找我接待……

最好什么事情都不要找你，而你只守着眼前的最简便的工作，在你推脱各种工作后，其实会发现整个部门“最不具晋升潜质”的就是你这种类型的人。因此，先不说服务他人本身是一种美德，重要的是它是晋升的前奏。不过那些心中已无“晋升渴望”的人，当然希望尽量为自己减轻工作量。

所以，财务人员必须注意，尽早做到服务他人，有利于后期的晋升，否则服务缺失的人难以获得晋升。

第四，中等付出干扰职业晋升。

在职场中，什么是付出？从最简单的意义上讲，所有的财务人员都是在付出时间，并获得工资。把关键要点抽取出来，就是工作的付出要考虑两项内容：一是八小时工作时间内付出的劳动，二是八小时的付出之后收获多少工资。

先看付出的劳动。每个人每天都是二十四小时，二十四小时里面有八小时需要按照公司分配的任务进行工作，不同财务人员在这八小时里面的付出是不一样的。但是，很多财务人员总感觉自己的付出足够多，别人的付出跟自己没法比。这样的想法是很有问题的，也牵涉出另外一个问题，就是“同工同酬”或“同工不同酬”的问题。

有的财务人员抱怨做相同的工作拿不同的工资，其实这是不成立的。因为财务工作基本没有“相同工作”的可能性！每个人的工作都不可能完全相同，就算是同一家公司财务部的两位负责应收账款的会计，所做的工作都是不一样的，因为两个人负责的应收账款对应的客户不一样，客户不一样，财务处理的过程就不一样。因此没有办法用这个“同工同酬”的概念去为自己的“相对低工资”辩护。除此以外，另外一个方面就是不同财务人员在工作效果、影响力以及是否留有“后遗症”等方面也有很大的差异。

譬如，一名拥有五年工作经验的应收账款会计和一位刚毕业一年的新手同样负责应收账款工作，做出来的效果截然不同。仅从一个小细节就可以看出来，经验丰富的会计在做表格的时候几乎不会出错，而新手会计常常需要修改两三次；别的不说，仅对接收和验收表格的财务经理来说都会有不同的感受，显然新手会计让财务经理觉得这人办事不踏实、不省心，勉强胜任工作。就这两个人的情况来看，工作内容确实差不多，但是经验和办事能力就相差甚远了。这就是财务人员的付出问题，含金量非常不一样。

另外，不同岗位的财务人员的工作时间都是相同的，但是付出的劳动显然不相同。譬如，财务经理工作八个小时，应收账款会计也是工作八个小时，但是付出的劳动肯定是不一样的，显然财务经理所处理的事情更具综合性，复杂程度更高。

再看劳动付出后的收获问题。通过前面的论述，已知晓财务人员的劳动付出差异明显，而工资的获取当然是与实实在在的劳动付出挂钩的，因此财务经理的劳动要更复杂，工资就更高，而经验丰富的会计当然要比新手会计付出更多具有现实意义的劳动，因此工资高也是自然的。

讲了一大圈，最后回到最初的话题，中等付出为何会干扰职业晋升？这里需要明白的一个逻辑就是：当你是新手会计的时候，由于“当局者迷”常常会很自然地“先入为主”，以为自己的辛苦付出是多么珍贵、多么有价值，但是从经验丰富的会计或更高管理层次的财务经理的角度来看，其实你这个新手的表现差强人意，办事不力，还常常需要别人提点、指导，不靠谱还特别费劲儿，耽误他人的时间，简直就是“多你一个没效益，少你一个也没关系”。

这样的情况下，对于劳动付出这件事，大家看法就不一样了，从当事人的角度看会看得太重，而从管理者或其他人的角度看其实很轻。更直白一点说，你以为自己持续两年的重度劳动付出，是时候升职了，但是在领导的眼里你就是个“干苦力活儿的”，其实还嫩着呢，不能说一无是处，但是至少谈不上有功劳。

这就引出话题的核心问题，怎么做才能获得领导“看重”，认为你的付出确实属于“功劳”的范畴？中等付出的概念在这个时候就很有必要。当一名有“晋升”规划的财务人员，按照岗位职责的内容去完成工作的时候，其实这就叫作中等付出，如果这个财务人员是个新手，那连“中等付出”都算不上，只能算工作还没走上正轨的“初级付出”。因此，很多财务人员很迷惑，自己勤勤恳恳、规规矩矩工作了三五年，怎么晋升还是没有轮到自己？其实问题就出在你一直只是中等付出，而中等付出是很难得到领导的认可的，领导要的是有超越“中等付出”的“功劳”，有功劳才能提升，领导为什么要提拔你这样一个普通的财务人员呢？

因此，当了解了什么是中等付出之后，财务人员若有晋升念头，就必须盯住财务内部的工作，分清哪些是工作内容之外的任务，哪些是你现有工作范围内可以改善和做得更好的内容。只有具备这种思维，才有可能突破中等付出，达到具备“功劳”的效果。

譬如，郭璇是一家公司的成本会计，在这家公司已经工作五年，属于为数不多的财务部老员工之一。公司之前的年度预算没有做得非常仔细，也没有专门人员处理，往往是由财务经理简单处理完成。也就是说，郭璇从没接触过预算的编制。但是这一年的年底，公司启动了全面预算的项目，预算的制度、预算的编制方法、模板、预算的分析都逐渐提上日程，这是管理的改善措施。但是这项工作任务可不简单，因为公司内部部门多、人员多，预算需要各种沟通协调，并且工作量很大，财务经理在分配工作任务的时候，一时间还真找不到合适的人。最后，财务经理深思熟虑后，把任务交给了郭璇。

郭璇做成本会计多年，本职工作完成得很出色，虽然确实没有做过预算，但是既然财务经理分配了工作，郭璇本着一向的积极热情接受了财务经理的工作安排。

不做不知道，一做吓一跳，郭璇本来的工作已经很忙，加上预算就更忙了，从接手预算开始，一连三个月就没休息过几天，几乎每天都加班。

事情讲到这里就足够了，闭着眼睛都可以想到郭璇的晋升机遇来了，而预算就是她突破“中等付出”的一个“功劳”项目。当然，聪明的财务人员都知道，接手本职工作之外的额外工作任务是“吃力不讨好”的，常常像郭璇一样加班，身心疲惫。

此处需提醒一点：额外项目常常是暂时的，也就是说，这是一个“只会苦一段时间”的工作，而不是长期的工作。这是非常重要的一点，很多人没有想明白这个道理，以致错失良机。

郭璇承接全面预算项目，付出的是日常的时间和精力，但是获得的是创立项目的功劳，还有财务经理对她的好印象，这种付出才能称得上“是有利于晋升的付出”。事情很顺利，由于郭璇的预算工作做得不错，第二年，财务经理将郭璇调任为预算主管，成本工作重新安排他人负责，对郭璇来说，晋升就在接手预算项目后的第二年实现了。

因此，如果你还对晋升满怀希望，并处于努力奋斗中，那就要重视超越中等付出的问题，做出贡献，为晋升打下坚实的基础。

4 如何打开自己的晋升通道

职场中凡是晋升之路走得不顺的财务人员，除了无法绕开种种阻碍因素，不熟悉晋升内在逻辑之外，最让人头疼的问题就是，即使明白了之前的道理，还是做不好。

简单地说，就是“知道”和“行为”没有办法匹配起来。

“知道”和“行为”的问题是财务人员晋升过程中的最大问题，可以据此简单地将财务人员分成四类。

第一类，不知道，但有行为。

有人会说，哪有财务人员“不知道”，但是会做事的？现实中恰恰存在大量这样的财务人员。这意味着该类财务人员对自己所做工作背后的逻辑并不太理解，但是知道怎么操作，有点儿像“鸟儿不懂空气动力学，但照样遨游天空”，鸟儿需要懂飞翔的原理和背后的逻辑吗？显然不需要！

譬如，只做应付账款的工作，真的要搞懂背后的很多逻辑吗？不需要！只要知道每天接收什么单据，单据按照规定需要什么附件，然后遇到什么情况的单据就相应记录什么凭证，月底在哪个软件的具体某个界面导出相关的应付账款报表，整理之后提交给相关财务管理人员。类似这些基本的工作，只要有具体的规范和做法，财务人员不需要知道其背后的逻辑，照样可以完成工作任务。而当有机会负责更多工作的时候，只要有相关懂得操作的人指导或有相关的操作指引做参考，也可以在对工作背后的逻辑不了解的状态下进行相关的操作，一旦操作久了自然就熟练起来，这就是从工作内容的角度看，“不知道”，照样可以有行为，并通过行为来实现工作扩充，实现晋升。

职场中常有这种人，他们不知道要为晋升做些什么，只是按照自己的习惯做法去做，不去考虑避开各种晋升障碍，也不花大心思去琢磨晋升的逻辑，最后竟然获得晋升。

譬如，一名忠诚度非常高的财务人员，并没有考虑太多关于晋升的事情，过了一段时间之后，却获得了晋升。这种情况看上去像“被动升职”，细看倒也不完全是，只不过此人并没有过多地主动考虑晋升的问题，就被更高级别的财务管理人员“相中”，顺其自然得以晋升。

王顺聪毕业后在一家大型公司从事出纳工作，按正常的财务人员的职业发展，很多人在做出纳的第二年就感觉浑身难受，想方设法转到会计岗位上去，但是王顺聪并没有这样做，一直做了三年的出纳，还是一如既往地勤奋和积极。进入第四年时，公司由于业务扩张需要专门负责融资贷款的专业人员，王顺聪按照领导的安排转为资金管理员，他依然认真积极地工作了两年，从领导的角度讲，王顺聪工作态度非常好，完全以公司的工作任务为核心，不管周六日、节假日，领导有问必回，需要配合工作必然积极协助处理，所以领导对王顺聪的工作非常满意，直接让他晋升为资金主管。

这在其他同事看起来有点儿不可思议，因为王顺聪并没有像其他人一样想方设法地寻求晋升。实际上，王顺聪办事能力强，办事效率高，工作态度积极，忠于公司，时刻把公司的工作放在首位。从领导的角度看，具备这几项品质就足够晋升了，尽管王顺聪并不觉得自己有多能干，但恰恰是因为“不知道，但有行为”，所以他实现了职业晋升。

很多人以为晋升必须要“削尖脑袋，处心积虑”，其实不然，这往往是个人的行为习惯而已。王顺聪自小就被教育办事要认真，做人要负责，不能怕劳累，凡事敢担当。他从小到大已经习惯了这些做法，只不过进入公司之后一直延续下去而已。假设公司并没有在他工作三年后给他转换职位，他也会一直积极做出纳，没有任何怨言，这是行为习惯的力量。

这种类型的人容易被其他更高的领导“主动相中”。

第二类，知道，但没有行为。

财务人员中有一类人，他们知道工作内容，知道晋升的逻辑，但缺乏相应的行为，最终导致迟迟不能实现自己职业晋升的目标。这种类型的财务人员常被评价为：光会说，不会做，拿不出东西，办不了实事。

从这种类型的财务人员的角度来看，他们认为自己很懂业务，很懂晋升的逻辑性，是周围环境的各种原因导致自己无法实现晋升。他们会将原因归结到别人，或者企业，或者大环境当中去，唯独不会把原因归结在自己身上。

譬如，杨腻凡日常工作效率高，但是耐力不足，还喜欢随意评论他人，甚至包括自己的领导。当然，在他自己看起来这并没有什么不合适，但在其他人眼里他是典型的“大嘴巴”。

公司原来的财务经理由于工作能力稍弱，在工作节奏和办事风格上与财务总监有些不协调。杨腻凡自称“火眼金睛”，私下与其他财务人员讨论此事。私下沟通很正常，但是杨腻凡是不嫌事大，说话毫无顾忌，对事情胡乱做出推论和预测。关于这件事，他就跟另外一位同事说：“经理肯定是要离职的，也就一两个月的事情，不信等着瞧，跟财务总监斗能有好下场吗？她也真够蠢的！这么大岁数这点道理都不懂吗？”

其他同事总是对杨腻凡的言论表示欢迎，这更激发了杨腻凡的表达欲望，但是别的同事基本没有发表他们自己的独特见解，整个聊天过程，几乎从头到尾都是杨腻凡在分析和讲解，其他同事就是配合发问和表达赞赏。

除此之外，杨腻凡还经常主动说一说他看不惯的任何专业问题，不过他只是说说，并不为此负责任。有一次在财务部会议上，财务经理说公司的盘点存在一些瑕疵，并说到盘点的改善问题。杨腻凡似乎压抑不住心中的怒火，跳出来大谈一番盘点应如何去做。财务经理耐心地听完后，表示下一次由杨腻凡来负责组织协调整个盘点工作。杨腻凡却说：“这哪是我一个人能做的……”

上至财务总监下至新来的应届毕业生，杨腻凡对他们都有自己的观点和评论，虽然他就一直稳稳当当地待在普通的会计岗位上，但是所有的领导早已把他列入“晋升黑名单”。财务人员每年有一次考核评估，如果成绩优异可以有晋升的机会，但是杨腻凡每次都充当“草根”评论员，除此以外，杨腻凡对公司的财务管理并没有太多的贡献。

自己晋升遥遥无期，杨腻凡也感到很气愤，经常说公司的领导没有眼光，不懂得识别人才，公司业务太简单，他至少得是个主管……

在此做个小结：关于晋升，做出相应的行为是最难的，知道不知道往往显得并不是非常重要，知道了做不出来，还远远不如不知道但是做出来了好，这是财务人员在晋升道路上的特有规律，需要特别重视，财务人员应该多加揣摩并运用到职场当中去。

第三类，知道，又有行为。

这是一名优秀的财务人员应有的做法，就是既懂得晋升的逻辑，能避开很多晋升的阻碍因素，又能将自己的想法落实到工作中，这类人在职场中可遇不可求。

职场中有个说法：培养人才非常不容易。应该怎么理解这句话呢？

在各种各样的企业里面，具备优秀职业能力的财务人员在所处公司遭受不良待遇的时候，往往会选择跳槽，此时企业一方往往发出一种感叹：公司给你这个平台，给你这么多资源，把你培养出来，你现在说走就走。

但是，从客观角度讲，优秀的人才具备了更高级岗位所要求的全面职业能力的时候，如果公司内部没有合适的机会，在一定可忍耐的时间范围内，这个人是不会急于寻找外部机会的，但是如果超过了可忍耐的时间范围，十头牛都拉不回来，仅凭一句“公司培养你”就想挽留住人才，当然很幼稚、很可笑。公司培养过具体的某位财务人员吗？真不好这么说！因为公司在日常工作中对待员工都是相对平等的，而某位员工表现突出也都是通过自己的努力付出换来的，因此，从付出和回报的角度讲，多付出时间、精力获得了更多的表现机会，因而积累了更全面的职业能力，真的谈不上是“企业培养了谁”。这里想说明的一点是：对财务人员来说，如果已经知道了晋升的秘诀，并且持之以恒坚持行动，努力提升自己的全面职业能力，职场中会有大把的机会和岗位可供选择。公司一方和人才一方皆具备双向选择的权利。

回到上面的疑问，企业发出“培养了人才，人才却要离开”的感叹，其实有点贪得无厌。因为任何人才在成长过程中，必然同时也对企业贡献了很多劳动，企业同样获得了相应的价值。公司的业绩是由员工的付出得来的，这点是不容置疑的！

问题的重点就在于，人才所具备的“实打实的全面职业能力”是不容任何人质疑的能力，直接可以与更高的岗位匹配，这种状态下的晋升“易如反掌”。

我们来看一个例子。

刘俊发是一个对自己的工作能力有比较客观判断的人，同时对未来的晋升有明确规划，他通晓晋升所需要的各种能力应该如何锻炼和培养，也明白只有当职业能力具备的时候，条件和机会才会出现。因此他毕业之后一直奉行能者多劳的原则，多帮助他人，提升工作效率，学习各种岗位的操作，注重沟通，与同事和谐共处，适当隐藏自己的实力，对不公和委屈多有隐忍，这些做事的方法基本符合了晋升的规则。因此，他在前两年的工作中非常努力，在工作上花费的精力远超其他同事，如果加上规模倍增效应（就是说他做的事情更多，能具备更多的职业能力），应该相当于普通财务人员工作五六年的时间，如果用简单的语言来概括，就是这个人在职业上有点儿“早熟”。

坚持努力了两年之后，刘俊发的职业能力已初显“成熟”，他自然获得了公司财务领导的赏识，获得晋升。这种优秀的能力和品质与个人的努力有很大的关系。又过一年，由于持续出色的表现，刘俊发直接被提拔为财务总监助理。高强度、快节奏的工作让刘俊发这个本来就有点儿早熟的青年人成熟得更快，又过了两年，刘俊发直接当上财务经理。这种晋升对财务人员而言简直就是“坐火箭”般的发展模式。

这里要提醒大家的是：千万别误解很多你无法理解的职场晋升现象，刘俊发这样的人，在职场中的比例是相对较低的，但绝对数字应该也不小，只不过大多数人无法理解这种人的思维模式、背后的付出罢了。

因此晋升通道是否能打开，除了看晋升背后的逻辑，还要看具体的某位财务人员是否能有所行动，做出相应的行为。

第四类，不知道，又没有行为。

这种类型的人又可以分为两种，一种是财务新手，刚刚踏入职场，不了解职场的规矩，更别谈晋升逻辑；另一种是财务老手，工作重心并不放在工作上，只是将工作当成一种闲趣、一种打发时间的方式，对这种人来说，生活才是重心。

对新手来说，他们还没有完全适应从学校到职场的转变，还不着急规划自己的晋升问题，也还没感觉到职业竞争的残酷，因此，新手没有需要和必要去研究和思考晋升问题，对于晋升，他们从思想和行为上，都处于空转的状态。

对老手而言，已经没有必要思考晋升了，这完全没有吸引力，因为老手如果上升一个级别，工作量、责任和时间的付出将会成倍甚至几倍地增加，这已经不是他人生的追求目标了。因此他索性不去考虑晋升的问题，求得一份稳定的工作即可，当然也不会做出与晋升有关的行为。

从这个角度看，其实晋升的难度也不会大到不可想象。去任何一家公司，如果你有强烈的晋升欲望，其实上述这两种人直接不用考虑，他们不会跟你竞争。不过，当你心中渴望晋升的时候，要慎防自己变得“不知道，没行动”。

从以上四种情况可以看出：晋升并非遥不可及，只要懂得一些道理，并做出相应的行为，坚持一段时间，晋升即使谈不上“信手拈来”，至少也是“胸有成竹”。对于晋升，“知道”“不知道”是一个影响加速度的问题，而有没有相应的行为是决定晋升能否实现的关键。

总的看来，对于晋升，最好的状态当然是既“知道”又“行动”，最差的是“不知道”又“没有行动”。所以，如果有意实现职业晋升，财务人员需要在“知道什么”“怎么行动”这两方面下功夫，简单概括就是：打开财务人员的晋升通道。首先找到通道，然后走进通道，最后才能实现晋升，赢得更进一步的职业发展机会。

财务人员究竟如何打开自己的晋升通道呢？先了解什么可称为“财务人员的晋升”，一般来说，有两种情况都可认为属于财务人员的晋升。

一、财务人员的岗位可以分为：基础会计岗位、高级会计岗位、财务主管岗位、财务经理岗位、财务总监岗位。从低到高一共有五个层级，那么财务人员从低层级晋升到高层级可称为晋升。

二、不同条件下的公司，综合考虑规模、正规化程度、行业发展前景等，一家条件较好的公司和岗位会比条件较差的公司和岗位具备更高的层级。例如，大型企业的基础会计岗位要比小型企业的基础会计岗位更高级一些。其他层级的岗位以此类推。因此，从相对较差的公司跳转到相对较好的公司的同等岗位工作，可视为晋升，因为环境提升了，发展空间提升了。

那么要实现晋升，应该怎么做呢？

第一，挖掘晋升机会：内部职位晋升、外部职位晋升。

从中规中矩的职业发展模式上讲，雇主企业的管理者当然希望员工处于稳定的状态，因为这样能为管理带来便利。但是从职工的角度看，这是非常不合适的，因为毕竟“人往高处走”，所以员工总是有追求更好职位、更好待遇的需求。因此，晋升对员工来说是一件再自然不过的事情，虽然有难度但总会有人去争取。

大多数员工挖掘不到晋升机会，一方面是视野问题，另一方面是自己的能力问题。换句话说，机会往往是要自己挖掘的，而不是按照正常的工作模式就能把握到晋升的机会。因为正常的工作模式都是企业雇主一方按照“员工稳定做好眼前工作”的思维来设计的，如果员工一直这么做下去，晋升当然很渺茫。

挖掘晋升机会很重要，财务人员必须非常敏锐，才能提高晋升概率。一般来说，晋升机会有哪些呢？一是内部机会。员工离职出现了职位空缺，员工被集团内部其他子公司调走出现职位空缺，有新增职位产生，恰逢公司组织架构变动等，这些情况都可能存在晋升的机会。二是外部机会。外部机会就是跳槽获得晋升，其好处是当前的工作继续做，工资继续领，同时关注外面的机会，个人的经济风险小，可以持续采用这种方式，一直到捕获外部的机会为止。

很多财务人员抱怨晋升机会少，其实机会一点儿也不少，内部机会往往每年都有，外部机会几乎天天都有，职场中不会缺乏高职位的机会，问问你自己：职业能力准备好了吗？

第二，以其他条件换取晋升：以工资、地点换晋升。

如果从常规的内外部晋升去看，仍没有晋升的机会，那就可以寻求较为“小众”的晋升方式：以其他条件换取晋升。这是晋升的灵活度，财务人员没有必要固执地坚持自己的发展条件。譬如必须在哪个城市发展，其实很多城市可供选择，而不同的城市、不同的企业都具备非常可观的发展空间，财务人员的重点在于积累经验，因此要具备长远的眼光，不要只看眼前的一年两年。

因此，可以采用较低工资的方式去获得更大规模更优秀企业的工作机会，这就相当于晋升。可以采用去偏远城市的方式获取某个公司更高的职位，或者更好公司的同等职位。

总之，降低职业发展的一些“小众”条件，可以换取职业上的晋升，这个方式在现实中非常管用。眼光要放长远，特别是工作的前十年，一些“小众”条件根本不值得担忧，暂时的低工资，或者处于偏远城市，不足以危害后期职业的发展。当全面职业能力成熟的时候，涨薪和换地点可以说“易如反掌”。

现实中部分公司处于非常繁忙的工作阶段，如处于引进大的项目阶段、上市前期、ERP上线前期、全面预算项目启动前期等，如果有这样的机会出现，有晋升欲望的财务人员，即使牺牲工资，牺牲工作地点，都要采取行动，这是非常好的积累和沉淀自己的机会，自己的全面职业能力会得到快速提升，这种以接近无条件的方式去争取晋升的方法也非常值得考虑。

第三，主动晋升：主动争取，风险高收益高，注意情绪。

当看到了晋升的方向，发现了晋升的目标之后，主动晋升能让自己获得更多的机会，不过主动晋升会引发一定的风险，财务人员需要提前了解，并在前前后后的过程中多加注意，控制负面情绪。

譬如，有些财务领导认为，下属员工主动提出晋升，是对自己的最大冒犯，他们认为员工工作表现好不好，财务领导心里很清楚，提升谁不提升谁，不需要下属来提，下属着急提出反而显得其“素质不够”，这是一种类型的财务领导。财务人员如果面对这种领导，主动提出晋升要求，便有较大的风险，需要做最坏的打算，也要有足够的心理准备。如果能成功，那最好，如果失败，也应该以平常心去对待，寻求其他方式、其他渠道。

另外一种财务领导特别喜欢下属自己有想法并随时提出，因为他们认为下属既然提出晋升要求，必然有一定的本事，而没有提出晋升要求的下属就是准备不足，职业能力不够，既然如此，那何必提拔他们。如果财务人员面对的是这类财务领导，当然要在自己的职业能力积累到一定程度的时候，向自己的领导提出晋升的想法，对晋升之事“先下手为强”。

这是最直接的主动争取的方式。其他相对缓和的主动争取方式还有：日常多表现，多承担工作，多在工作效果上下功夫。这些都属于主动的范畴，只不过不是非常直接的方式，属于“暗示”，但同样能传达自己主动进取的愿望。

第四，被动晋升：被动等待，风险低、奏效慢，需耐心坚持。

被动式晋升看起来不是很美，但是非常实用。被动晋升就是做好本职工作，将工作做到近乎完美，听从领导的安排，服从上级指挥，与同事沟通过程中不留负面印象，通俗地说就是做好自己。虽然心存晋升的欲望，但不太过问与晋升相关的人和事，为企业提供优质服务，为企业创造比别人多的价值，总有一天会有出头之日。

这种思维和行为是值得肯定的，财务领导很快就会注意到这类员工，因为这种人看上去有点低调，但是会有很强的“辨识度”，非常与众不同，与他们一起工作久了，会感觉到他们真的非常可靠。一旦出现机会，领导会让这类人晋升，晋升只是时间问题而已。

这种方式的风险很小，不主动追求晋升，当然不会有什么损失，但是比较缓慢，一般财务领导要了解这个人的潜藏的优秀品质，需要一定的时间，少则一两年，多则三五年。

第五，特殊条件下晋升：追随新领导、公司业务扩张，等等。

晋升的机会其实不少，对于有强烈晋升欲望的人来说，除了逐步提升自己的职业能力之外，有关晋升的任何信息，都要敏锐地去捕捉，这种突如其来的机会有时候比“蓄谋已久”的规划更奏效。

曾经有一个集团公司，总部的某位高级会计岗位的员工，由于获知公司将在某偏远地区设立子公司的消息，自告奋勇担当子公司的财务负责人。虽然折腾了一番，但是最终如愿以偿，直接升任子公司的财务负责人。虽然子公司刚起步，人员少，规模不大，但是两年之后，子公司的业务已经正常开展，他就成了这家子公司的财务总监。

当然前提是这位总部的财务人员之前的积累颇丰，并非只是阅历平平的普通会计，而是具备了一定的职业能力积淀，只是缺少晋升机会而已。

另外，如果公司来了新的财务负责人，这时候财务负责人开展工作是有难度的，但是往往这个时候会有很多新的晋升机会，因为新的领导需要坚定支持他工作的人出现，而整个旧的财务团队不一定每个人都坚定地支持新领导，这就是机会。

5 你要有职场导师这个概念

职场导师或称为职场领路人，并非指有人主动想成为你的导师，引导你的职业发展，主动想教你一些职业发展所需要的能力，而是指双方的匹配行为。

在职业发展的道路上，晋升在很大程度上还是要靠自己争取，即使在少数情况下某些财务人员是被动晋升，那也要拥有相应的职业能力，才能得到财务领导的肯定。

因此，职场导师的最大意义在于，你得有个学习的目标和对象，即使这个时候他还不知道你的存在，或不太注意到你，这对你的职业能力培养和个人晋升都有极大的帮助。

很多财务人员刚进入职场时，会稍有不适应，其实这个阶段几乎所有老员工都是你的职场导师，而你只要在其中选择即可。很多人说要学点有用的内容，这并不取决于谁教你、别人教不教你，而是取决于你有没有去求学。想学什么，想学多少，都是自己的问题，而不是别人的问题，因为别人拥有成熟的经验，每天都在用这些经验处理工作，但是你没有看到、没有学到，那就是你的问题了。

许萱刚毕业进入一家公司成为一名普通的财务人员，如同其他应届毕业生一样，刚参加工作摸不着规律。前半年的工作常出错，因不懂而被训的事情很多，但是许萱很努力，多记录多总结，在工作一年的时候，她基本上能够胜任自己的工作了。

不同于其他财务人员的是，许萱对自己的要求挺高，她希望自己在工作两三年的时候能晋升到比较高级的会计岗位，具体是哪个职位，她还不太懂，毕竟对税务会计、成本会计、预算会计等岗位的工作内容她自己还不能分辨清楚。

许萱对自己的职业发展有紧迫感，对晋升也非常渴望，但是一个刚毕业不久的年轻人基本短期内是没有什么希望晋升的，可是她内心一直记着自己的这个职业规划。

直到有一次，许萱做错了一张表格被财务经理发现了，财务经理直接把她骂了一顿，并且把许萱入职时带她的“师父”也骂了一通。财务经理的意思是，这张表格如此重要，竟然会出错，“师父”没有带好新手，新手也不认真工作。

经过这一次，许萱并没觉得有什么委屈，因为毕竟是她自己做错了，这让许萱明白了一个道理：自己的表格“师父”没有看出错误，但是财务经理一眼就看明白了，两者的水平差得可不是一点半点。

因此，许萱觉得有必要学习财务工作中更高水平的职业技能，她把财务经理当成自己的发展目标、学习对象。

自那以后，许萱所做的表格对外发出之前自己都要检查三遍以上，如果她知道表格要发给财务经理，必然会多检查两遍。由于她严格要求自己，工作做得非常到位，有一次居然受到财务经理的赞赏，说她现在的工作做得不错。

一句简单的肯定让许萱感觉自己的付出没有白费，而财务经理的这句话也不是白说，显然财务经理也从许萱和其他人的工作对比中，感受到她的工作质量高人一等，工作态度非常认真。

从此以后，财务经理偶尔会把与许萱本职工作无关的事项分配给她做，久而久之，许萱的工作便超出了她之前的工作范围。

由于许萱所做的那些额外工作直接对财务经理负责，因此在不断的沟通、讨论过程中，许萱也学习到了更好的思维方式，这对她能力的提升有很大帮助。工作两年之后，财务经理调整了她的岗位，让她负责公司的应收账款工作，而之前带许萱的“师父”依然还是负责原有应付账款的工作。

从晋升的角度看，职业导师往往是自己找来的，但是很多人过于自卑，感觉公司中的财务经理、财务总监高不可攀，离自己太远，这反而妨碍了自己职业能力的提升。应该如许萱一样，寻找比自己强很多的、有经验的财务经理（或财务总监）作为学习对象，然后通过自己的努力让对方“发现自己”。财务人员切莫轻易认为自己早就淹没在茫茫人海中，其实并没有，因为大部分财务人员都是在随波逐流，只要稍微加把劲，认真一些，再仔细一些、负责任一些，你所做的工作就会比别人强，这些差异就是确立“职业导师”带给你的好机会，也为“职业导师”发现你带来机会。

从这个角度看，职业导师对你未来的发展非常重要，因此一定要找对职业导师。

许萱用了两年的时间让财务经理发现自己，从此以后，财务经理和许萱的工作接触就更多了，他们之间完全类似于“师父与徒弟”的关系，许萱的职业能力的提升也是日新月异，许萱离晋升到更高级的会计职位甚至主管职位，也仅仅是时间问题，她已经走上了职业发展的正轨。

6 财务人员的晋升禁忌

绝大多数财务人员都渴望获得晋升，晋升能带来的最大、最直接的好处就是工资上涨。在大型企业中，职位越高，晋升一次工资增长的幅度越大，甚至可以直接翻倍；而中低层的职位晋升也会带来工资涨幅，只不过涨幅远远达不到前者的水平。

一名原本月薪8000元的财务主管，如果晋升为经理，工资有可能直接就变成16000元；而原本月薪3000元的普通会计人员，如果晋升为高级会计人员，月薪涨到5000元就很可观了。中低层职位工资基数小，涨幅也小。从晋升和报酬的关系来看，中低层职位是比较“熬人”的，经历的时间长，工资相对较低，工资的涨幅也小。

一般来说，财务人员通过两到三次晋升就可以达到较高的工资水平，工资收入满足基本的衣食住行没有什么压力，接下来很多人就会停止脚步。客观的原因是第四次以后的晋升是可遇而不可求的，不是谁都可以达到，因此大多数人的晋升旅程会停留于此。

无可厚非，为了获得更美好的生活，人们当然希望在更短的时间内晋升到更高的职位，这意味着缩短“受苦”的时间，尽快拿到更高的工资，进入稳定的阶段。

换句话说，如果一个人用十年的时间得到了高薪职位，而另外一个人只用了五年，那将这两位财务人员的晋升旅程做对比，大多数人还是愿意选择学习“五年晋升的发展经验”，因为谁都不想让低收入持续太长时间。

问题来了，晋升是如此诱人，那么，为了晋升要不择手段吗？答案肯定是：非也！非但不可不择手段，还要特别注意。财务人员的晋升，一定要慎防

“危险的发展模式”，这里面会涉及“晋升禁忌”。这些禁忌，虽然也可以让财务人员“快速晋升”，但是切莫走上这条道，否则难以翻身。

我们来看一个例子。

孙淑倩是一家公司的出纳员，毕业之后她一直做出纳，由于没有太多的知识储备和职业能力积累，因此工作上一直没有得到好的晋升机会，工作五年了，还是做出纳，已经换了三家公司了。最近的一家公司她工作不到一年。

孙淑倩做了五年的出纳，已经厌倦了，很想尝试别的工作岗位，学习更多的技术，但是苦于没有良好的沟通能力，缺乏上进拼搏的精神，她总是不能如愿。不过她并没有发觉自己身上的问题，反而总是觉得之前的领导眼光不行，没有发现自己的能力，没有给自己一个发挥能力的空间。

孙淑倩对当下这份工作的财务负责人的印象很好，感觉领导很懂得自己的内心想法，有时领导在工作业务上对她很照顾。领导隔三岔五就跟她私下沟通内心想法，有时候加班还请她吃饭，孙淑倩心存感激，她内心有一种感觉，这一次可能是人生的转折点了，她可能遇上了一个懂得自己的领导。

这家公司最近几年业绩不是很好，公司面临资金方面的压力，因此财务负责人经常为公司的资金问题四方奔走，最常寻求的方式就是贷款。公司的业绩水平有时候并不能达到贷款机构的要求，但是财务负责人基于自己的“丰富经验”，在孙淑倩来之前总是自己操作，孙淑倩来了之后，他经常向孙淑倩显示自己在融资方面的能力，跟她讲一些之前的“光辉战绩”。孙淑倩一下子感觉自己备受重用，非常珍惜领导的赏识。

财务负责人对孙淑倩说：“你之前一直做出纳，有点屈才了，从你的沟通、谈吐，还有见识各方面来看，绝不仅限于出纳岗位，我们公司目前人员比较紧张，待这段困难时期过去之后，会把你安排到高一些的职位，人的能量不能隐藏着，要得到充分发挥才行……”

孙淑倩听着财务负责人的话，不自觉地就笑了。孙淑倩说：“我之前的领导都没有什么能力，他们不懂工作的实际内容，其实我对他们说过……”

孙淑倩认为领导对她如此推心置腹，她也必须投桃报李，痛诉衷肠。

财务负责人说道：“我们公司平台发展快，有很多融资业务，其实你这个阶段需要接触一些比较综合的事务，这样对你的发展也有好处，能站得更高看得更远，以后就算你不在咱们公司，对自己的未来发展也非常有好处。”

财务负责人接着就给孙淑倩安排了融资方面的工作，孙淑倩开始接触各种贷款方面的手续、资料准备。不久，孙淑倩对这些工作逐步上手，财务负责人和孙淑倩的合作也更加默契。

孙淑倩工作了一年半左右的时间，财务负责人把她提升为资金管理员，一边出纳的工作要做，另一边融资的事情也要做。孙淑倩感觉自己虽然工作量挺大，但工资提升了，也学习到了很多新内容，还有一个特别照顾自己的领导，心里除了满足就是感激，拼足了劲为领导办事。

这一年的年底，恰逢审计业务，孙淑倩是配合审计工作的主力军。公司贷款挺多，各金融机构对一些财务指标有原则性的要求，公司实际的财务指标可能会触及融资的原则性要求。出于这样的考虑，财务负责人经过分析后决定在银行的流水还有银行存款方面做手脚，而这个“重要而机密”的任务就交给了比较可靠的孙淑倩负责，孙淑倩一见领导给的详细方案，当然是二话不说，照做不误。

这一次小试牛刀，财务负责人看到了孙淑倩的“潜力”——“为人没得说，果然很可靠”。于是，过了一段时间，财务负责人又将一个新的贷款项目交给孙淑倩负责。孙淑倩虽然对专业技术不太精通，但是基本的发票、合同这些简单的常识还是具备的。她发现领导让她负责的这次贷款，很多合同和发票居然都是“无中生有”，这让她惊讶，几次与领导沟通显得有点力不从心，没有以前那么干劲十足。

财务负责人全都看在眼里，于是不断地向孙淑倩灌输他的“职业经验”。

财务负责人说："你第一次做肯定是不太熟悉，但这是行业惯例，没问题的，你只是不熟悉而已，我会帮你的……"

孙淑倩在经历了几次吃饭，几次私下沟通，几个"跟着我做，你未来前途一片光明"的承诺之后，也变得没那么敏感了。

久而久之，第二次贷款、第三次贷款，孙淑倩办起来熟得很，再也没有出现过第一次的"犹豫不决"。

例子就讲到这里。

其实，孙淑倩的晋升之路充满了风险，并且已经偏离正轨，但是从她个人内心来讲，似乎已经接受和认同她的领导，并且很有一番"感谢领导的提拔之恩，我必努力拼搏以报知遇之恩"的味道。

可孙淑倩万万没有想到，她的上一任出纳人员，正是因为发现这些"无中生有"的事情而强烈反对，拒绝领导的要求，最终不愿意与领导"同流合污"，才放弃了这份工作。如果孙淑倩能知道这些信息，她恐怕是要吓出一身冷汗的。

职场中，有如孙淑倩这样的晋升，看上去像是获得了"职业导师"的帮助，仿佛鹏程万里指日可待，但是，孙淑倩缺乏专业的技术积累，对坚守财务的原则性理解不到位，以致无法清晰判断自己的所为是否合法合规，并且在一个"经验丰富"的财务领导的"教导"之下，很快就沦为受领导指挥的"听话的棋子"，如果职业晋升发展到这种地步，是非常恐怖的，这已不是晋升不晋升的问题，也不是工资多少的问题，而是涉嫌违法犯罪的问题，是非常严重的。

在此总结一番，财务人员的职业晋升，切莫走上"违法犯罪"之道。此道看似"晋升神速"，实质是南辕北辙，做得越多，升得越快，问题越严重，就如同偷工减料、粗制滥造、根基不稳的高楼大厦，建得越高，建得越快，倒塌的风险越大，倒塌只是时间问题。

财务人员的晋升有时候可以通过自己的加倍努力实现“弯道超车”，比其他人发展得更好更快，但是绝不允许“歪道超车”，职场中若出现走“歪道”的领导对你有所“提拔”，有所“赏识”，作为处于寻求晋升机会的财务人员，切莫“半推半就”“将错就错”，否则贻害无穷。

大家还记得Judy的故事吧。

Judy很幸运，在公司努力工作多年，终于得到领导的认可，获得晋升。在很多超大型企业，获得晋升不仅意味着工资上涨，更重要的意义是能获得更多的培训机会，接触更多的商业内容，从长远来看，综合的职业能力能得到提升。

Judy非常开心，她终于等到机会了，这一次她感觉自己的前途一片光明。

从职业发展的角度看，晋升是一个阶段性的成果，既然晋升了自然会过渡到下一个职业发展阶段，接下来看看Judy在新的、更高的工作岗位上如何表现吧。

财务职场攻略之六

人际沟通

Judy的职场故事❻ 晋升之后的日子怎么过

1 沟通不只是说话，那沟通是什么

2 如果性格内向沟通不行，那外向就行吗

3 凡事都有“套路”，沟通也不例外

4 是什么决定了你的沟通效果

5 沟通为什么难学会？该怎么锻炼

6 沟通与薪酬有关系吗

爱人者，人恒爱之；敬人者，人恒敬之。

——《孟子·离娄下》

人在职场，岂能事事顺心如意？不如意的事情越多，沟通能力就越显珍贵，沟通就是解决职场问题的重要手段之一。

财务人员的发展有了规划，摸清了企业设置的发展条件，积累了多年的操作经验，具备成熟的职业能力，又懂面试，虽然做到这些已不容易，但这样并不意味着你真的能有美好的未来，因为这些都是过去的事情，而从当下往后看，仍须做好每次沟通，沟通稍有不慎则前功尽弃、努力尽废。

职场中的沟通犹如一把双刃剑：沟通用对，事半功倍；沟通不畅，事倍功半。

财务职场攻略之六，彻底讲清楚沟通除了说话之外还有什么其他内涵，个人的内向和外向与沟通的关系，职场中怎么识别和运用沟通套路，如何让沟通富有成效，提供众多财务职场实战操作细节，帮助大家实实在在地锻炼和提升沟通能力。

最后提出对财务人员的职业发展最重要的一句话：沟通是财务人员实现职业发展的必经之路。

对于沟通的重要性，还有另外一句话，更能体现出沟通对财务人员的职业生命的“致命”影响，那就是：懂沟通的财务人员收入不封顶，不懂沟通的财务人员工资无底限。

Judy 的职场故事 ❻
晋升之后的日子怎么过

“Emma，这些文件你一定要认真看，你的工作内容全都在这里面。”Judy给新来的同事Emma交代任务。

“好的，Judy。”Emma顺着Judy的话说道。

“这些表格是每月底要完成的，另外那部分是月初3号之前交。还有，每天的邮件需要及时回复，你要尽快熟悉之前未完成的事项……”Judy滔滔不绝地跟Emma讲解工作上需要的各种表格、制度和流程。

“好好好……”Emma一个劲地说好。

把工作交出去之后，Judy轻松多了，回到座位深深地吸了一口气。借着上洗手间的机会，她离开工作区到外面去看看大海，放松心情。

公司就在海边不远处，而看海最佳的地理位置是财务总监的办公室，这也就是为什么财务总监常常面朝窗口，一手叉腰一手捧杯的原因。

海纳百川，看一看心情舒服；波涛汹涌，想一想暗藏危机。

四年前走出办公区接了个猎头的推荐电话，差点就离开了公司，后来幸好得到领导的赏识和提拔，今日终于走上了管理岗位，一路走来非常不容易，多少次加班熬夜，多少次办事不妥当被当场训斥……

但总归是挺过来了，熬过去了，Judy吹风看海，不由得流下泪来。

自从有了下属之后，Judy埋头苦干，潜心应对新的工作内容。时间过得很快，一晃就快到月底了。

有一天，杨水心语气有些沉重地对Judy说：“你过来！”话音刚落，不管Judy是否跟得上，杨水心便大步流星地走进财务总监的办公室。

像这样的场景从四年前的那一次“跳槽未遂”被抓现行开始，Judy都不知道经历了多少次，每一次都是接受教育。这次看杨水心的架势，应该没有什么好事。Judy立刻扔下手头工作，快步尾随杨水心。

进了办公室，关了门，Judy感觉到周围空气中暗含一点“血腥味”。财务总监早已摆好姿势，面朝大海；杨水心也坐在沙发上，摆出难得一见的姿势：腰杆挺直，身子前倾，目光如炬。Judy虽然升职已有一个月，但在这个场面下依旧有些不安。

杨水心并不打算让Judy跟她一起坐到沙发上，Judy还没走几步就被她喝住：“Judy，Emma进公司已经快一个月了，你对Emma有什么看法吗?”

“Emma，噢，我觉得她能力不错，我的工作都交给她了，应该做得不错吧。”Judy听到是说Emma，还挺有信心地说。

“是应该……吗?”杨水心说。

“那，不是应该是什么?”Judy感觉杨水心有点莫名其妙。

“你就这点感受吗？还有没有别的看法?”杨水心继续说，目光依然。

“嗯——”Judy深深叹了口气，甚至对杨水心有点不耐烦，就自信满满地说，“Susan，你有什么事情就直接说，你不要总是问我这些没头没尾的事情，我的工作对得起公司，对得起我自己……”

“唉!”杨水心听完了Judy抒发的这一番长达四年的怨气，然后有点失望地说，“Judy，你才走上新的工作岗位多久？你还是个新人！我认为你应该谦虚一些，好好反思自己身上的问题。”

“我没有感觉自己很厉害，但我真的不明白你在说什么，今天你有什么问题，就当面直接说！别天天新人新人地给我贴标签！四年前我是新人，现在我不是新人！”Judy的情绪有点失控了。

“我看你今天的态度很有问题，我本来还想救你，可你真的太令我失望了！看来，升职真的让你内心膨胀了！”杨水心气得咬牙切齿，原本准备好的长篇大论的训斥方案临时改变，变得有点草草收场的意思，完全没有兴趣跟Judy再说什么了。

“我膨胀不膨胀不用你来评价，你有什么工作上的事情就直接说，没有事情，我不会再配合你了！”Judy坚决地反击，心里想着四年的窝囊气终于在今天全都爆发，豁出去了，先别管有什么后果，总之不想再低着头唯唯诺诺地认错了，因为她已经低头七年了，再不抬头，以后还能有机会吗？

杨水心气得全身发抖，声嘶力竭地喊了最后一句：“你出去！”

“走就走，你爱怎么样，随便你！”Judy感觉自己胜利了，越战越勇，她今天就是要挫败眼前的这个女人，而不是为了什么工作上的对与错。因为到目前为止还没开始真正讨论工作问题。Judy说完也不管杨水心，果断转身就走。

Judy的做法是否恰当暂时不说，但是从杨水心一开始的严肃态度来看，公司一定发生了比较严重的事情。只不过严重的事情对一家大型企业来说，也不是什么新鲜事，Judy早已见识过，而且Judy也不是当年那个小女孩了，她经过不断的磨炼已经具备了一定的判断能力、洞察力，甚至培养出一些特有的气质和工作风格。这些不一定都能符合杨水心的标准，于是她多年的忍受终于迎来了一次暴风雨式的发泄。

Judy刚走两步，财务总监就转过头，那只原本叉着腰的手突然变得灵活起来，对杨水心不断地比画着，嘴里无声地重复着：“我来跟她说，你先走！”

杨水心看到财务总监转过头，便也精神起来，马上就明白了财务总监的意思，她立刻站起来，迈开大步追赶着Judy，边走边说：“我有事，让开，别挡着我！”

杨水心离开办公室后顺手把门关上。财务总监这个时候说话了：“Judy，请留步。”

Judy听到财务总监的声音，稍感震惊，不过既然财务总监请她留步，她自然就回过头来，看见财务总监那只原本叉腰的手指向沙发，Judy说：“刘总，我……”

“坐！慢慢说！”财务总监请Judy入座。

“刘总，我刚接手Ella的工作，其实心中也是非常忐忑，生怕做不好……”Judy坐在沙发上，一五一十地把几年来想说的心里话全讲了一通。财务总监非常耐心诚恳地倾听Judy的诉说，并不时用眼神对她表达鼓励和认可。话对知音说，从来不嫌多，Judy一开口就停不下来，一连讲了两个小时。

财务总监表现出少见的包容，把话听完，然后就对Judy说：“Judy，Emma的工作，你接下来花点时间看看！”

Judy经历了两个小时的“情感宣泄”，内心很感激财务总监的包容和理解，本来期盼着财务总监能给她一些暖心的安慰，或者长者的开导，没想到两个小时的倾诉就换来这样一句不咸不淡的话，Judy有点被吓到，不知道如何应答才好。

“今天就先这样吧，你看可以吗？”财务总监说。

“噢，好好好，那，我就不打扰了。”Judy感觉自己似乎有点表达过头了。

Judy一走出办公室，财务总监看了一下时间，接近饭点，难怪感觉肚子饿了，他给杨水心发了个信息：“老地方吃饭。”

“领导，谈这么久？”杨水心几秒钟就出现在财务总监办公室，两人边走边说。

“唉，吃饭吧。”财务总监看来真的肚子饿了，简单说了一句。

那是一家地道的海鲜餐厅，财务总监非常喜欢到这里来。坐定之后，两人便聊了起来。

“都是她在说。”财务总监边吃边说。

“说了两个小时？”杨水心有点惊讶于这种状况。

“对啊！我也发现自己现在年纪大了，确实足够耐心了！要是十几年前，就给两分钟足够了，哪有什么两个小时，哈哈……”财务总监边吃边说。

“领导，我感觉这人没救了，是不是升得太快，有点飘了？失策啊！”杨水心说。

“这个问题我也考虑过，只不过目前看起来问题也不是很大，主要是Emma……”财务总监跟杨水心讲清整个局面。

其实Judy这次是失策了，因为她真的以为自己的升职非常“货真价实”，其实这里面包含了财务总监和杨水心对她的照顾和提拔，忠诚度和团队精神占了很大的因素，而Judy却误以为自己的职业能力已经全面升级，甚至以为自己也是个“人物”了，毕竟走上了管理岗位。可是财务这个职业本来就是一个非常需要“实打实的全面职业能力”才能做好的工作，可偏偏Judy缺的就是沟通能力和管理能力。

如果从外部招聘的角度讲，Judy目前的职业能力是应聘不上这个岗位的，但是Judy在公司工作已经七年多了，领导也认为应该给她一个机会，让她能发觉自己身上的弱点，逐步改善，日后成材。可惜，两个小时的谈话，Judy诉说的都是一些非常主观的意见，一些和自己的职业能力不对等的事业心和抱负，还有对杨水心的武断攻击。

说可惜，也可惜；说不可惜，那就是可怜。正是由于Judy的职业能力没有全面到位，所以她看问题才会如此片面，而杨水心虽然在讲话上有点“咄咄逼人”，但是她表达的核心思想，依然是符合现实情况的，她想让

Judy知道自己错在哪里，应该从哪里开始改进。只是谁也没想到，Judy对杨水心的反应如此之大。从另一个角度看，杨水心吃饭时所讲的“这人没救了，升得太快，有点飘”不无道理。

为什么说Judy能力还是不足？因为就在杨水心把Judy喊到财务总监办公室之前，杨水心已经跟Emma有过一次比较深入的长谈了。

杨水心问Emma：“快要结账了，你的工作都没有问题吧？可别耽误了大家结账。”

Emma说：“我不知道啊，还有好多单子没做，我——我会尽快做好的。”

杨水心听到“好多单子”就感觉不对劲，因为一直以来公司都要求尽量做到日清月结，就算做不到日清，也要两日清，很多没做，这里面肯定有问题。她接着问：“工作量很大吗？以前Judy可是做得很好的。”

Emma听到杨水心提起Judy，就开始不停地抱怨：“Judy是会，但是她没教我啊，我很多都不会做……”

由于临近结账，大家工作都比较忙，杨水心越听越心寒，心想这两个人的工作交接到底怎么回事，她接着问：“你不熟悉，怎么不问Judy呢？你也可以早点跟我说！”

Emma显得有点委屈，说：“我每次问Judy，她都说自己很忙，有空再说，但是我怎么知道她什么时候有空呢？好多次都是这样，我就不敢说什么了……”

“你的意思是，她没跟你做交接？”杨水心总结了一句。

“我刚到公司，也不好这么说，她跟我说了这电脑里面的文件都要看。”Emma补充说了一句。

“然后呢？”杨水心看到Emma讲话磕磕巴巴，停了三四秒钟没说话，都着急了。

“然后？然后就，就没有了……”Emma这将近一个月来就是自己在耗时间，内心担惊受怕，寻求帮助受阻又无从下手，天天熬时间。

“唉！都不知道你们在搞什么！”杨水心听了之后，非常气愤。

了解到Emma工作上的缺失，还有交接工作中Judy和Emma的种种表现，杨水心觉得这里面有大问题。而更大的问题是临近月底结账，Emma非常着急但是无力解决，不知道应该找谁询问工作上的事情。杨水心认为Judy自从升职之后就把原来的工作“一把甩给新来的Emma，之后不管不问”，非常不负责任，没有进行后期跟进，也不具备管理者应有的团队精神，没有照顾下属，没有兼顾整个财务团队的结账问题。

如果没有杨水心对Emma的工作问题的深入了解，可能要等到结账的最后一天，才知道原来Emma的工作还有那么多的问题！杨水心认定Judy责任心不足，团队精神不足，管理能力不足，沟通能力不足，并把情况汇报给财务总监，两人也商量好了对策，准备当面对Judy进行批评教育，接着就有了Judy被喊进财务总监办公室的那一幕。

而正是那一幕的发生，导致了杨水心和财务总监对Judy的教育计划直接泡汤。虽然后来Judy对财务总监全力“吐槽”，博取同情，标榜自己，但是财务总监看人再怎么不准也不会对Judy看走眼，因此两个小时的沟通对财务总监来说，其实就是稳住Judy的情绪，让她以为财务总监真的在关心她。其实财务总监是暂时安抚Judy，接下来当然是另有一番动作了。

因此，Judy的行为是不明智的，Judy在财务总监办公室的沟通是失败的。

财务总监和杨水心边吃边谈。

杨水心说：“那我接下来找Emma谈谈，帮她把这个月的工作结了。”

财务总监说：“不用了。”

杨水心说："会影响结账的，还是我来吧，靠Judy恐怕不行，感觉她在这方面还没开窍。"

财务总监说："再不开窍就晚了，总有'断奶'的时候吧，帮，能帮到什么时候?"

杨水心说："唉，这是在冒险啊，如果不帮Emma把事情处理掉……"

财务总监说："要帮也是Judy自己去想办法，我已经跟她说过了，让她看看Emma的工作。"

杨水心说："领导，您真太瞧得起她了，就凭您那一句话的总结，Judy能领悟到吗？她如果有这境界，早就不应该跟我顶嘴了！这个月的报表延迟，我可不想承担责任啊。"

财务总监不紧不慢地说："就给她一次机会，如果还不懂，那就——打回原形。"

之前Judy与财务总监在办公室里单独沟通的时候，财务总监对于那两个小时的单边沟通所做的总结只是点到为止，Judy似乎没有什么感觉，那她在走出财务总监办公室后能迅速体会到其中的深刻含义吗？能感受到那是自己的最后一次机会吗？能领悟到那是财务总监给自己下的最后通牒吗?

Judy后续的职业发展如何，能否延续之前的晋升，还是又一次重新寻找外部机会，是否能实现更好的发展，就要看她接下来怎么做了。

1 沟通不只是说话，那沟通是什么

刚烧开的一壶水，不能立刻喝，需要耐心等一等，等到开水与空气“沟通”好了，自然就可以喝了。

所以沟通其实没有那么复杂，本质上就是想个办法让各方有所改变，使观点能为人所接受。但沟通是有一定难度的，因为各方往往对改变成什么样并没有一致的看法。譬如，水和空气的“沟通”是没有问题的，但具体到人就有问题了，一个要喝凉的，一个要喝热的，你让水怎么办？这时沟通就变得很难。

所以，沟通最核心的要点是人。

人和人沟通起来难，往往不是沟通本身很难，而是大家对沟通成什么样想法不一致，所以沟通起来就很困难。不过，人的想法是很有弹性的，因此沟通虽然难，但并非不可实现。不同的人原本想法不一样，沟通沟通，不同的想法居然就相似了，然后变得可以接受。

在职场中，有些财务人员经常会遇到尴尬局面，就是一方对另外一方说道：“我没办法跟你沟通”。其实问题的本质并非无法沟通，而是在“此情此景”之下沟通不顺畅，但并不意味着永远都无法沟通。沟通因人因地而异，就像一杯水现在太热，可以等一会儿凉了再喝，而如果是一杯茶，反而要趁热喝。

所谓的无法沟通，只不过是暂时没有找到合理的沟通方式而已，稍微调整或改变沟通过程中的某些影响因素，沟通就可能被重新激活，然后发挥“强大”的功效，把问题解决掉。因此，这里需要强调的是：沟通是有可能解决人和人之间的问题的，这是沟通非常现实的一面，在职场中会发挥重要作用。

职场中常见的沟通方式，给人留下最深刻印象的就是语言沟通，这是最直接的方式。譬如，同事之间早上相互问候一下，工作中问一问这个表格这么做对不对，下班了聊一聊晚上要不要一起吃饭等，这些都是最简单、最直接的沟通方式。

当然，口头的语言沟通也不是都能发挥良好的功效，如果通过语言沟通什么事都能解决，那这职场就没有那么多沟通障碍了。

语言沟通有哪些难度呢？譬如，很多财务人员不敢跟领导沟通，心里特别害怕，其实就是因为沟通有障碍。有的财务人员怕事，其实往往也是沟通不良造成的。由于财务工作与业务部门的工作联系紧密，因此在跨部门沟通上很多人会有些不耐烦，久了就懒得去说，沟通当然也就陷入困境。职场中语言沟通不畅的问题比比皆是。

我们来看一个例子。

徐步芝在一家公司负责应收账款的工作，每月末结账后都要制作账龄分析表，并与销售部门对接，了解原因，传达催款的信息。但是徐步芝每次与销售部门沟通，销售员都是嘴上说“好好好”，可每次答应之后回款情况依然没有改善，时间久了徐步芝也开始觉得很麻烦，感觉自己好像总是去强迫销售员，而销售员每次都有一堆收不到款的原因，久而久之，这个催款的任务就形同虚设。

徐步芝逐渐懒得去说，每到月初了解原因的时候她只是问问“这个月有没有什么新进展”就完了，对方回复“没有”，然后她直接就按照上月的原因来填表，也不做进一步的沟通。

一项非常严肃的应收账款管理的任务，就这样敷衍了事。现实中太多这样的事情发生，以致财务工作有时候开展起来很不顺利，甚至逐步变得无法开展，这就是日常的沟通细节导致的。

沟通不到位的情况可分为两类：第一，是跟业务部门沟通不到位；第二，跟自己的上司沟通不到位，因为工作没有做到位，当然不喜欢跟领导沟通，怕被问责，这个理由很现实。

那如何解决沟通不畅的问题呢？改善沟通还得从沟通过程来着手，前面所提到的关注点都放在语言沟通上。接下来要注意的问题是：沟通除了运用语言之外，还有很多细节，这是绝大部分财务人员所忽略但又非常重要的方面。

第一，沟通目的。

每一次沟通都有一定的目的，或者称之为目标，但很多人往往忽略了沟通目的的存在。

职场很少有缺乏目的的沟通。你会平白无故找街上的人沟通吗？一般不会。如果有人与街上的人沟通，那几乎都有目的，要么是发传单兜售商品，要么是一档电视台的街头测试，还有可能是某个年轻小伙子看上某位漂亮的姑娘而主动搭讪……但不管什么原因，事情总是有原因的，绝非“纯属意外”，只不过，你要当事人承认沟通目的，有时候比登天还难。比如，有个小伙子被一位年轻异性吸引，为之着迷，然后鼓起勇气过去搭讪，假如你直接过去问他：“你的沟通目的是要追求这位小姐姐吗?”他会告诉你“确实如您所言，我想追求她”吗？不可能！他当然会说：“哪里哪里，没有没有!”因为沟通目的往往是要隐藏起来的，沟通目的藏在心里才有可能实现。沟通目的如果直接表达出来，事情可能就难以推进了。

职场也一样，这些无关紧要，甚至是相当无聊的沟通，其实都藏有目的，只不过这个目的是否会引发相应的行为，多久会引发相应的行为，在这些方面有差异而已。这里最常见的就是，领导与下属沟通，下属常常会内心恐惧或者担忧，不知道领导要干什么。其实这就是沟通的目的问题。

领导问：“财务工作有时候要加班，你怎么看?”下属不知道怎么说，因为完全不知道领导问这句话的目的是什么。如果回答“没什么，我不怕加班”，那你以后可能会经常加班。如果回答“我最怕加班，最好不要加班”，那你以后可能没什么机会晋升。如果回答“我不知道”，那领导会觉得你思维有点不清楚。如果不回答，领导会认为你把他当空气，感觉你这人有点孤傲、自负。

简单一句话：职场的沟通从来不会缺乏目的性，只不过绝大多数情况下沟通的目的都被隐藏起来了。

看似简单而随意的拉家常，其实最浅显的沟通目的之一就是“混个脸熟，确认互相之间是否有共同利益”，这种沟通目的藏得很深，大家心知肚明但绝不会坦诚相告，希望的是相互间的“心照不宣”，但同样能奏效，职场中常常互相打招呼的、拉家常的，通常就是周六日还会一起搞活动的。因此这类沟通的目的可以归类为“细水长流”型，沟通目的不会在短期内实现，而是先把关系维持好，说不定哪一天就能用到了。

那么回到徐步芝的情况，她如果通晓沟通目的性的话，应该“咬住”催款事项不放，不可以在一两个月之后就随便应付了事。如果销售人员敷衍回应，她依然可以继续追问，因为沟通目的就是促使她持续进行沟通的最大动力。只可惜，沟通目的在徐步芝的工作中，已经基本丧失了。职场中还常常出现这种情况，当沟通目的丧失之后，有些人会找出借口：反正没人管，随便应付算了。徐步芝其实也是这么想的。

因此，在职场的人际沟通中，千万要尽早搞清楚自己的沟通目的以及对方的目的，这有助于实现短期或长期的沟通效果。

第二，脸部表情。

除了语言之外，人的脸部表情往往也能传达出非常多的信息，丝毫不逊于语言。

譬如，一个综合素质优良的财务人员，从领导的脸部表情大概就可以看出什么时间找他签字比较合适，什么时候可以跟他开玩笑，什么时候必须严肃认真、毕恭毕敬。几乎所有成功的领导都有“喜怒不形于色”的特征，不过这只是针对大部分职场经验不是非常丰富的新手，对大部分职场老手来说，他们大概都可以从领导脸上的细微表情变化看出端倪。有的人说了话之后，领导会很生气，甚至还会将其训斥一番。而有些人要么不讲话，逢讲话必讨领导喜欢，这是因为这些人掌握了领导的沟通节奏，读懂了领导的脸部表情，所以沟通的时候会特别留意对方的脸部表情。

我曾经在各种场合多次向财务人员讲述这方面的经验，但是听到大家反馈比较多的是说这方面很难把握。这肯定难，否则怎么会只有少数人能掌握呢？

在沟通过程中，人的表情对沟通的效果有很大的影响，并且在特定情景下其力道之大会超出大多数人的想象。

在日常沟通中有某个这样的特殊时刻：沟通的双方还没开始说话，但脸部表情已经反映了沟通的大部分内容，而语言仅在最后表达出几句客套的俗语：谢谢、多谢、感谢、呵呵、哈哈、哪里哪里。

譬如，徐步芝对销售人员的催款沟通，如果单纯依赖语言沟通效果不佳，便可考虑采用当面沟通的方式，而当面沟通可以通过表情传达出语言表达之外的效果，表情配合语言，整个沟通效果就很不一样。

再如，有些领导在日常的管理过程中，表现得少言寡语，但并不妨碍管理的效果，这里面就有表情的功劳。他看似话很少，但沟通效果并不差。

从沟通意愿的角度来看，上述两种情况都可算是主动沟通，就是你有解决问题的需要而去找别人沟通，进而实现你的目的。

与主动沟通相对应的是被动沟通，就是别人来找你沟通，想实现他的目的。在这种情况下，脸部表情也非常重要。你要先学会捕捉别人的表情，研究对方通过表情向你传达了什么，语言又传达了什么，语言和表情结合起来传达了什么，随后你再选择合适的表情和语言向对方反馈信息。

第三，肢体动作。

肢体动作也是沟通的重要内容之一。当人和人进行面对面沟通的时候，头部所占体积比例非常小，当你看到对方的时候，大部分的感受来自对方的四肢和身体的动作，简称肢体动作。

如果人和人当面沟通，会有一个从远到近的过程，而人在较远的距离通常就可以快速感受到对方肢体动作所传达的信息，而当与对方的距离基本固定之后，就不太适合上下转动眼珠子来打量对方的肢体了，顶多只能用眼睛的余光进行观察。当面谈话沟通时最好把注意力放在对方的脸部表情上，而对方的肢体动作可以用眼睛的余光进行观察。是否有这个步骤，对沟通的过程和结果都会有很大的影响。

一般来说，下属与上司之间的沟通，下属应该通过肢体动作表现出谦卑的状态，而领导不必太在意自己的肢体语言，但尽量不要给人以趾高气扬的感觉。

职场中，一个人腰杆挺直，有时候会给人太强硬、不好沟通、难以接近的印象，而稍微把躯干前倾会让人感觉你很有沟通的兴致。手臂放置在不同部位也会传达不同的信息，双手交叉放置胸前，双手重叠自然垂下放置身体前方，或是背着双手，皆有不同的含义。

脸部表情和肢体动作在沟通中非常重要，财务人员绝不可忽视。很多时候，领导看到你的表情和肢体动作，就已经没有兴趣听你讲话了，这个时候你要反思。而对于有些人，领导见到他比收到“工资”还开心，如果仔细揣摩他的肢体动作，非常有助于改善沟通效果。

第四，沟通场合。

财务人员要非常注重沟通场合，场合会影响沟通方式和沟通效果。

精明的职场老手，很懂得挑选合适的场合向领导做汇报，或者与业务关联人员进行工作沟通。而职场新手往往不注重沟通场合的选择，这就会失去很多优势，甚至会严重影响沟通效果。

譬如，财务人员常常会接触到的一种沟通就是面试。那么面试的场合是谁挑选的？当然是招聘单位。很多财务人员参加面试后经常说：害怕与面试官的沟通，甚至在面试过程中感觉自己表达不顺畅。那是再自然不过了，因为那个场合是招聘单位安排的，面试官天天在那里工作，对面试场合熟悉得很，而应聘者是第一次过去，从对场合的熟悉程度看已经完全处于劣势。可以说，在面试过程中，对场合的熟悉程度会影响到应聘者的正常发挥。

在职场当中，除了面试之外，当然还有会影响沟通效果的其他场合，如开会的场合、吃饭的场合、娱乐的场合，等等。不同场合对沟通会有一定的影响，“在什么场合说什么话”从一定程度上就反映了场合对沟通的影响力。

在职场上要取得好的工作效果，少不了沟通这个环节，而沟通绝非仅限于在每天上班时间、在办公室的沟通，往往还存在诸多非工作时间、非工作区域的沟通。有些看上去可能是比较随意的场合，同样也可以进行与工作有关的沟通事宜。而对于除了上班时间公司办公区域之外没有其他沟通场合的财务人员来说，要考虑到沟通场所对沟通效果的影响。

实际上，在职场中，某些工作时间内在工作场所内所做的决策、所下的结论，其实并非仅通过单一的办公场合沟通完成的。

因此，作为财务人员，如果想在人际沟通方面有质的改善，一定要注意沟通场合的选择，在不同的场合采用不同的沟通方式，这样会改善沟通效果。

2 如果性格内向沟通不行，那外向就行吗

在职场中，越是高层的工作岗位，沟通所起的作用越大。高层管理者，从某种角度看就是单纯地从事“沟通”这一件大事。

在职场中，若想朝着更高的职位努力，那么沟通就是一个非常重要的因素了。什么样的人在沟通方面有天然的优势呢？我们来谈谈性格的内向和外向对沟通的不同影响。

内向，一般可以理解为沉闷、不爱表达、不合群，人多的时候不喜欢表达意见，等等。外向，一般可以理解为活泼、喜欢社交、热衷于人多的场合或活动、乐于表达自己的意见，等等。

那么具体落实到财务人员头上的时候，内向、外向真的可以影响沟通的效果吗？

财务工作一般来说是具备机密性的，即使你性格外向，一旦做了财务工作，你也要守住你的嘴巴，该说的说，不该说的一句都不能说。这是从财务信息流动的角度去看。

从另外一个角度讲，财务人员“表里”并非一致。乍听起来有点玄，其实这是由工作性质所导致的。如果你看到一个财务人员不怎么说话，人多的时候也不表达，也没有什么活泼的表现，你可千万不要以为他内向，很有可能这是工作需要他如此表现而已，就像上班要穿正装一样，其实不一定这个人本身喜欢穿。这个人不说话、沉默寡言，不是他内向，而是因为这个工作需要的是这种“状态”。

如果某人非常内向，他做财务工作后的表现真的很内向吗？这也未必，因为身在其位必谋其职，公司给你发工资，你该讲话的时候就必须讲，而往往

财务职场中的各种复杂情况，会让一个内向的人锻炼得非常能说会道、逻辑清楚，说起话来头头是道，但是光从表现上看，能说此人外向吗？未必！

综合两种情况来看，判断财务人员的性格是内向还是外向，其实是很难的。说得更简单一点，没有谁一直是外向或是内向的。作为财务人员，为了工作，内向的很有可能也变成外向，而原本外向的很有可能看上去很内向。

譬如，一个做税务的人，能非常外向吗？不能！

一个做成本的人，能非常外向吗？不能！

一个做出纳的人，能非常外向吗？不能！

一个做预算的人，能非常外向吗？不能！

其实，财务职场中各财务岗位所涉及的内容都有一定的机密性，就算某个财务人员性格外向，财务职场也能把他“磨”到十足谨慎。

反过来说，做这些工作时表现得很内向就对了吗？也不对。税务经理平时在公司里话少得就像电视剧里面的路人甲，但是一旦去了税务局跟管理员谈起来，能谈一整天不嫌累，头脑清晰、辩才无碍。这是不同场合的沟通方式不同而已，与内向、外向没有关系。

同样的道理，做预算的、做成本的、做报表的，遇到关键问题，跟相关部门沟通起来口若悬河、滔滔不绝也实属常见。

李清娴在一家公司负责财务分析工作，平时沉默寡言，每天从上班到下班都难得听到她说几句话，初始看上去此人很内向，不好接近。

但是，李清娴与财务总监的沟通相当融洽，每次跟财务总监讨论公司的财务问题的时候，她都会在办公室里面谈上两三个小时。跟其他部门开会谈及公司财务分析问题的时候，人再多，会议再重要，她都能侃侃而谈，数据翔实，关键问题一抓一个准，如存货最近几个月多了，她能分析出里面具体是哪些产品和原材料有问题，直接指出问题的本质，其他部门的同事对她的能力很佩服。

那为什么平时工作中她不怎么说话呢？因为太忙了，李清娴习惯了高效、快节奏的工作方式，她不愿意把时间耽误在拉家常上面，这是个人的时间管理问题，不是性格内向或外向的问题。多年来的工作习惯，让她养成了非常理性的生活和工作方式，有问题直接解决，没有问题保持良好关系，同事沟通没有障碍，私下话题也绝不缺少，这样的沟通表现就足够满足她的工作需要。

李清娴在这家公司做财务分析三年之后，领导非常信任她，将她提升为财务部副经理，全面负责公司的财务分析和预算等工作。李清娴需要与公司内部的各个部门做好沟通，对外需要与集团总部做好沟通，对上要与领导做好沟通，对下还带领两个下属，无论哪方面的沟通，她都游刃有余，这与性格内向、外向无关系。

可能有人会说正是因为她的性格属于内向或者外向，或者内向40%、外向60%，或者什么比例的混合才出现了这种效果，我在这里只想告诉尽可能多的财务人员，若有工夫研究这些内向、外向的问题，还不如把时间花在工作上，花在职业能力的提升上。财务人员的沟通能力是锻炼出来的，不是“寻找原因”解释出来的。对于这种用内向、外向来解释财务人员的沟通能力的说法，难免有点“事后诸葛亮”的味道，对财务人员的成长并没有什么好处。

再进一步讲，若是总结出某人的“内向”或“外向”属性，难道此人必须接受这样的“标签”，并持续表现出“内向”“外向”该有的含义吗？在我看来，并非如此。

因此，在我看来，内向、外向这个问题对财务人员来说，大概就是无所谓的。之所以会拿出来讨论，是因为在很多不同的场合遇到很多财务人员提到这个问题，说明还是有一部分财务人员仍然纠结于这一方面。可以很坦诚地说，这些财务人员大概是对自己的能力和未来的走向不是非常有底气，不是很清晰。这种状态下，容易寻求某种性格相关的名词来辅助解释自己的现状，但其实并没有太大的实际指导意义，也就是对沟通或职业发展没太多实际帮助。

对于财务工作，对财务人员而言，没有所谓的内向、外向的问题。财务工作是一项非常看重结果的工作，有能力有结果就能很好地完成工作，内向也能锻炼成外向，外向也可以打磨成内向。

沟通目的明确，沟通方法到位，沟通场合合理，沟通要的是效果，要的是实践，并不能用内向、外向推论出沟通的效果，希望广大的财务人员不要抱有这个“有瑕疵的观点”，胡乱“对号入座”，财务人员的沟通能力是“实践中锻炼出来的”。

因此，当你在职业初期，尚未拥有雄厚实力的时候，或许会怀疑自己是因为内向或外向的特征，才导致你的沟通或职业发展没什么起色，其实没有必要这样，因为这本来就是没什么关联的事情。财务人员的成长跟掌握了多少职业能力有关，而内向或者外向的人都有机会具备这些职业能力。

所以想要获得职业发展的财务人员，必须尽早抛弃偏见，做好规划，努力付出，实打实地走好自己的职业发展之路。

3 凡事都有“套路”，沟通也不例外

从现实的角度看，想把沟通做好，套路少不了。乍看之下，似乎善于沟通的人满脑子都是套路，“坏得很”！那也未必！

套路未必是坏事！沟通的套路更重要的是强调为了实现某一方的沟通目的，有必要与事件的相关人员进行某种信息不对称的沟通，以让对方在没有全面了解信息的状态下，让事情朝着一方的沟通目的发展，最终实现其沟通目的。不过沟通套路未必会对另外一方或各方造成损害。

这么说似乎有些晦涩，我们来看看例子。

周晓纯刚到一家公司担任普通的会计，工资4000多元。由于刚工作两年，周晓纯的工作经验不是非常多，这个工资水平他也能接受，他内心一直认为认真做好自己所负责的工作就可以，由于工作效率高，他也基本不需要加班。

但是工作了几个月之后，公司的财务领导找他沟通，了解日常工作，并对他说了一些鼓励的话：年轻人工作要努力，现在是积累经验的时间段，财务工作是要靠经验来拿高工资的，最好可以多承担一些工作，这样对自己的成长有利。

周晓纯其实对这样的沟通没有什么敏感度，他只知道领导理解了他的工作，至于领导为什么跟他讲未来的发展，让他要多承担一些工作，他其实没有什么概念。

谈话后不久，与周晓纯工作内容相似的另外一位会计辞职了，这个时候，领导将离职员工的工作安排给了周晓纯。周晓纯没考虑那么多，就接受了，想到之前领导跟他的谈话，他感觉领导是在暗示他一个人要做两个人的工作。但是周晓纯想，一个人离职了，公司肯定会重新招聘一人，所以暂时接手离职会

计的工作他也没有什么怨言。

由于刚接触新的工作内容，周晓纯显得有些不太适应，从不加班变得常常加班。财务领导又找到他，对他说："我们是大型公司，在财务管理上有很多值得你学习的地方，所以你要多承担一些工作。给你安排新的工作，其实也是想把你培养成能负责多项工作的'多面手'，这是大型企业需要的人才，就我几个月来的观察，我觉得你在财务工作上还是非常有能力的。"

周晓纯听了之后，感觉领导就是在培养自己，如果持续做目前的这两个岗位的工作，似乎在接下来的一年中自己就可以晋升了，他内心非常高兴。

接下来的几个月，虽然工作辛苦，常常加班，但周晓纯毫无怨言。

周晓纯接手两个岗位的工作虽然他自己没有反对，但是公司的另外一个同事看不下去了，感觉新来的年轻人这样太累了，想帮他一把，她对周晓纯说："你怎么那么拼命啊，经常加班能吃得消吗？现在财务部加班最多的就是你了。"

"我还可以，现在公司人员少，我多承担一点工作也没关系。"周晓纯一心想着晋升的问题，自己正在努力为此做准备，他并没有听出同事劝说背后有什么别的意思，当然，同事也确实没有直接跟他说别的什么话。

同事听见周晓纯如此说，也就没再说什么。

时间过得很快，一年过去了，这一年周晓纯基本在加班中度过，到了考核评估的时候了。周晓纯期待和想象着自己这次应该能评上优秀员工，并且可以提升为主管，如果这一切顺利的话，他这一年的努力就没有白费。但是周晓纯没有想过如果实现不了，他应该怎么面对。

业绩考核过去了，领导确实给周晓纯评了一个较高的分数，但是没有提过要让他晋升，周晓纯不太明白这个问题应该怎么说，以为领导心中应该清楚他的想法，就没有多问。

时间又过了两个月，突然有一天，周晓纯看到公司发布的岗位人员调动名单，看了财务部的相关人员，并没有自己的名字。他感觉有点心虚：怎么一年的付出没有得到领导的认可？他直接就去找领导问问。

领导听了周晓纯的说法之后，语重心长地说："另外一位同事在过去一年确实做了非常大的贡献，给公司创造了不少效益，总经理也对他赞赏有加。你的情况我也说明了，但是在总经理那边被拦住，他认为你的工作经历还不够。我对你的工作是比较满意的，我当面跟他讲你的情况比较特殊，一个人承担两个人的工作，我们公司多年来都没有过这样出色的员工，特地跟他申请晋升，但是总经理最后没有答应，我也很不理解，毕竟就我们现在的员工里面，其他人都做不到。这样，毕竟你才刚来一年，我们可以下一年再申请，如果你最近工作太累了想休假，可以休假一阵子。"

周晓纯听了之后，开始感觉有点难受，毕竟自己辛苦拼搏之后的梦想落空了，但是考虑过后他认为自己既然没有晋升，公司应该再招聘一个人，但领导没有提到，于是他心怀忐忑地问："新招聘的财务人员怎么还没到?"

领导接着说："最近一段时间，人才资源部有人离职，他们人事不够，招聘员工的流程会长一些，再等等吧。"

周晓纯感觉领导讲的话似乎也有道理，就勉强接受了。但他工作的动力明显没有一年前那么足了，盘算着要不然再熬一年吧。

周晓纯还是选择相信领导的这番话，虽然工作量大，不过毕竟做了一年已经熟悉了，周晓纯加班的次数也逐渐少了，日子虽然难熬，但是时间过得很快，又一年过去，考核评估又来了，这一次结果出来的时候，财务部竟然没有任何晋升的人员。面对这种情况，周晓纯再一次问了领导。

领导说："这一年公司总体业绩不好，整个财务部的表现也比较普通，我把晋升提名递上去了，但是总经理认为这些事情都不足以作为晋升的理由，最终都没有评上。这一次确实有点可惜。"

周晓纯看着领导说话时波澜不惊的样子，感觉很无奈，想继续追问原因，又感觉这样追问根本就没有意义，索性不说话。

周晓纯的情况就介绍到这里。沟通都是带有目的的，但是问题就在于是实现哪一方的目的。很显然，周晓纯和领导的沟通，都是领导实现了自己的目的，而显然周晓纯的晋升目的两年以来一直都没有实现，但周晓纯的确在工作效率和实操能力上提升不少。

沟通套路的运用通常需要非常综合的能力，并掌握沟通对象的特点，结合沟通内容，设计沟通套路。职场中的沟通套路千变万化，形式多样，但是所有套路大概都是围绕着某一方的利益目标进行的，有时只有一个套路，有时大套路里面又有小套路，大致如此。

一般来说，如果是领导对下属使用的沟通套路，可能会围绕着“让员工多努力，少提加工资的事情，稳住员工使其暂时别离职，用未来的奖金或未来的发展空间去推动员工近期的工作效率和工作质量”等目的进行。

同级之间使用的沟通套路，往往就是围绕着“自己少做一些工作，多让别人承担困难的事情，自己的麻烦少一些，责任不要落到自己头上”等目的来进行。

财务人员从职业早期开始就要尽量学习和体会一些沟通套路，在此阶段因没有太多的职场经验，往往在综合沟通套路方面处于弱势，常常处于别人的沟通套路中。但是从另一个角度看，这种体验也有利于日后的职业发展，切莫因为误入别人的沟通套路，就以为未来的前途很渺茫，这是不对的，必须坚定自信，识别沟通套路，体验沟通套路，学习沟通套路，为未来的职业发展积累职场沟通的实战经验。

最后，提醒一点，大家可别认为沟通套路多是上级领导在运用，在某些情况下领导被下属“套路”，也并不少见。

总之，沟通套路本质上是多方沟通的桥梁。从某个角度上看，沟通套路有利于化解多方沟通的难点，有利于推进事情的发展。

4 是什么决定了你的沟通效果

在职场中，具有沟通能力的人往往很“值钱”，这是因为职场中的很多事情是由团队共同完成的，每个人基于不同专业、不同岗位、不同性格、不同经历表现出不同的优势特长，而职场提供了这样的空间和资源让这些人在一起合作，把事情做出来，这过程中非常需要具有沟通能力的人员。

这个规律放在企业的层面成立，放在财务部门这个层面也成立。财务工作，也是多人合作为企业做出财务业绩，贡献财务的价值。

财务人员的沟通成效取决于财务工作的内容，或者说取决于财务的业绩是什么。

财务工作有什么业绩，就注定了财务工作要做哪些内容，前者是结果，后者是过程。最常见的财务业绩包括会计核算、税务管理、内部控制、财务报表、预算、财务分析、投资、融资，等等。一般来说，财务的这些业绩稳稳当当跟上业务的节奏，并且能对管理进行有效的风险控制，给出管理性的财务分析意见，可认为财务的业绩基本达标。做得更好的话，可对企业的投资或融资业务做出重大贡献。

业绩的产生范围决定了财务人员的工作内容，而工作内容就决定了沟通的成效。概括起来说，就是财务人员的沟通成效要达到有助于完成上述这些财务工作，以最终达到完成财务的业绩，或创造出更大的价值，若能做出重大贡献则更值得推崇。

因此，沟通成效的问题就变得比较清晰。

以会计核算为例子，财务人员的沟通要做到会计核算及时，单据充分，符合内控要求，报表编制合理谨慎；反过来看，若出现与这些要求相违背的事，或做得不到位的情况，财务人员就要发挥沟通的才能，充分协调内部财务人员的协作问题和财务部门与企业其他部门的合作细节。

若以内部控制为例子，财务人员的沟通要做到符合企业内部的控制要求，掌握好公司的风险底线，把握原则，出现与之相违背或做得不到位、不充分的情况，必须充分发挥沟通的才能予以改善，达到符合内部控制的要求，并符合企业的现实发展需要。

其他工作内容与此相似，财务人员的沟通能力的发挥空间非常大，涉及内容非常多，这里可以顺带讲讲。很多财务人员抱怨自己的沟通没什么效果，这其实是很有问题的。从上述内容可以看出，一个人只要有了做出更好业绩的目标，必然会想方设法提升沟通能力，以便更好地完成财务业绩。

举个例子。

柳巧心是一家公司的费用会计，负责公司会计核算中的费用记账环节，最大的工作就是原始单据审核、记账、编制费用报表等。看起来似乎比较容易，但是实际工作很烦琐。

柳巧心每天花很多时间去审核原始单据，要对附件的内容做详细的鉴别，对待不同费用类型的单据还要根据不同的内控流程制度进行相应的审核。譬如对出差费用公司有明确的要求，不同级别的员工出差每天的住宿、餐饮、交通费也有不同的标准。这看起来挺简单，按照流程制度来完成就可以万事大吉，可实操工作并不是那么简单的。

难点在于费用报销单据填写很不规范，公司员工流动比较频繁，尤其是销售人员的流动最大，因此在人员的级别和部门归属这一方面就常常耗去柳巧心很长的时间，柳巧心也试图去改变现状，但是改善现状光想是没有效果的，必须采取行动。

问题就是怎么行动。行动必然需要通过沟通去完成。正如本篇的开篇所言，职场沟通的强大作用，就体现在沟通能协调不同人之间的合作问题，把本来不是非常顺畅、本来效率比较低、本来效果差的事情，变得顺畅、高效。

柳巧心尝试着给原始单据有问题的每个经办人讲述正确的做法，通常遇到的问题有：发票与报销业务没有关联、人员级别不清晰、部门所属有缺漏、申请单的签批不符合内部制度要求、费用金额超过规定限额，等等。柳巧心以一己之力应对出错的报销经办人，其实这种沟通也是有效果的，若能奏效，则从源头上改善报销单据的各种问题。但是其劣势也很明显：逐一沟通耗费时间和精力；人员变动大，与某些员工沟通完又得与新员工沟通；员工抱怨自己对级别了解地也不太清晰，现实操作很困难，甚至有人直接让柳巧心自己去问人力资源部。总之，这个沟通并没有奏效。

柳巧心很郁闷，从接手这份工作以来，常常要为这个事情加班。公司费用报销：第一，涉及人员多；第二，需要遵循的规范多；第三，出现问题的反馈和改善并不明显。因此柳巧心显得很无奈。

讲到这里，故事先告一段落。柳巧心的沟通具备清晰的沟通目的，但是效果并不好。那她是否可以想别的沟通方案呢？这里需要提一点，我们往往在看待别人沟通困境的时候，以为很容易，有很多方法可以解决，但是现实中只有身居其位才能真正体会那个位置的难处。从柳巧心的角度看，她其实已经尽力了，不是她不聪明，而是现实确实有难度，并且柳巧心只处在一个普通的费用会计岗位，并不是高级会计岗位，更不是财务管理岗位。

那是否柳巧心的这个沟通方式就一定不好？当然不是，可能只是适用的场合不一样而已，如换一家人员相对稳定的公司，柳巧心的这种沟通方式非常到位，精确到经办人，效果可能会非常好。因此，沟通想要奏效，还得想出适应所在环境和场合的方法。我们接着讲柳巧心的事情。

柳巧心深深地感觉到压力，但是自己无法想出恰当的办法，于是她鼓起勇气，顶着办事不力的“罪名”寻求财务领导的帮助，陈述自己当前所面临的情况和问题，向领导请教方法。

领导也热心地教了她一招：多部门有相似规范的可以采用通用的协作流程去做，特殊部门（如销售部门）可以单独制定协作流程。

柳巧心毕竟做费用工作也有一段时间了，经过领导这么一说，她看到了新的思路和方法。

接下来，柳巧心很细心地对各部门所遇到的问题做相应的整理，之后在操作细节上对部门间协作流程进行统一培训，而对于比较特殊的部门则单独给整个部门进行培训，并留有当面沟通、解答的时间，这一套方式做下去，柳巧心发现原先的问题逐步减少，审核单据的效率也有所加快。

沟通方式的转变提高了柳巧心的工作效率，也就是沟通导致了业绩的改善，沟通变得奏效了。那第一次沟通和第二次沟通有什么区别呢？最大的区别在于制订好流程之后，再进行统一培训，节省了双方就具体细节直接沟通的时间，也让费用报销规则得到了广泛的推广。除此以外，柳巧心的耐心和坚持，主动寻求沟通方式的变通，请求领导的帮助，也都是沟通奏效的重要因素。

这里提一点，很多财务人员在日常工作遇到困难时，常常处于“自己闷头干”的状态，其实可以如柳巧心一样，遇到困难，改变沟通方法、寻求他人帮助以获得解决的办法，当然，寻求他人帮助也是一种沟通。

我们现在可以对有效的沟通做一个总结。要让沟通富有成效，简单来说，要注意以下几个方面。

第一，沟通目的要清晰。

沟通目的在之前的篇幅中已经详细解释过，这里简单提出，如果要让沟通奏效，没有清晰的目的显然是不行的。这也是为什么职场中某些经验尚浅的财务人员，会被批评“不知道在说什么”，这就是无效的沟通，因为第一步没有将有效信息传递出去，从沟通开始直接受阻，若想继续追求沟通成效的话，需要改变沟通方式。

第二，找到沟通方法，将其落到实处。

沟通有多种方式，方式不同沟通方法当然有差异，并且沟通方法还要结合沟通场合进行综合考虑，因此，沟通方法的选择往往在很大程度上决定了沟通结果。

在现实工作中，很多财务人员喜欢邮件发来发去，这肯定是慢速沟通方式，打电话就快多了，如果事情紧急，沟通最好直接找对人，面对面谈几分钟，比其他方式效果要好很多。

沟通方法的选择在很大程度上取决于个人的阅历和经验，没有经验的人常常感觉没有方法，沟通效果不突出，如同柳巧心的第一次沟通并不奏效一样。经验丰富的人积累了很多不同的沟通方法，自己沟通不畅，那就找别人啊，具体找谁又要考验沟通经验了，经验丰富者一找就能找对人，一说就能说得恰当，那事情就容易办了，沟通也能见成效。这就犹如柳巧心的第二次沟通。

这里还需要强调一点：沟通方法必须落到实处才能发挥作用。就是满脑子方法，却没有一个能落实，也没有真正迈开脚步去与人沟通，这样的方法是“虚的”，是“纸上谈兵”，一点儿用都没有，对沟通效果没有任何作用。

当你有沟通方法的时候，要去做，要去沟通，因为只有沟通有成效，才可以肯定你的方法是可行的。就如同公司创业初期的沟通方法，用在公司规模和业务都趋向稳定的时候肯定不太合适。现实中很多大型企业的管理相对完善，这种企业的财务人员如果跳槽到管理水平比较低且仍处于“野蛮成长”阶段的公司，其沟通方法往往就不太合适。

所以在此提一点：当你有沟通方法的时候，要真正把它落到实处。不去使用的“方法”，顶多是一个思考过程，而真正奏效的才叫方法。

第三，沟通受阻与扩大沟通范围。

沟通受阻对财务人员来说太常见了。譬如，柳巧心的第一次沟通，没有多少人认真对待，这就是沟通受阻。沟通受阻不是说当场与其他人持相反的意见，而是你的沟通没有达成你的沟通目的，既包含对方直接反对不认可，又包括对方认可但不执行，这些都属于沟通受阻。

沟通受阻的时候，财务人员需要扩大沟通范围。在现实中，这体现出来的就是有没有办法。譬如，职场中“沟通能力强”的人，被认为“很有办法”，但也有另外一部分人，沟通能力弱，被认为“找他肯定不靠谱”。

“有办法”和“不靠谱”之间的差别，往往就看受阻之后的做法。有办法的人通常不缺乏扩大沟通范围的能力，而不靠谱的人往往就是在沟通受阻之后“自废武功”，情愿看着事情无法推进，也不愿意再为实现沟通目的而努力，他们有个常见的理由，就是“我真的没办法了”。

譬如，公司中其他应收款有某员工的借支，超过半年还没有还清，早已严重违反公司的规章制度，于是负责其他应收款管理的财务人员发送邮件通知具体的借支人，提醒对方还款。但是一周过去了没有动静，一个月过去了没有动静，这名财务人员就不再催促过问，其意思是：我已经通知他了，我没有责任，至于对方还没还钱，不关我的事。

但是如果换成经验丰富的财务人员，当然会采用当面沟通的方式，获知对方没有还清欠款的原因，还有还清欠款的计划，并且会向对方讲清楚不还清欠款会有什么后果，等等，这样的沟通才可以确保沟通效果。简单的一句话或者一封邮件当然不能称为“好的沟通”。

因此，财务人员要尽量“想办法沟通，直到沟通出成果”。

第四，沟通目的要与工作业绩匹配。

在我看来，这是最核心的沟通要素，既是起点又是终点。简单来说，就是要把沟通上升到财务业绩的高度，这是有点难以理解的，但是它是沟通奏效的关键要点。

通常来说，财务人员的沟通目的如果没有与工作业绩挂钩，那么这个沟通往往容易出现“文不对题”的现象。沟通内容跟财务工作业绩无关，那就相当于写作文“离题”了。

沟通要有成效，做到沟通目的与工作业绩相匹配是一个更高的境界。做到这一点，就可以让自己远离那些无效沟通。

无效沟通，就是瞎折腾，浪费时间、浪费精力，有可能伤害别人还不利于自己。譬如，你在公司谈及自己的生活细节时讲得头头是道，只会连累同事耽误工作时间。你与他人沟通没有明确的目的性，或具备沟通目的性但与工作业绩无法匹配，也就是这个沟通对工作业绩没有促进作用，那也是无效沟通，很多财务人员工作效率低主要就是这个原因。譬如，有一名财务人员要进行对账，但是对业务不太熟悉，他就发牢骚，跟这个同事讲讲，又跟那位同事聊聊，可是别人全都顾及自己的事情，没人理他，跟几个人讲了一圈下来，最后还得他自己做。向别人抱怨是毫无意义的，对业绩完全没有促进作用。

5 沟通为什么难学会？该怎么锻炼

沟通是一个实践的问题，因为如果不去实践，沟通就毫无意义。譬如，两个人关系好不好，当然是要靠沟通来维持，如果不维持，再好的关系“日久必生疏”。人所处的环境每天都在发生变化，人的想法每天也在变化，长久不沟通，你对他人的了解自然还停留在原来的阶段，你和他人自然生疏起来。而在职场中，工作是讲究配合，讲究默契的。你的变化对方不了解，你也不了解对方的变化，长久不沟通，自然“无法沟通”。

沟通的这种特征让沟通变得非常难，这在前面已经详细讨论过。沟通其实是可以学习的，只不过有点难，需要不断进行锻炼，也要讲究方法。

怎么锻炼自己的沟通能力，让自己会沟通呢？

第一步，先在想法上解决沟通的前置问题。

这个阶段还不能证明你真的会沟通了，因为你想象的沟通和真正去进行的沟通还会有差异。犹如考取驾照的时候，理论考试过关，不代表一个人可以成为司机。只解决了沟通的前置问题，离真正的会沟通还有距离。

在职场中，学会沟通，在我看来不是要掌握长篇大论的沟通理论，而是要从职场实战的角度在现实中学会沟通的技巧。譬如，当财务人员想要辞职的时候，看看领导怎么沟通就能让他放弃离职的想法而继续留在公司；看看员工之间有矛盾的时候，是如何通过沟通来解决的；当新同事来了之后，他是怎么通过沟通让自己成为团队一员的；财务部的各种悬而未决的问题，在会议中被解决，而沟通在解决过程中是如何发挥作用的……职场中有很多成功的沟通，因此要学会沟通首先要有提前的设想，这很重要。

设想通常是完美的。譬如，你会想明天跟老板提涨工资的事情，今天晚上你肯定想得很美，但是明天真正执行了不一定会成功。这是“想象出来的沟通”和“真正进行的沟通”的差别，往往差别很大。

但是，完全没有提前设想就直接进行沟通，能有效果吗？其实这个提法是错误的，因为沟通必须提前设想。有的人可能会说：不是啊，我当场就进行沟通了，之前想都没有想过。

那就又错了！因为所谓的当场沟通，其实也是提前设想过的，只不过是设想了一秒还是半秒的问题。人和人的沟通，就按一对一的当面沟通来考虑，每个人都是有反应时间的，这个时间已经足够大脑产生大量想法了，效率高的人可能在一秒之内想出十个八个方案，然后经过筛选，选择最适合反馈的方案进行沟通。

这是人和人的差别，但不能否定的是，沟通必须提前设想。

提前设想是必需的，接着就是把提前设想的内容真正表达出来了，表达出来的效果会跟设想不太一样，那是可能的，也有可能跟设想一模一样，这就看个人水平了。譬如，领导跟下属沟通，经常可以让下属服从指挥，这是因为领导按照设想进行沟通，当然富有成效。

如果某位财务人员想提高自己的沟通能力，第一步是要锻炼你的设想能力，也就是你的办法够不够多，这很考验财务人员的专业技能、职场软实力等方面的综合能力。譬如，一名费用会计面对目前的发票报销乱象，以他本人的能力，耗了两三个月时间进行改善之后，得出的结论是：没办法，然后他就放弃了。这就属于典型的设想不足。

第二步，执行和锻炼。

有了提前设想之后，才到了真正进行沟通的阶段。

绝大多数职业发展缓慢的人，就是因为在沟通时止步于“设想”阶段，没有办法继续进行。而止步于设想阶段，原因非常多。

第一，害怕沟通引起意想不到的后果，自己承担不起。

譬如，有名财务人员发现公司的盘点过程存在漏洞，但是不敢讲，一个月、两个月、三个月，到了第六个月的时候，另外一位同事提出来了，经理便委任他负责处理此事，又过了三个月，后来的这位同事解决了盘点问题。年底评估考核过后，这位同事因有重大贡献，虽然岗位没换，但是工资提高了。

这种原因多见于职场新人，他们对公司的业务不熟悉，对财务岗位上的操作不熟悉，对人际关系不熟悉，因而这个不敢说，那个不敢问，其实这样的状态对财务人员是不利的，因为每一次沟通都会让新手积累到经验。即使说错了，被其他人纠正，那也是一种经验。而不敢说，完全就不能体会到“自己做决定”的感受。沟通能力是逐步锻炼出来的，绝不能只想而不表达。

第二，以往的沟通不畅导致不良后果，引发自己在沟通上的自卑感。

这是一种感觉。譬如，有位财务人员在开会的时候反映工作问题，讲了五分钟，领导听不下去了，直接说：“好好好，你别说了。”然后让她会后先处理别的事情，下次开会再讲这件事情。

这本来是好事，领导的质疑说明这位财务人员有改进的空间，但是她认为自己的表现实在太糟了，自己不会说话，从此以后在众人面前她基本不说话，因为她内心已经认定：我不会说话！

消除自卑感是需要勇气的，最好能有综合能力更强的人对其进行指导，引导其克服沟通上的自卑感，大胆表达。

第三，表达能力欠缺，想法本来没有问题，但是表达出来之后原来的想法大打折扣，甚至引起其他人的误解。

这种沟通似乎有点“冤”，但是从另一个侧面看却印证了沟通的重要性。

譬如，有位财务人员因为工作上的过失，被领导批评，从领导办公室走出来，就碰上了另外一位同事。这位同事出于好心，想着自己经验丰富可以提供一些帮助，笑眯眯地说：“出什么事情了？”刚刚受到批评的财务人员非常敏感，心想：想看我出丑是不是？平时怎么没见你那么好心来帮我？我被骂了你还笑着来戳我的痛处！

然后空气凝固了，问话的人得不到回答，两个人此后形同路人。

综上所述，财务人员在职场中，可通过以下方式锻炼沟通能力。首先，锻炼自己对沟通的设想。尽可能地参与更多的财务工作，如果是新手，当然是从自己的本职工作开始，多想不会是坏事。当自己的工作得心应手之后，可以扩展接触范围，对其他工作也要多想想。其次，提升实际沟通技巧。对自己本职工作，多设想，多沟通，别总让别人帮助自己完成。最后，每一次沟通的结果就是下一次沟通进步的基础，贵在总结。假如本次沟通有瑕疵，受到批评，不需要有心理压力，做好总结，改善后成为经验指导下一次的沟通。假如本次沟通效果很好，那也不需要过于兴奋，同样做好总结，将适合自己的沟通方式逐渐固定下来，成为实打实的经验。

6 沟通与薪酬有关系吗

沟通为何能决定薪水的高低？考虑一下：你去面试新的工作，薪酬是怎么决定的？有人会说是由自己的经验和技术能力决定的，有人会说是根据自己过往的工资来定的，有人说是猎头帮助争取的，在我看来，他们都没有讲到重点。我认为，薪酬的水平是由你自己的沟通决定的。

虽然你的经验、技术能力、过往薪酬、猎头帮助等原因是你争取薪酬的重要支撑因素，甚至包括你长得帅不帅、漂不漂亮都有可能成为影响薪酬的因素，但是，不管有多少种影响薪酬的因素，最终的薪酬其实是通过沟通确定下来的。

当面试官对你的表现十分满意，甚至满意的笑容都明摆在脸上的时候，你怎么沟通你的薪酬？当面试官虽然对你的表现相对满意，但是满脸愁容地问你想要多少钱时，你又怎么沟通薪酬？这当然是最大的问题了！

当然，面试中谈及薪酬问题，只是沟通发挥作用的一种情形而已。而本话题要讨论的是：在包括面试谈薪酬在内的其他职场实战情境中，沟通怎么影响你的薪酬？

为了讲清楚这个问题，下面分几个步骤详细讲解。

第一步，财务人员在职场中怎样才能争取更好的待遇？

财务人员想获得好的待遇是很正常的，但是绝大多数人只能拿中等及以下的薪酬，只有少数人可以拿高薪，这种规律不仅存在于财务职业当中，可以说很多职业都有这样的规律。因此，即便不是每个财务人员都能有很好的待遇，那么这个话题更现实的意义是，至少随着时间的推移，财务人员要争取获得比过去更好的待遇，这也是非常具有实操价值的事情。

因此，对于绝大多数人来说，获得更好的待遇，也就是涨薪的意思。当然，在此绝不提倡为了获得更好的待遇，就不择手段，绝非此意，因为金钱在人生当中的重要性绝对不是排名第一，人生更重要的还有健康。

讲到涨薪，谁都希望，但是谁都不会那么简单就实现，有人想加工资，就可能有人反对。员工想拿高工资，可老板不一定都乐意，所以涨薪也好，高薪也罢，最终的重点还是在于通过“在竞争中胜出”而获得高薪或涨薪。

这样就好理解了，财务人员想要获得更好的待遇，其实就是要实现“竞争胜出”。换句话说，你只要比别人有优势，自然就能拿到比别人高的工资。怎样做到脱颖而出？我们在前面陈述过，财务人员需要具备综合职业能力，而沟通能力正是其中一项。

那为什么多种职业能力偏偏要强调沟通的重要性呢？我们来看看涉及薪酬的几个节点。

一是面试谈工资。

二是内部晋升加工资。

三是公司的自然年度加薪。

四是其他特殊情况。例如，你的老领导换到另外一家公司，直接招呼你过去，给你加工资，这是对信任和默契的加薪，或由于工作调动去海外艰苦地区而涨薪，不一而足。

简单地就这四种情况进行分析，其中最常见的当属前面三种，第一种和第二种的难度最大，第三种难度次之，第四种基本属于特殊情况。接下来，我们对三种常规涨薪方式逐一讨论。

第一种情况是面试。面试基本就是一项“纯沟通”的任务，对面试官和面试者来说都是如此。换句话说，工资就是招聘方和应聘者沟通出来的。有人可能会说：不是吧，财务人员也得有能力才行啊！说得没错，在面试阶段，能力就是通过表达来展现的。但是，就算你经历的事情多、经验丰富，可并不代表面试官能感受到。这就是很多财务人员经常在面试中感觉自己身怀“旷世绝技”，但面试官却总不能发现的原因。面试从头到尾就是在沟通，面试者如果“万事俱备”，只欠沟通这一项，其他能力绝对打折，甚至归零。归零是什么意思？就是面试官觉得你不值得信任，你所有的能力和经验当然归零。

因此，面试谈工资，绝对是沟通在起作用。以往的任何经验和能力，只能转变为沟通能力，并真正发挥出作用来，面试者才有可能在面试中争取到好的待遇。

第二种情况是内部晋升。很多财务人员会问：到底是内部晋升好，还是跳槽好？其实，从薪酬方面来看，这两者都有各自的优势，只是根据每个人的性格、人生的发展阶段、对薪酬需求的强烈程度不同而产生不同的选择。譬如，一个要买房子结婚的人比较缺钱，根本不可能再在某一家公司等待未来看不清楚的晋升机会，另外一家企业只要直接涨薪20%，此人立刻就会跳槽。

而另外一个家庭安稳、社会关系稳定、并没有太多欲望的人，新的工作机会即使涨薪50%，也未必能打动他。因为人家就是要在一家公司待下去，很明显待下去就等于“升上去”，风险系数小多了，换一家新公司，随时有外在不可控制因素让你“卷铺盖走人”。

简单比较内部晋升好还是跳槽好，是没有太大意义的，基本是一事一议。

从内部晋升的角度讲，同样可以实现加薪。企业里面的工资体系一般都跟岗位层级挂钩，无论如何设计都离不开这个原则，因为岗位层级越高，需要的经验越丰富、职业能力越强，因此在一家比较有前途的公司工作，待下去当然也是一个很好的选择。

不论是通过面试争取到较好的待遇，还是通过内部晋升获得好的待遇，其实最终都会面临工资停留在一定水平的稳定期。不过，每位财务人员的工资层级越往后越难突破，这也跟其职业能力瓶颈有直接的关系。

一般来说，财务人员工作的前十年是涨薪的最佳时期，而十年之后基本定型了，涨薪就很难实现了。在职业生涯的中后期，别说内部晋升或者跳槽，能保住眼前的职位，稳稳当当立足于某个工作岗位就相当“幸福”了。

第三种情况是公司的年度自然涨薪，这是与具体所在公司的综合条件相关的。譬如，有的公司规模大、业绩好，公司每年都有涨薪幅度，别的不说，一名普通会计人员光靠自然涨薪也能有相当可观的收入，这也是为什么很多效益好的公司通常会有不少年纪比较大的基础会计人员。

自然涨薪看似不重要，但是一般当一个人想求安稳，或人生的职业瓶颈到了，就会把这一条看得很重要。

综上所述，财务人员想要获得较好的待遇，基本上采用这三种方式，那么哪一种情况容易呢？涨薪方式各有利弊，所做选择因人而异。

一般来说，一个急躁的新手很容易因为10%的工资涨幅跳槽，一个有耐心的老手不在一家公司熬到财务管理岗位不会轻易离开，而一个处于瓶颈期的中年人光靠自然涨薪就会乐得合不上嘴。所以说，选择哪种方式确实是“萝卜白菜，各有所爱”。

第二步，来看看沟通在财务人员的薪酬方面如何发挥作用？

首先，把涨薪的三种常规方式列出来；其次，我们来看看沟通在其中起到的作用是什么，或者换个角度来看，如果缺乏沟通能力，这三种方式哪种能实现涨薪，哪种不能。

先看面试。缺乏沟通能力，或者说沟通能力不占优势，直接结果是面试通不过，都轮不到跟面试官谈薪酬的问题了。如果到了谈论薪酬的阶段，也需要沟通能力。有人喜欢一口价，就是自己事前预先想好的数字，报出来多少，打死都不会改。有人事前没怎么想，按照自己以前的工资多报20%就算了。有人报价后，当面试官砍价时，显得有点反应不过来，最终让面试官砍价成功。情况多种多样，但是这就是沟通。

再看内部晋升。一般来说，内部晋升没有跳槽晋升得快，大部分情况下，财务人员也正是因为内部没办法晋升，才想到外部寻求机会。因此，从时间上看，内部晋升一般都需要“熬”，这意味着内部晋升不是一朝一夕能实现的。那问题就很明显了，实现内部晋升需要的时间比较长，显然对沟通的要求就更高了。如果从这个角度对比面试，不管是四轮、三轮，还是两轮面试，说白了，就是在整个面试流程中，与面试官进行沟通的那么四次、三次或两次，多次沟通的时间加起来也不会很长，而内部晋升，少说需要在公司持续工作两三年，多的要五六年，等待时间显然更长，而这三年五年对于内部晋升来说也只是中等的等待期，更长的可能要等上十年八年。时间长意味着沟通的次数多，关系难于维持。

也就是说，如果选择内部晋升，你可能要维持几年的良好沟通关系，而如果选择外部面试，只需要在一周或两周的具体时间段内，在几轮面试中表现出良好的沟通能力就可以了。从这个意义上讲，内部晋升要难一些，光是在考察期内一直保持优良的沟通关系，就足以把很多人“逼走”。

其实跳槽次数多的人，更多的是处在职业早期。俗话说，“良禽择木而栖”，谁都希望早点儿获得较好的待遇，但一旦到达了相对能接受的薪酬范围，人们就会待在某一家公司不动了。一是薪酬相对可以接受，二是通过前期的各种转换工作已经寻找到了更适合自己的平台，三是变动带来的风险逐渐大于收益了，也就是在最后这家比较满意的公司，拿着自己也能接受的薪水，然后进入第三种情况的状态，拿到公司年度的自然加薪。

在这第三种状态，企业年度自然加薪中，财务人员要做的比前面的跳槽或内部晋升简单多了，仅需要做到稳定，能保住自己的位置即可。虽然看上去保住位置比较简单，但是实际上也有一定难度。为什么常常有公司裁员，有些人会被裁，有些人不会？从员工的角度讲，当然是除了日常正常工作之外，还要通过沟通让自己不被裁员。而这样的人要么是占据重要岗位，要么是有足够的公司内部人际关系网，而这些都非常需要通过“沟通”来维持。

由此可以看出，职业人生一般都是从职业初期的“进攻”，走向中后期的“防守”——从初入职场开始积极追求，当获得较好的待遇之后，就逐渐接受了稳步涨薪。

可见，这三种情况哪一种都离不开沟通。

第三步，综合前两步来看，我们很自然地就能发现，财务人员在职场中别说想通过面试或内部晋升争取较好的待遇，就算是获得较好的待遇之后想要持续拥有立足之地，也绝绕不开沟通。

因此，如果你希望在职业道路上越走越远，就一定要在沟通能力上下足功夫，早积累，早胜出，早日实现职业发展。

后 记

POSTSCRIPT

这一次写到了后记，又是挑灯夜战，弄到三更半夜，并非有意如此安排时间，而是白天思绪万千，难以静心沉思，而静夜星空，天然就是写作的好时候。

全书成稿是最开心的时刻，自己逐个码字而成，虽然手指都快抽筋了，心里却是满满的充实感。虽已不是第一次写作长篇，但将内心所思所想表达出来，实属不易。

从第一次写长篇开始，就感觉心中有太多的内容想要表达出来，期望能给财务职场的后来者带来一些启示。这是我的初心：尽心尽力帮助年轻人走好自己的职业道路。至此初心依然，未来也一定不会改变。

我向来认为，既然人的一生只有宝贵的一次，而职业生涯又是人生中最重要的一部分，那么对于财务人员的职业发展来说，时间真的算得上是一种稀缺资源。

但问题是得让具体的某个人意识到时间的宝贵，若仅我个人认为时间宝贵而你认为时间无所谓，那对你来说，其实时间并不稀缺，甚至谈不上是资源，你不会重视时间，必然会浪费。

我不可能获知是否某个人已经意识到自己的时间很宝贵，但为了惠及更多的期待自我成长的财务朋友，我只能用文字来广泛传达我的思想。因此我把我的经验和经历汇集成文字，就是为了帮助那些已经意识到时间很宝贵的朋友们。

闯荡职场多年，工作繁忙而紧凑，往往来不及感知和享受某些愉悦的时刻。每当读者读到我的作品，感觉有所收获的时候，我就会很高兴，因为我可以确定，我能帮助的人至少又多了一个。

帮助财务人员成长是我的初心——永恒不变的初心，不会忘却的初心，所以，如果你能有所获益，我真的会非常开心，因为我确定你必然能节省职业成长的时间。

财务人员对职业生涯不需要过于忧虑，因为我可以明明白白地告诉你，职业发展的每一个过程，甚至每个微妙的细节，都具备相应的规律性，而我也一直在用文字解读其中的种种规律，期待你能认真阅读这些文字，它们是诚挚之言。

这是一本帮助大家实现职业成长的书，在此献上我的绵薄之力，希望能对广大财务人员的职业发展有所帮助。

张泽锋